后浪 电影学院120

希望为电影

从『纽约无成本制片之王』到产业革新先锋

Ted Hope
[美] 特德·霍普 著
安东尼·考夫曼 整理
沈旦 译

Hope for Film

文化发展出版社
Cultural Development Press

致瓦妮莎

你是我一切的希望和伙伴。

愿我们能永远彼此扶持，以期更高、更远、更真诚。

致我的儿子迈克尔

愿你永不忘却这份天赐的优待，并为自己的热爱找到出路，

以梦养人，以人养梦。

致　谢

说起电影制片人，人们通常不知道如何界定他们的作品，不知道电影是如何被完成的。人们往往会认为这都是导演的功劳。那些我制作并喜爱的电影都有强大且独特的故事内核，对于这些故事内核的呈现大多是由导演主导的。然而，并非只有导演一人。到目前为止，我职业生涯中最为幸运的事情在于我有长期的合作伙伴，与我合作过的导演们都非常乐于倾听，以及我身处一个人人积极解决问题、尽善尽美的工作环境之中。

如果当时我没有来到纽约，没有赶上这场兴起的独立电影热潮，没有正好和安妮·凯瑞（Anne Carey）坐在同一间教室里，谁能知道事情会是如何发展的呢？和里奇·路德维格（Rich Ludwing）在车门边喝酒让我认识了哈尔·哈特利（Hal Hartley），随口谈到戈达尔（Godard）和外星人让我认识了詹姆斯·沙姆斯（James Schamus）。好友和同事纷纷在瓦妮莎·盖斯特（Vanessa Guest）面前称赞我，谁能想到她后来成了瓦妮莎・霍普（Vanessa Hope）呢？她是我各方面的搭档，包括电影制作方面。

对于每一个电影工作者来说，与制片人以及整个创作团队的合作尤为重要。既然现在终于有了制片专业，电影学校就应该将“合作”这门课列入制片专业的课程中。我不禁想到我是如此地幸运，可以与安妮・凯瑞、詹姆斯・沙姆斯、克里斯蒂娜・瓦尚（Christine Vachon）、哈尔・哈特利、安东尼・贝格曼（Anthony Bregman）、李安、玛丽・简・斯卡尔斯基（Mary Jane Skalski）等人，尤其是与我的妻子瓦妮莎・霍普共事。还有那些从一开始就支持我们的高管们，那些当我们几乎只剩下热情而其他一无所有时仍支持我们的工会和团队，以及大卫・林德（David Linde）。如果没有他，我和詹姆斯・沙姆斯永远都不会创立我们自己的电影公司——好机器（Good Machine）。所有这一切都是我独自一人所无法做到的。

前　言

本书写就之时，我仍是电影的卖方。如今，我已站在交易的另一方。现在，我作为亚马逊影业[①]电影开发、制作和收购部门的负责人，站在买方的角度来审视独立电影界。但困扰我的问题并未改变：为什么大部分电影都是烂片？为什么剧本质量没有提高？我们如何产出更好的电影？我们能否将平庸变为伟大？

巧的是，正是这本书将亚马逊的这份工作带给了我。亚马逊影业的头儿罗伊·普赖斯（Roy Price）读完本书后，问我是否有兴趣专心制作那些我喜欢的电影。面对他，还有亚马逊的招牌，我毫不犹豫地答应了。

但在当下，我们该如何制作优质的电影呢？

虽然我现在参与的项目比以往要多，但我每天都在问自己同样

① 亚马逊影业（Amazon Studios）是美国亚马逊公司的子公司，专注于开发电视节目，制作、发行电影。——编者注

的问题：为什么这部电影很重要？为什么我认为它值得我花费这周的宝贵时间？人们是否愿意为它改变自己的计划，离开沙发，走出家门去看呢？

我比以往更推崇进取心。我惊讶地发现，许多人仅在追求平庸而已。他们不愿放胆去做，不去突破形式和风格的框架，不将真实的情绪带入角色和故事中。

近日，我与一位我极其仰慕的导演交谈。我问道："你自己难道没有真的很想拍的剧本吗？"他说："没有。我很清楚该如何把我自己那些垃圾与好东西区别开。我有几抽屉永远不会让人看到的烂货。"我希望大多数导演都能如此。但我相信，大多数人把他们的抽屉打开了。

我一直这样告诉电影工作者们：你要做出新颖独特的东西——那是观众所期待的，人们总是渴求改变，即使身在影院时也不例外——你要改变惯常的做法，改变对世界的认识，改变艺术的形式。如果一个剧本能让我读上20页，那剧本必须让我眼前一亮；要是能让我读上50页，剧本的亮点要出现得更新奇、更刺激——比如揭示未知的世界，或是创造新的世界，同时用颠覆的方式将这个世界呈现出来。

如果我约人来会面，而且他们真的很想与我们合作的话，我希望他们能珍惜这样的机会。因为我太多次发现，那些来我办公室筹款的电影工作者们根本没有好好准备这次对话。他们没有审视过自己的剧本，没有找朋友们来挑刺，不知道如何证明自己的电影是独特的、非拍不可的。

相比之下，前几天，有一位著名导演来到亚马逊的办公室，向我们详细介绍了他的新片。在短短的10分钟里，他阐述了电影的主题及其对人物的影响，以及主题在影片中的发展演变。他的表现远远超出了我的期望，我全然买账。然而，大多数人并不能做到像他这样。

25年前，我在制作电影时，情况与此时相差无几。但如今，创新显得更为重要。现在，大量内容激烈地争夺着人们的注意力。这就更需要我们展现出能够带来全新作品的能力。

但我仍然真心热爱电影。我看到了更优质的素材，并向那些与我交谈或共事的人学习。我会继续对电影诞生的过程满怀热情，我也会继续对电影抱有希望，理由如下：

（1）这是我爱的艺术形式。

（2）这还是我爱的东西中触之可及，并能分享、依赖、与人共鸣的东西。它能代表我自己，以及其他很多人。

（3）我如此幸运，还有许多人同样热爱电影。这让我得以生存下去。我心甘情愿被这种热爱灼烧。

（4）电影可以改变世界。在艰难的时刻，我总是这样提醒自己。

（5）电影是交流的好工具，可以有效解决“什么是我认为重要的东西”以及“我该如何与人分享”这两个问题。

（6）电影让我们开口谈论艰涩的话题。我们很难谈论死亡，但如果要拍一部关于父母逝世的电影，大家都会向你谈起这个话题，你便会有更深刻的感受。这种感觉很奇妙。有时，我很难表达对他人的爱，但我们在一起看电影时会说：“天呐，我们不就是这样吗！我们就有这样的感受，有这样的梦想。”

（7）电影扩展了可能性的疆界。它打开了我们感官的大门。我们时常感受到生命的局限性，而我们人生的转捩点往往是那些我们发现了新的可能性的时刻。电影推着我们不断前进。

（8）电影有化繁为简的魔力。我和美国国家航空航天局（NASA）的人吃饭时，对方说道：“我们专门处理复杂的东西。”我答道：“我也差不多如此。”

（9）电影是取之不尽的源泉。它让我们合法地在黑暗中与他人分享情感，并引发交谈以及后续的行动。一旦你开始和他人分享，你与他人产生联结并有所发现的几率便增加了。如今电影又有了新的意义：一部分可以商品化，另一部分则内化为私人的收藏。

（10）电影不仅是一次消费，更是一次深刻、丰富的体验，它值得我们为它花费时间。

（11）我们身处在充满机遇的时代——尤其对于创作那些野心勃勃的作品来说。

（12）我想不出比看电影、拍电影更好的娱乐和工作了。

特德·霍普

2017年

目　录

1 启蒙

那是1991年的1月，天气尤为寒冷。我们到底是为什么非要在这时候待在纽约街头拍电影呢？当时，美军刚刚开始对伊拉克进行大规模空袭。新闻里那些轰炸巴格达的红外影像和我们拍片使用的高对比度黑白胶片颇有些相像。而我们正在用这些胶片拍摄一部名为《留给自己》（*Keep It for Yourself*）的短片。短片由法国导演克莱尔·德尼（Claire Denis）执导。这部短片正是我和詹姆斯·沙姆斯刚刚成立的电影公司好机器接手的第一个项目。

我们的办公室就在特里贝克沃伦街的脱衣舞厅的楼上。那时，我和相恋已久的女朋友分手了。我已经受够了玩浪漫这种愚蠢的事情。当时我脑子里只有一件事：工作，工作，工作。拍片时的我本应该是很幸福的，但是这片的拍摄过程简直一团糟。拍摄团队不信任克莱尔和她的摄影师阿涅斯·戈达尔（Agnès Godard），因为她们坚持按剧本的时间顺序来拍摄，从而帮助非专业演员培养出真实的情绪。即使像我这样的制片新人都知道这绝对不是最有效率的电影拍摄方式，但我想要做一部导演电影，所以我觉得我必须要信任她们。与此同时，团队里的一些人还在说：“这些欧洲来的外行是谁？”他们这样简直是想搞叛变。然后，那些曝光过的胶片上总是会神不知鬼不觉地出现光痕。其实，原本就很敏感的赛璐珞会因为严寒带来的低湿度而带上大量的静电。但那时的我们并不了解。为了能继续拍摄下去，摄制组将胶片裹在羽绒服里，或者将热水放在胶片盒周围。

尽管在拍摄过程中遇到了重重困难，我们最终完成了短片，而且完成得很好。你每天都要有信心去跨越那些看似无法逾越的障碍。同时，作为制片人，你不能对你的导演、团队和项目失去信心。你可以私下和关心你的（最好也是聪明的）人聊聊并不乐观的情况。但在公众场合，你必须表现出你知道（而不仅仅是相信）这个项目有其独特的一面。

克莱尔常常用“今天不是拍摄的好日子”这句话来捉弄我。她之前做过特立独行的法国新浪潮导演让-吕克·戈达尔（Jean-Luc Godard）的助理导演。戈达尔常常在片场露个脸，打量一下现场的情况，然后宣布“今天不是拍摄的好日子”，就转身回家了。克莱尔很清楚这种调调是违背美国独立电影界工作方式的。我第一次听她说这样的话时，我觉得自己怒火中烧，但后来我意识到这只是句玩笑话。时至今日，我倒觉得这话是一句形容我工作的残酷真理——制片人就是要主导这个项目并保证它高速运行，即使当天不是“拍摄的好日子”。

克莱尔·德尼现在已经成了世界电影大师（她拍了《军中禁恋》[*Beau Travail*]）。而我们的公司好机器也同样取得了成功，在过去二十多年里制作了许多备受赞誉的美国独立电影（如《冰风暴》[*The Ice Storm*]、《麦克马伦兄弟》[*The Brothers McMullan*]、《意外边缘》[*In the Bedroom*]、《卧虎藏龙》[*Crouching Tiger, Hidden Dragon*] 等）。

世界总是在飞速改变着，即使有些东西从不改变。美军有可能永驻巴格达，但独立电影圈以及整个娱乐产业已经与我刚开始接触电影时大不相同了。

我刚开始接触电影时比许多人都幸运。我性别男，白人，中产家庭，父母重视教育、艺术和政治参与。这样的条件使得我能够以别人梦寐以求的方式前进。电影行业，或者说美国这个国家，是一片机遇的沃土，努力和天赋就能带你走向成功。这样想来让人颇为宽慰。乔治·卡林[①]曾这样指出，我们之所以有“美国梦”这个说法，是因为它只有在你做梦的时候才会成真。能够出现在别人面前并且成为别人习惯于打交道的那种人，本身就是一个巨大的优势了。我可以说，我所获得的制片机会以及我现在的成就都是通过自己努力得来的，但事实上，我只是利用了我得天独厚的优势。大多数人甚至连机会的门都摸不到。

我很幸运，我从来不缺少成大事的想法和信念。我从小被灌输

① 乔治·卡林（George Carlin），美国著名单人喜剧（stand-up comedy）表演者、作家。——编者注

的思想就是我们可以改变世界。而且，我可是姓“希望”[①]的。它确实能帮我脱离绝望的泥沼，就算摆在我面前的挑战是那么艰巨。

同时，我还颇为早熟。我父亲在我六岁时过世了，于是我从那时起就开始懂得了生命的脆弱。我曾一度不理解死亡到底意味着什么，但当我长大后，我开始理解生与死原来可以如此随机。我同时意识到，我们拥有的生命就像一种特权，是个无价之宝。正是它激励着我加倍努力工作，追求那些看似遥不可及的东西。

从我年幼时起，电影就以各种方式成了我衡量生活的试金石。《人猿星球》（*Planet of the Apes*）计划上映的时候，我父亲正在住院。虽然父亲是一名大学英语教授，但他会和我一起在家看《蝙蝠侠》（*Batman*），还看得津津有味。我还买了《人猿星球》的卡片带到医院里，计划着电影上映后和他一起去看。我父亲没等到上映就去世了，但我母亲还是带我去看了该系列的前三部。虽然她受不了这类电影，但她明白这部电影对我来说意义重大。电影就像是一种难以言说的联结。

母亲常常把我还有姐姐妹妹们带去马萨诸塞州的坎布里奇看查理·卓别林（Charlie Chaplin）和巴斯特·基顿（Buster Keaton）的电影。起初，我会在朋友们面前模仿卓别林小流浪汉那样滑稽的走路姿势，因为我觉得很有意思。而朋友们因为没看过他的电影，只觉得我奇奇怪怪的。于是我不得不把我对电影的热爱隐藏起来。但正是如此，电影就显得越发珍贵，它成了我的一个秘密身份。

① 作者的姓“霍普”（Hope）在英文中意为“希望”。——编者注

父亲有一个遗愿，就是希望我和姐姐妹妹都能接受优质的教育，最好可以上国内最好的寄宿学校，比如菲利普艾斯特中学或安多佛中学。他很清楚这样的学校所能提供的身份和人脉优势。母亲在她33岁那年成了带着三个孩子的单亲妈妈，于是她开始在当地社区学校教书。对她来说，这真的十分艰难。她在十几年后再婚，对方也是她们学校的老师。但就凭他们那点微薄的工资，她只能得到精神支持，经济上仍然捉襟见肘。我们虽是中产家庭，但我们从不奢求物质和那些华而不实的东西。我的父母，以及后来的继父都过着量入为出的节俭生活。

尽管经济上并不富足，母亲和继父还是把我和一个姐姐送到了艾斯特去读书。教育是可以用钱买到的。很长一段时间以来，我都刻意隐瞒了这一段教育经历，因为艾斯特这样的地方便意味着优势。所以在早些时候，我希望人们觉得我的成功是我努力得来的。

现在看来，毫无疑问的是，艾斯特中学的教育和声望带给了我巨大的优势。艾斯特让我们知道，我们可以主宰世界、改变世界。大多数人在成人之时就已丧失了斗志，根本无法碰触成功的阶梯。而在艾斯特，我们以美国总统为榜样，每位总统候选人都会到访艾斯特（因为艾斯特位于新罕布什尔州，美国总统大选第一次初选的举办地）。所以，在这里读书确实有着得天独厚的优势。

艾斯特对我来说还是段接近政治的经历。我的家乡新英格兰小镇上住的大多是工人阶级。这里最著名的就是地狱天使[1]，而且这里

① 地狱天使（Hell's Angel），北美摩托车帮会。——编者注

几乎每个人的父亲都在通用电气工作。

而现在，我目睹着我的同学们坐着豪车来学校报到。许多艾斯特的学生都将继承他们父亲的事业。起初，我觉得这意味着成功已经是他们的囊中之物了，所以我还有一些嫉妒。但后来，我才发现其实这也是一个陷阱。因为他们的所作所为将不得不遵循别人的期望。也就是说，在你15岁时，你就知道你将来会复制你父母的人生。这样想来，着实让人沮丧。当我意识到这一点后，我早早地就决定要做一些有别于他人对我的期望的事情。

在我到艾斯特的第一天，我母亲发现让·雷诺阿（Jean Renoir）的《大幻影》（*Grand Illusion*）会在学校周三的电影角放映。这可是电影史上最伟大的电影之一，我必须去看。对我来说，看这样的电影就像是在欣赏文学巨著一般。在那之后，只要有空，我每周都会去。这是我第一次有机会接触那些伟大的美国电影——那些发人深省的、不拘一格的、前所未有的电影，如《发条橙》（*Clockwork Orange*）、《出租车司机》（*Taxi Driver*）和《午夜牛郎》（*Midnight Cowboy*）。这可是在高中，还是在大银幕上看的，放到现在简直是不可能的事情。那种独坐礼堂，任凭巨大的画面涌入脑中的感觉是现在那些舒服地窝在家里看片的年轻人所体会不到的。

我永远不会忘记伍迪·艾伦（Woody Allen）的影片《安妮·霍尔》（*Annie Hall*）角逐奥斯卡的那年。那时我十几岁，但我觉得当时自己就像是个小孩子一样。我一晚没睡，像看斯坦利杯冰球锦标赛那样死死地盯着颁奖礼，为伍迪·艾伦的电影摇旗呐喊，就像我几年前为鲍比·奥尔（Bobby Orr）、德里克·桑德森（Derek

Sanderson）还有他们的波士顿棕熊队助威时那样。《安妮·霍尔》感觉就像是我自己的电影。片中的人物是我曾想象过某一天我会结识的那些人。片中的情形也是如此真实。智力可以说是人类最厉害的超能力了。而且影片在形式上不拘一格、独树一帜。

循规蹈矩从来不是我的长项。在我小时候，我着迷于权力，喜欢钻权力的空子，也着迷于想象与事实之间的偏差。

在艾斯特，我总是忍不住要捣蛋，但充其量也不过是捉弄捉弄朋友而已。不过学校似乎认为我还能干出些什么惊天动地的大事。我的一个朋友曾哭着对我坦白，说学校老师让她随时报告我的情况。于是，我要证明给学校看的决心也从某种程度上激励着我在日后的电影工作中不断地精进。我那种“我要证明给他们看”的态度使我收获了几十部电影。

时至今日，我仍能感受到那股怒火，想要狠狠地撕碎，想要好好地表现，想要大声地呐喊，想要重重地回击。说来奇怪，它却让我颇为宽慰。冲撞乐队（The Clash）曾这样唱道：“愤怒也是力量，让怒火彻底释放。”这首歌就是我年少时期的写照，也正是我努力成功的动力。它陪伴着我步入大学、步入社会，直至以后。

我算不上是明星学生或是叱咤风云的学生干部。但那时，我开始组织活动，有的是经过批准的，有的则不是。一个朋友曾说我以后会是一个很好的电影制片人。收获这样的评价对我来说已经足够。我本来都快忘了这件事，但大约25年后，我在高中同学录上看到了这句评价。这位朋友后来成了神经科学家。所以说，像她这么聪明的人，当时那样评价我一定有她的理由。

1980年，我回家过感恩节，当时我刚上路易克拉克大学。就是在这个假期里，我的创意能量被进一步激发了。那时恰逢冲撞乐队的新专辑《桑地诺斯塔！》（*Sandinista!*）引入国内发行，还有马丁·斯科塞斯（Martin Scorsese）的《愤怒的公牛》（*Raging Bull*）和戈达尔的《各自逃生》（*Every Man for Himself*）同时上映。而这正是我想要栖居和融入的世界。我想要进入这个艺术与政治交融的王国。在这里，我们用文化来理解世界，用文化来联结他人，甚至用文化来让我们成为那些有趣、深刻、独特和真实的东西的一部分。这些影片就像是战斗的号角一般，是如此激动、急迫、有力，是如此鲜活。

在大学期间，政治是我第一个爱上的东西。如果我想要对世界做出什么贡献的话，政治大概是唯一一个靠谱的选择了。而拍电影则稍显任性。在大学期间的暑假，以及后来的一段时间里，我挨家挨户地为拉尔夫·纳德（Ralph Nader）的社区组织和公民游说行动进行宣传。我一共为此投入了上百小时的工作时间。这次经历让我认识到，自己生活中那些理所应当的东西实则是一种特权。那些我们付诸精力的东西是塑造我们本身以及我们所追求的世界的关键。我从公民政治学中学到的东西最终潜移默化地影响了我的电影生涯。

我在书中提到的许多经验都是我在俄勒冈州和马萨诸塞州挨家挨户敲门那段时间里采取的主要策略。那就是：倾听你的受众，努力工作激励他人，制造机缘巧合，保持热情姿态，加强群体中的凝聚力，最重要的是，无论是艺术还是生意，都不能忽视人的因素。

然而，在这段短暂且有组织的政治生涯中，我发现试图改变政治程序或者文化思维实在是太困难了。这很快就让我感到非常沮丧。我设想了一下，通过电影，我可以做得更多，而且更快。虽然我生长在马萨诸塞州的一个小地方，但幸运的是，我母亲是纽约人，她让我见识了许多经典的电影。我很庆幸自己很早就养成了观影的习惯。每当结束一天漫长的游说后，一部电影就能帮助我安然地度过一晚（我不需要借助那些许多同龄人喜欢的、自我沉沦的消遣方式）。

许多电影激发了我自己创作电影的冲动，比如戈达尔的《筋疲力尽》（*Breathless*）和《男性，女性》（*Masculine/Feminine*）、弗朗索瓦·特吕弗（*François Truffaut*）的《四百击》（*400 Blows*）、斯科塞斯的《出租车司机》、弗朗西斯·科波拉（Francis Coppola）的《现代启示录》（*Apocalypse Now*）、斯派克·李（Spike Lee）的《她说了算》（*She's Gotta Have It*）、吉姆·贾木许（Jim Jarmusch）的《天堂陌影》（*Stranger Than Paradise*）以及苏珊·塞德尔曼（Susan Seidelman）的《碎片》（*Smithereens*）。我开始想象电影拥有的那种能够带来变革、创造神祇的力量，以及它深深联结国内外各类受众的力量。这些电影不仅仅是伟大的艺术作品，它们还能拉近人与人的距离，教会人们不同的说话和思维方式。我们通过电影凝聚在一起，变得更加团结。这些梦想现在想来比当时更为真切。

终于，我从组织政治这个圈子跳进了纽约大学读电影。我申请到的奖学金帮了我很大的忙。我很快就发现，导演专业显然是纽约大学最热门的专业，因为导演这个工种总是伴随着荣耀和认可。先不说没什么人会选择做制片人，那时候学校里就连制片专业都没有。好莱坞耀眼的光环让人误以为它是唯一一条通往电影的道路。除此之外，在过去乃至是现在，人们对制片都有着深深的误解。我和后来长期的合作伙伴安妮·凯瑞是在我们转校入学的第一天遇见的。我们共同的那种促进电影艺术发展的信念帮助我们度过了“独立”电影无处生存的黑暗时光。市场上容不下那些零碎的、情绪原生的、形式大胆的和极为出格的题材。那只是因为它们还没出现。

那时，我观察导演的工作后发现，他们常常需要快速做出大量的决定。这在我看来过于可怕。但现在我意识到，以我的方式工作的独立制片人，不仅需要像导演那样快速、周全地决策，而且还是导演以及其他人在关键时刻都会求助的人。制片人还必须参与电影项目的全过程，从它尚未成型开始直到电影在影院上映，等等。制作人的身份要求我们不仅仅要照顾项目的每个细节和每个成员，我们的职责数不胜数：关注行业生态，以及它从创作上、经济上支持多样化作品和艺术家的能力；构建项目产生、开发、执行、交付和发行的良性过程。制片人在关注具体项目的同时必须要兼顾大局。我们同时还有自己的公司，所以要保证公司的持续经营以启动项目并在项目完成后进行管理。制片人要能鼓舞人，也要能安慰人，还要在看似渺茫的时候支持并实现别人的想法。这些都不只有“做一部电影”那么简单。

同样的，当我拿到奖学金、迈入纽约大学的时候，我看到许多学生认为做电影是一件体面的事，但似乎没有人认识到这是一样特权。其实不尽然。学校和教职工都像是好好先生一样，接受任何人说的或是做的任何东西。我根本不认为所有的东西都是好的，或是有必要被创造出来的。我想要了解的是如何深入挖掘，如何制作有见地的、令人大开眼界的东西。我始终怀揣着我第一次在艾斯特看到那些电影时的感受。那时，我被那些电影惊艳了，我隐约觉得，一定会有一条道路引领我去探寻这些作品。如果纽约大学并不是这条道路的话，我要自己去找到它。我想要与人、与事物对抗，来证明它们的错误。这种苛刻挑剔的心态就像是我的能量一样推着我前进。

如果那时候我就知道制片人要肩负如此纷杂的责任，再加上脆弱的创作过程、复杂的资金运作还有电影发行的不透明性，我可能不会成为一位制片人。但对于制片人来说，过程和执行同样重要。一位好的制片人并不仅仅需要工作热情，还需要工作方法。这种方法对生活也是大有裨益的。我虽专注于制片，但我从工作中遵循的原则带给我的远不止基本的生存而已。我常常对学生和观众说，独立制片是一个可怕的工作，但却能带来一个美好的人生。

制片的核心仍是创造。我已经同时作为发起人和促成者制作了许多部电影，我需要全程照料那些项目，并不断招揽其他人加入剧组的行列。从制作了我梦寐以求的《美国荣耀》(*American Splendor*)那样的电影，到那些我支持多年的导演，比如哈尔·哈特利和李安终于被业界注意，可以说正是制片人的热情推动着电影行业的创新和发展。完成一部电影，让它被看到、被喜欢的喜悦往往是非常私人的。如果影片半路夭折，或是成片并不尽如人意，这种折磨也只有制片人自己才能体会。制片人是幕后英雄，是常常被人误解和忽视的一群人。

20世纪80年代我到纽约的时候，美国独立电影运动还未兴起。那时，我每天的生活费不到10美元。我从来没有吃过寿司，T恤也都快穿破了。没错，我的镜腿也是用胶带绑过的。我只知道，我想要做的是欧洲艺术电影的美国版，那种讲述平凡人生活的电影。慢慢地，这种想要将冲撞乐队、戈达尔激烈的情绪、特吕弗对人性的见地、斯科塞斯摄人的张力融合起来的愿望变得触手可及了。

1984年，我在贾木许新片《天堂陌影》上映的第一个周末就去影院看了这部电影。我在影院外面看到一个人拼命给人塞传单，边塞还边说："来看看我的电影。来看看我的电影。"当我走进去坐下后，银幕上就开始播放一部预告片。预告片里那个卖长筒袜的人就是我在电影院外面看到的那个人。他就是斯派克·李，他推销的电影就是《她说了算》。就是在同一周，我下地铁时在站台上看到了吉姆·贾木许。我还记得我当时想的是："他们的生活和我很像：他们在纽约拍电影而且成功了，我为什么不可以呢？"

第二波朋克摇滚和自制美学热潮正在兴起。它传达的理念是：如果我有话想说，并且动用我全部的热情呐喊，就会有人听到。所以我想，是否能将欧洲艺术电影和自制朋克这两种情感张力运用到美国独立电影中呢？

我最早参与到片场中的电影之一是亚历克斯·考克斯（Alex Cox）的《席德与南茜》（*Sid and Nancy*），一部关于朋克巨星，性手枪乐队（Sex Pistols）的席德·维瑟斯（Sid Vicious）的电影。这次经历让我获益良多，但其中最重要的应该是"不要循规蹈矩"。

一味循规蹈矩的话，很多事都无法实现。我那时已经把市面上所有关于席德·维瑟斯的剧本都看了一遍，其中亚历克斯·考克斯和阿贝·伍尔（Abbe Wool）的剧本是目前最好的一版。当我听说他们要来纽约拍摄时，我非常想加入他们的剧组。制片助理几乎把纽约最酷的人都招进组了，而我似乎不够格。我特意去了他们的办公室，递上了我的简历。之后，我打电话、发邮件都没有任何回音。我十分绝望。于是有一天早上七点，我端着两杯咖啡出现在了办公室门口。制片办公室负责人很快也来了，问我是不是来上班的。我说是的，并把一杯咖啡递给她。她一打开门，我就赶紧跟了进去。我清倒了垃圾桶，收拾了桌子，给复印机装纸，给冰箱补货。我一定要做整个办公室里最忙的那个人。到了快下班的时候，那个负责人问我，她有没有什么可以帮我的。我想让她去和制片经理（production manager）说说。她问为什么。“为了来工作”，我答道。她笑了起来，跟我说放心吧。我终于放心了下来。

片场到处是混乱和药物，让我这样的制片助理有机可乘，去做些没人做的事。我第一次跑去充当助理导演打板的时候，拍的是席德从切尔西酒店台阶上摔下来那一幕。我原以为这部电影会是一场灾难。但奇迹是，当我终于在纽约电影节上看到成片的时候，所有我认为有问题的、拍砸了的地方看起来都是那么精彩、绝妙和感人。我对自己说：“你还什么都不懂。”

某天下午，我向大陆电影集团（Continental Film Group）投出了我的简历。这家公司虽然只有一名员工，但听起来却像是个厉害的大公司，谁让它的公司名起得如此恢弘呢。我对那个人说（他现在是我的好朋友彼得·霍金斯［Peter Hawkins］)，我要做商品植入。“我要像斯皮尔伯格把里斯牌巧克力植入《外星人》里那样，知道吗？”我这样说道。他们当时正在筹拍一部电影《再次》(*Once Again*)。虽然我并没有相关经验，但我主动提出：在电影开拍前，我会筹到10万美元的商品植入资金，如果没有完成，我则分文不取（我最终确实成功了）。终于，在我的不懈努力下，我成了大陆电影的制作和开发负责人。我也是第一个在公司待满一年的员工。

我为公司找到了一部我喜欢的剧本，叫《老虎华沙》(*Tiger Warsaw*)，讲的是儿子回家寻求父亲原谅的故事。编剧是罗伊·伦敦（Roy London）。正是在他的表演指导下，吉娜·戴维斯（Geena Davis）和莎朗·斯通（Sharon Stone）获得了奥斯卡提名。

这部电影的筹备阶段是我整个工作生涯中唯一感到惊恐的一次。我要负责敲定所有演员的合同，招募剧组成员，确定主要取景地。我需要资金来保证这些东西，但我的投资人非要等到我谈妥所有主要演员的合约之后才把头款转过来。我之前从来没有和经纪公司打过交道。当时，他们一再向我施压，要求我尽快确认合同。我忙于给各个经纪人打电话。在我谈下帕特里克·斯威兹（Patrick Swayze）之后，我希望可以继续谈下玛丽·麦克唐纳（Mary McDonnell）和派珀·劳瑞（Piper Laurie）等其他演员，但我根本没有时间挨个打电话。有个经纪人问我：“是‘最惠国待遇’(most-favored nations）吗？”我根本不知道那是什么意思，但是听起来好像挺公平的样子。于是，我回答说是。然后他说：“好的，成交。”我们就这样谈完了。我其实并不清楚我答应了什么，但如果这招这么管用的话，我下次还会用这招。

“最惠国待遇”指每个人的待遇都是平等的。[①]所以说，尽管帕特里克那时的新片《辣身舞》（*Dirty Dancing*）大获成功，我们也不会向他支付过高的酬劳。于是，我终于敲定了所有演员的合同，电影也可以继续进行下去了。但就在我答应那个经纪人之前，我真的起了皮疹。幸好我找到了解药，那就是“最惠国待遇”。从那以后，我便学着公正、平等地对待每一个人。

电影顺利完成，但整个经历让23岁“高龄”的我了解到，这一行到处都是任性、厌世、嗜权、自恋的年轻人，他们还会不由分说地把自己伪装成成年人。在拍摄这部电影的过程中，每个人都在和别人作对：导演兼制片人把执行制片人（line producer）关在办公室外面；摄影拒绝和导演交流；帕特里克辱骂其他演员；常常有不该有的东西入镜；主要剧组成员很没用。简直是疯了。人们大量使用药物，有的合法，有的不合法。于是我对自己说：“世人最不需要的就是更多电影了。他们需要的是好好看看心理医生。”

从好的方面来看，这次经历让我产生了改变电影制作方式的念头。在我刚开始以制片助理入行的时候，片场滥用药物的情况屡见不鲜。但不管你有没有服用，片场那种狂乱的氛围会让每个人像磕了药一样。这全然不是一个能激发创造力的环境。人们不再有奇思妙想，人人都像是在蒙眼走路一样。所有这一切都不禁使我怀疑，我是否真的要留在电影行业里。

---

①“最惠国待遇”在影视行业中指向提供同等商品或服务的不同供应方支付相同的报酬。——编者注

于是，在《老虎华沙》之后，我辞职了。我决定重回学校深造，以后做一个药物咨询师，或者为发展中国家设计可持续的生态系统（不过这和现在正在发展的电影产业中，我所肩负的职责没有什么不同）。但经过深思熟虑后，我觉得我不能再花几年时间待在学校里了。

然后，我接到了另一家公司的电话，名字叫世界电影（Films Around the World）。公司负责人史蒂夫·门金（Steve Menkin）告诉我说："我们要拍一部能在十天内拍完的电影，还要选择拍摄场地，挑选便宜的演员。我们现在没有剧本，没有卡司，但不管怎么样都要在现在起的四周内完成。如果你来做制片经理，我们每周会付你300美元工资。"鉴于当时我身无分文，对未来毫无计划，我接受了这份工作，因为我完全没有理由拒绝它。

我们找到了新泽西医院的一间肺结核病房。这里还是该州第一次进行前脑叶白质切除术的地方。我们立马就想出了八个年轻人（四正四邪）在一家闹鬼的精神病院里玩耍而后遇到危险的故事。我们基本上只是让这帮人在场地里跑来跑去而已。电影最终定名为《末日庇护》（*Doom Asylum*）。公司将我作为协同制片人（associate producer）打在了影片演职员表中。我一来有些羞愧难当，一来又觉得徒有虚名，所以很久以来我都没有把它写在我的简历上。（要不是其中一位演员，就是后来出演了《欲望都市》[*Sex and City*]的克丽丝滕·戴维斯 [Kristin Davis] 把这部电影列在了自己的履历里，我可能永远都不会承认这件事。）但我和导演在拍摄过程中运用了许多我们在早期项目中使用的，并且沿用至今的技巧：确定主场景，并以此为基础发展故事及开展制片工作；场景集中在白天时段，这样就可以采用日光作为主光源；挑选和你一样有兴趣加入的好友或认识的人来参演；确保在恶劣的条件下，人们能高兴地投入工作。《末日庇护》就像是以如何利用尽可能少的资源来拍电影的练习题。如果我有家电影学校的话，我会要求学生用100美元拍一部故事片。不管最终拍出来的电影会有多可怕，他们在这个过程中学到的技巧会让他们受用终身。

在《末日庇护》之后，我大概有八九部想做的电影。但是除了磨剧本、找投资之外，我并不太清楚具体的流程是怎样的，其中一个剧本叫《坏英雄》(*Bad Hero*)，讲的是一个总是在错误时间出现在错误地点的不靠谱男人和一个无可救药地爱上他的女人间的爱情故事。我被这个剧本的企图心和对白的节奏感打动，这种对白感觉如同杂糅了山姆·夏普德（Sam Shepard）和大卫·马梅（David Mamet）那样。但对于如何筹钱拍摄，我真是一筹莫展。

那时，我和朋友们合住在第111街的一间大三房的公寓里，房租是每月900美元全包。这可是20世纪90年代早期的物价了。后来，大楼要收回这间公寓，改走合作公寓（co-op）模式，就鼓动我们买它的房子。我们几个人联合起来，写了个不购买誓约。但是房东逼得很紧。最终，我们同意了搬出去，但条件是他们补偿我们每人3万美元。这些钱足够我还清一年的学生贷款，也是我人生中第一次手头有富余的5 000美元去做重要的事情。我试着拿这笔钱去买菲利普·K.迪克（Philip K. Dick）和吉姆·汤普森（Jim Thompson）著作的电影版权。虽然这些作家那时在电影圈并没有什么名气，但是他们仍然不愿意把材料（material）授权给一个没有经验的制片人。于是，我联系了《坏英雄》的作者。他是一个长岛钢铁工人的儿子，身材瘦削得像支铅笔。我和哈尔·哈特利是在酒吧碰面的，我们喝了不少，决定一起来加工剧本。

在我们筹备《坏英雄》几年后的一天，哈尔打电话给我，说：“我们在宾州车站碰面，我带你去个地方。”这给我留了好大一个悬念。我在那儿和他碰头后一起上了长岛铁路的往返列车。这时他才告诉我，他要带我去看他成长的地方。这真是个让人匪夷所思的邀请。而且，他并没有多解释什么。最后，我还是忍不住问他为什么，他的家乡怎么了吗？他递给我一部新的剧本，说：“我们就在这把这个剧本拍出来。”

“我们不要再到处推销这个剧本了，”他说，“我们现在就把这个剧本拍出来。我贷了款，我兄弟贷了款，我表兄也贷了款。现在我们手头一共有4.5万美元。你来告诉我，我们怎么用这点钱拍一部电影。”

这部电影名叫《难以置信的事实》(*The Unbelievable Truth*)，讲的是一个着迷于核弹危机，并即将去上大学的女孩的故事。她爱上了一个有前科的男人，据说那人在许多年前谋杀了他高中女友的父亲。我们在长岛的林登赫斯特拍了10天，期间在一家可怕的汽车旅馆里四个人挤一间。我们能隔墙听到瘾君子们抢夺最后一点毒品的声音，还有妓女为了满足客人而发出的几声浪叫。我们的拍摄日程表是拿热敏纸用油印机印的。墨水在这种纸上只能保持十二小时。所以，每天早上我们都要印一份新的日程来让人们了解当天的计划。那时的我们真是又混乱又顽强又疲劳。

我仍记得在哈尔老家门口拍摄的那一幕。演员阿德里安娜·谢莉（Adrienne Shelly）和罗伯特·约翰·伯克（Robert John Burke）在谈论我们应该去做自己所爱的事情，她脸上还蹭着唇膏。但我实在是累得睁不开眼。每次一开机，我的眼皮就开始打架。那段时间我每天都只能睡三小时。白天的时间完全不够我们做完所有安排的事情，我甚至不知道该如何完成余下部分的制作。当时，离日落只有20分钟了，但我们仍需要数小时的日照时间来完成拍摄。显然，我们完蛋了。而我又遁入了一个三秒钟的绝望之盹。但是，突然间，我注意到了此时场景中的演员们。阿德里安娜是那么绝望、尴尬，而又热切，而伯克则是如此迷人。他们看起来鲜活自然，就像深深地被对方吸引了那样。我眼前一亮，突然就来了精神，马上把这一幕拍了下来。哈尔也很喜欢这个镜头，立马就喊了“咔”。大家开始收拾东西，准备拍下一个镜头。这时，哈尔一脸高兴的样子，我们也发现阳光正投射出完美的光线。原本，这个镜头计划需要拍三个小时，还需要复杂的摄影机设置。而现在，哈尔只需要拍一个长镜头就足够了。他大概花了15分钟，拍了三次双人镜头，便大功告成。我们在原计划的时间收工。于是突然间，一切都很顺利。不可能皆成可能。

即使如此，我仍然觉得自己充其量只能算是业余。可是当哈尔不仅完成了《难以置信的事实》，还把它带去到了1989年的多伦多国际电影节，米拉麦克斯（Miramax）公司甚至买下了它的发行权时，我终于开始觉得，我们已经不是一群做电影玩玩的人了。在电影首映庆功会上，许多姑娘们都跑去认识哈尔。我就像是站在一个摇滚明星身边的人一般。人们蜂拥而至，环绕在他周围。我听到人们小声嘀咕“这部电影是他拍的”。这是我第一次相信我以及其他和我一样没关系、没资金的人不仅能够靠电影谋生，更能让人们看到自己的作品。也许我们可以用作品改变世界，哪怕只有一点点。

我和詹姆斯·沙姆斯在1991年成立了好机器公司。当时，我们的主要问题之一是，我们是否要制作在形式上和内容上都较为先锋的电影，像当时我们最喜欢的导演之一——智利导演拉乌·鲁兹（Raúl Ruiz）那样的电影。他的电影极具实验性，但同时又是含蓄、戏谑、富有张力的。然而，梦想是一回事，现实则是另一回事。我和詹姆斯都不希望我们制作完一部电影后就关门大吉。于是，我们决定制作那些类似鲁兹的导演风格，同时可以被较大观众群接受的电影。我希望可以触及更多观众，并对他们的观念产生一定的影响。这也是我认为政治很难做到的一点。同时，我希望可以把乐趣带给更多的人——那些渴望好电影和不满足于主流电影的观影人群。

公司的名字“好机器”来自乔恩·阿米尔（Jon Amiel）的第一部故事片《红心皇后》（*Queen of Hearts*）。影片讲的是一个意大利家庭在“二战”时期搬到伦敦，饱受挫折和煎熬，直到他们继承了一台上好的卡布奇诺咖啡机——好机器（bella machine），而咖啡厅文化也就此诞生的故事。我们认为采用这个名字可以体现出类似的文化意义和内在感受。詹姆斯还很有先见之明地认为，如果我们仍然沿用意大利语的名字，不熟悉意大利语的人很可能会搞不懂这个名字。于是，我们干脆采用了对应的英语名字。

詹姆斯常常打领结，戴有框眼镜，是个名副其实的书呆子。我觉得他可能从没有在专业的电影片场待过一天。但是这些弱点并不足以阻挡他。

我认识詹姆斯的时候我正在做新线公司（New Line）的首批职业剧本审读人。公司刚刚因为《猛鬼街》（*A Nightmare On Elm Street*）大赚了一笔，所以它以25美元一个剧本的价格雇了我和其他几个人，让我们给出剧本创意和商业价值方面的评估意见。我在做制片助理期间也同时在审读剧本。这个工作的好处是它可以让我将一只脚跨进电影圈，让我可以与重要人物见面，发掘电影公司需要的素材并了解其被需要的原因。更重要的是，它让我充分了解了大多数剧本的通病，以及优质剧本与一般剧本的不同之处。

在读一个奇怪的外星人绑架回忆录之类的剧本时，我建议公司可以找戈达尔这样的导演来把它拍成一个科幻惊悚片，他这样的导演可以把看似普通的文字具象成真实的画面。项目开发负责人珍妮特·格里洛（Janet Grillo）听到我的建议后告诉我说，我应该见见前一天来的那个颇有抱负的编剧兼制片人，他来投了一部黑白默片版的《钟楼怪人》（*The Hunchback of Notre Dame*），由威廉·达福（Willem Dafoe）主演。看起来，我们两人有着相似的电影精神。

我听取了珍妮特的建议，和这个人约在德罗波提斯西点咖啡店见面。这家意大利西点店曾出现在亚历山大·罗克韦尔（Alexandre Rockwell）1992年的一部独立电影《在汤里》（*In the Soup*）中。当我看到詹姆斯正在读一本晦涩的法国小说时，我觉得我就像是走进了《天堂陌影》的片场。我从未见过一个同龄人可以谈得如此即兴，如此有深度，如此旁征博引。我深深地着迷于他的智慧和学识。虽然我正在制片人的小路上苦苦挣扎，在符号学上的造诣也没有詹姆斯那么深，但我们阅读过如此多一样的书——约翰·伯格（John Berger）的《观看之道》（*Ways of Seeing*）、罗宾·伍德（Robin Wood）的《希区柯克的电影》（*Hitchcock's Films*）等，我们还有着同样的慷慨精神。这让我们知道，我们可以很好地相处及合作。

在我们的事业初期，我们两人都肆无忌惮地做着大梦，相信我们能够做成我们想做的电影类型并以此为生。我们不去深究所有必需的要素。“选择性忽略”往往是促使许多处女作和电影公司成功的原因。

我们对于艺术的追求来源于对电影的热爱，并相信它能让我们在经济上和创作上以此为继。但进入这个行业之后，我们所有人都大为惊讶。那时，整个娱乐产业正面临最为混乱的时期。这是我们都始料未及的。而我们现在的发展状况之好也在某种程度上表明了这个行业的弹性和韧性。

我越发强烈地意识到，在当前这个新时期，大家应该互帮互助，紧密团结，将主流娱乐产业的创作过程透明化，并进一步创新。而作为一名独立电影制片人的福与祸之一则是我的工作职责逐年增多。曾经，制片人的任务主要是创作指导和管理。也就是说，制片人只需要传达导演的意图即可。逐渐地，制片人还需要搜集诸如剧本、书籍、概念等素材，常常在项目最初期就参与进来。后来，制片人的职责还包括招募、管理成员以使其发挥最大效能。紧接着，制片人甚至还要负责筹集资金、寻找发行合作伙伴、安排财务架构。如果资金并不充足，制片人还要规划、执行财务模型和营销计划，并尽量不偏离原计划的效果。而现在，电影制片人还是一个群体的组织者，负责吸引受众并推动他们前进。这个角色恰恰非常适合我，毕竟组织群体是我在进入电影行业之前就已经掌握的技能之一。这种组织也是一种合作的过程，其结果常常无法预见，决定权也掌握在受众的手中。

想要从事艺术、独立发展并靠微薄的收入维生，你必须非常积极主动。和获得成功相比，更重要的在于要享受你的工作，喜爱、珍视你的作品，以及有推动文化进步的企图心。不管是过去，还是现在，都是如此。

虽然，那种和几百个陌生人一起坐在黑暗的剧院中的感觉是我最喜爱电影的一个方面，但它早已显得十分古旧。说起电影，许多人脑海中的印象都是成排的座椅，放映机的光束从大厅后方的小窗中投射出来，将活动的画面打在银幕上。但对于我来说，如此理解电影，尤其是当今电影，颇有些狭隘。就像所有其他艺术形式那样，电影已经发展成为一种持续的体验、一种形式，作者和观众之间互动的交流。如果没有认识到这一点，那就等于将我们自己置于非常被动的位置，必将导致这种文化的衰颓。

然而有些人拒绝改变他们习惯的行事方式。导演的首要任务就是拍新电影；发行人的首要任务就是发行新电影。但事实并非这么简单。一些业内人士似乎并没有注意到已经发生的巨大变化，也不愿意承认这些变化已然发生的事实。我们所需要的文化应该是基于当下实际，而不是基于过往习惯的。作为独立电影制片人、一个大胆多样作品的拥趸和这个世界的公民，我热衷于拥抱变化。但最近几年的冲击着实让我始料未及。

在1991年，手机几乎有小型手提包那么大，看起来就像是《摩登原始人》（*The Flintstones*）里的东西。那些巨大的台式电脑通常只是用来计算的。要操作它还必须学会DOS指令语言，这种语言对大多数人来说就像是火星文一样。不过我去学习了，并且掌握了，还让别人知道我有先人一步的能力。这种能力也帮我找到了工作。几年之后，我和詹姆斯·沙姆斯将办公室的计算机连入互联网来和别人交流。其实，当我们把电话线插入计算机并接收到外界信息时，我们颇有些害怕。因为我们杞人忧天地以为：我们那些宝贵的东西会被人通过电话线偷走，然后再也找不回来了。

这些变化和最近的变化相比显得有些渺小。互联网已经改变了艺术行业以及人与人之间的联系方式。这样的改变完全超乎我们的想象。如果说以前是好莱坞大佬和传媒公司高层决定了人们大多数的选择（他们只是在限制我们的选择而已）的话，现在，选择权和决定权已经落到了我们——也就是观众手里。我们在社交网络上给朋友推荐电影等文化娱乐节目，交换音乐播放列表，表达各自见解。我们现在可以在网络上接触他人并博取他人精神上和物质上的支持。人们不再冲动行事，因为他们在这个高度联结的数字世界里已经积累了足够的学识和经验来做出判断。

作为受众和创作者，我们比以往更有经验了。创新大潮来势之凶猛，让那些保守派无从继续。观众开始乐于接受更多样的风格。人们纷纷抱团合作，形成了更具创造力和影响力的群体，而组织和培育这样群体的工具也唾手可得。几乎每个人都有便宜的数码相机和诸如YouTube、iTunes这样的发行渠道。无论何时，你都能接触到整个电影史、音乐史，以及其他任何艺术形式，而且这都是免费的，至少几乎是免费的。那为什么没有更好更创新的作品呢？为什么没有更好的方式来支持作品、推动作品进步呢？答案是，我们可以的。而且通过共同努力，我们可以将这一切变好。

当我们跨越障碍、摒弃规矩、打破惯例后，电影以及其他艺术形式的创作者就能更自由地去开发新的艺术形式，去扩大现有的模式，去发掘新的内容获取和分享的渠道。我们正在逐渐开放创作的内容、方式、受众和传播渠道。我们在不同的环境下、采用不同的社交方式与电影互动的能力日新月异。电影已经不是一种单一的形式或是体验方式，它已变得如同它的创作者那样丰富多彩了。

现在，我们迎来了一种新的文化民主，由创作者和受众共同决定未来走向。在葆有追求、纪律、热情、互相尊重这些基本要素的同时，另外的要素开始显现更大的重要性和相关性，那就是利用更少的资源以及互联网和社交媒体赋予群体的力量。跨平台跨媒体以及旧式娱乐模式的转型日益兴起，给未来提供了多种发展方向。这些方式也是史无前例地能够存在于公司控制之外的。

尽管我很长一段时间以来都依靠公司的力量，但我大多会在其极端的影响之外进行操作。如果你对获得广大受众并没有什么兴趣，那“独立”大概就是你的唯一选择。只有这样我们才能在特定的框架外工作，并找到对应的细分市场。这种新型的、有活力的电影市场的繁荣发展已经近在眼前了。

而且重要的是，创作者和受众应当共同参与进来。我在仔细回想了这几年我成功或失败的经验后发现，成败的关键在于我是否清楚能向人求助或给予帮助。我深知自己是幸运的，我也深知成功是脆弱的。我明白，若不是那些每每在关键时刻向我伸出援手的人，我不可能取得现在的成绩。电影制作讲求合作，在这之中没有简单的法则可以遵循，但只要我们更真诚地对待这份合作，就能孕育更大的机会。每部电影都意味着一场新的合作和一家新的公司，我们从中学习的东西能让我们精进自己的技艺。没有良好的合作就没有电影制作。所以，如果你不喜欢团队合作的话，电影制作可能不太适合你。

时机是如此狡猾的东西。有时可能“不是拍摄的好日子”，但你并不想因此停工。你的团队可能不是最好的，甚至并不尽如人意，但团队中总有人可能会再次与你合作。你需要想方设法在对的时间出现在对的地方。但如果你出现的时机并不太好，你就得尽量利用好当时的状况。

在我早期做制片助理的那三年里，我学会了不断思考如何把事情做得更好，这样我就永远不会觉得无聊。我是不是可以避免一些可能会发生的危险呢？我能不能更好地组织这个项目呢？现在是否可以做一些事情来为今后节省时间呢？身边是否有人需要我的帮助，或我是否可以向别人学习呢？诸如此类的思考让我永远不会觉得无聊，也帮助我成为了一名制片人。我们制造机遇，我们创造好运，但这不是光靠一己之力就能做到的。

我将在后文讲述我在做独立电影制片工作中，有幸向那些天才导演和著名艺术家们所学到的东西。我很荣幸能与他们共事，他们所教会我的东西不但对我的工作大有裨益，还让我受用终身。

2 耐心

"给我一分钟让我思考一下。"

这看似是一句无关痛痒的话。但对于好机器公司合作过的最赚钱、最受尊敬的导演李安来说，这可不只是一句提出要思考一下的无心之语。

因为李安真的会花一分钟去思考一下，甚至比一分钟久得多。可能你和他说了什么事，他点头表示知道了。然后你就去忙别的事，比如吃了个午饭，再接着做别的事了。这时，李安会来回答你几个小时之前问他的问题，而他自己常常不觉得时间已经过去了，或是期间已经发生了其他事情。他就像是仍在之前那个时刻那样，同样还要求你也回到提问的那个时刻。于是我们明白要给李安充分的时间，因为他常常会因此提出一些重要的或者绝妙的点子。

在他拍摄早期的电影《推手》和《喜宴》时，助理导演或是其他剧组成员会忧虑地跑来对我说:"李安又进入那种状态了。"于是，我会向片场望去，看到的往往是李安一动不动、皱着眉头，或若有所思的样子。他正在思考，许多同事则站在一旁盯着他看。

我们在拍电影的时候很容易陷入一种惯性思维，以为每个导演都会遵循某种固定的工作方式。这种“一刀切”的思想正在腐蚀电影制作。但李安让我意识到，如同每个工作人员、每个演员那样，每个导演都是独特的，都有着自己的步调、风格和洞察力。而制片人的（其实也是所有合作伙伴的）任务是了解并保护这个导演独特的工作方式。这里没有规律可循，只能以这种原则为中心，为导演量身定做制片方式。对于李安来说，他的一些特点可能来源于他的文化背景。他出生于台湾，直到20世纪70年代才搬来美国就读伊利诺伊大学香槟分校，而后又在纽约大学帝势艺术学院继续深造。但是，光看成长背景还远远不够，我们还需要考虑到每个人作为个体的独特性。

我在纽约大学读书的时候有幸看过李安的毕业作品《分界线》（*Fine Line*）。我认为这是纽约大学出品的最好的短片之一。短片的主演是查兹·帕尔明特瑞（Chazz Palminteri），这是他出演的第一个角色。短片讲述了一个小意大利[1]的高加索男孩和一个唐人街女孩的爱情故事。影片采用手持摄影，生动真挚。早在那时，李安就已经清楚地知道如何用镜头捕捉情绪。但我对他一无所知。我甚至以为他是个意大利人，因为他（和马丁·斯科塞斯一样）上的是纽约大学，而且他影片的背景是在小意大利。我还认为他的名字一定是

---

① 小意大利（Little Italy），美国大城市中的意大利移民区。——编者注

个艺名，一个名叫“安格尔-伊”（Angle-E）的美籍意大利人。那是一个充斥着涂鸦和标签的时代。我就是喜欢瞎猜，能怎么办呢。

在我刚开始做制片人的时候，我曾经列过一个想要合作的导演名单，上面有李安、妮科尔·霍洛芬瑟（Nicole Holofcener）、凯莉·赖卡特（Kelly Reichardt）、菲尔·莫里森（Phil Morrison）和马克·弗里德伯格（Mark Friedberg，他后来成了一名优秀的美术总监，参与了许多部李安的电影）。后来，当我真正开始去找导演时，李安就是我找的第一个人。而且，当我向詹姆斯·沙姆斯那样的潜在合作伙伴阐述道想要创立一个制片人主导、导演驱动的电影公司时，我总会想到李安。万事俱备，只差找到李安了——但我没有联系到他。我翻遍了纽约电话黄页（那时还没有网络），我也给他的经纪人打过电话，但他并没有与我合作的打算。

直到李安来找我了。

一切真是太巧了。那是在1990年，要不是我放弃去圣丹斯电影节，我可能永远都不会认识李安。那年，詹姆斯担任了托德·海因斯（Todd Haynes）《毒药》（*Poison*）一片的行政制片人（executive producer），而我则当了哈尔·哈特利《信任》（*Trust*）一片的执行制片人。由于当时还没有会计软件，所以必须有人留下来清算账务。而圣丹斯在那时只是个默默无闻的小电影节。于是，我想：“我去电影节干嘛？还是个远在犹他州的电影节。我可是个制片人。”

于是，我坐在特里贝克一个混乱的街区（没错，特里贝克也有过混乱的街区）中，一家叫“纽约娃娃”的脱衣舞夜总会楼上的小办公室里，清算公司第一年的账务。然后，一个穿着风衣，手拿塑料袋，外表谦和的亚洲人走了进来。他说道："打扰了。"我不知道他是谁，也不知道他为什么会来。他接着说："我是李安。再不拍电影我就要死了。"

他把袋子放在我桌上。里面有两部剧本，《推手》和《喜宴》。这两个剧本都参加了一个台湾地区的剧本比赛，并赢得了奖金。[①]我俩共同的朋友大卫·拉瑟森（David Lasserson）告诉他，我是纽约唯一一个可以用这么低的预算把电影做好的人。

有钱拍一部电影并且知道会有更多的钱来拍下一部电影可谓是一件幸事。但光有这些仍不足以把事情做好。我们需要想方设法节省开支。李安非常急切地想要拍电影，所以为了完成他的电影他在所不惜。如果他只能筹到这点钱的话，他一定会找到解决的办法。我们一开始合作，我就明显地感觉到，就算有了正确的态度，要和李安一起拍片并不那么容易。他有自己风格上、文化上、个性上独特的行为方式。

我们用35mm胶片，花了18天时间拍完了李安的第一部电影《推手》，总成本大约为35万美元。在这之中的每一天都是那么漫长，而且一天比一天漫长。由于当时工会和众制片厂有争执，所以纽约的电影工作者们都没有工作可做。因此，我们剧组的每个人都因为能有事可做感到非常高兴。由于《推手》中有一部分是中文的，人们都觉得这部影片不会成什么气候。那时候，美国电影，尤其是独立电影都没法在圣丹斯卖上几百万美元，也不太可能会有什

---

① 1990年，在台湾"新闻局"甄选优良剧本的比赛中，李安的《推手》获首奖，与冯光远合写的《喜宴》获二等奖。——编者注

么海外的影响力。所以，这部电影对剧组的人来说只是让他们能有个工作罢了，其他一无是处。人们只是来工作，仅此而已。但由于预算实在太低，我仍然觉得我们的资金就像是消失在时间的缝隙中了一样。我必须要更合理、更高效地完成制作。

我们常常因为拿不定主意而浪费资源。在制作低成本影片的时候，你通常没有时间思考，每秒钟都在行动，都在解决问题。我们本应该超前考虑问题，但实际上却频频落后。从我制片人的角度来看，如果我们不换掉当时的助理导演，不仔细规划每场日戏和夜戏，我们绝对无法按期完成拍摄。由于想和做之间常常有一段要命的距离，所以我想了几天才开始行动。我在察觉到问题的严重性后，终于决定换掉助理导演，列出了制作日程并要求执行。对，我们要来真的了。

由于我们的资金已经不够再找一个助理导演了，于是我干脆就当起了助理导演。事情开始起了变化。如果李安想要完成电影拍摄，剧组必须要遵照严格的指令，因此能有一个权威的领导在片场坐镇对他来说再好不过了。每天开工前我们都要过一遍分镜表和拍摄计划，每天收工后都要过一遍第二天的计划，在拍摄过程中也需要常常重复这样的工作。我们还需要常常告诉李安现在的拍摄进度是提前了还是落后了，然后接下去要怎么做。如果我们没法让李安和摄影指导拿定主意，或是偏离拍摄计划，影片的制作就容易搁浅；但如果他们都能果断决策，我们就能飞速完成任务。剧组成员都会响应果断的决策。但到后来，他们习惯于总是响应决策了。(讽刺的是，我觉得可能因为他的前两部电影制作得过于严格，李安在之后的电影中总是希望能有更多灵活的、即兴的创作。）

那段时间，我和李安私交甚密。那是因为，由于电影的制作经费很紧张，我不仅要担任制片人和助理导演，同时还是李安的司机。我会载着他在往返片场和他位于白原镇的家之间的路上讨论拍摄计划。但在每天工作了15小时之后，你已经很难专注地开车了，这个导演也已经累到常常忘了自己家在哪。我以为我已经清楚去他家的路，但一次次的，我们不是开过了，转错弯了，就是下高速的时候下错出口了。很多时候，我们已经离那个该转弯的路口两三千米了，李安才突然想到说："嘿，你错过那个路口了！"——这句话对许多电影制片人来说是个很恰当的比喻。[①]

李安从纽约大学毕业后的八年间，[②]大部分时间都待在家里写作、做饭和带孩子。众所周知，李安是一个很有才华的人，这一点从他拍的短片就能看出来。但是，因为他不是那种善于向大人物推销自己的人，他的成就与他的能力并不相当。所以，从他拍完第一部长片到第四部长片《理智与情感》（*Sense and Sensibility*）中的这段时间里，他住的那栋公寓里的其他人根本不知道他们的邻居是这个时代最伟大的导演之一。

在完成《冰风暴》之后，我们都劝李安搬家，给他的家人找个像样的房子住（他后来终于这样做了）。毕竟，那时候他已经赚了不少钱了。你可能会将李安的原地不动理解成奇怪的行为，但他其

---

① "错过路口"（miss the turn）亦可以指"错失机会"。——编者注

② 此处疑为作者笔误，应为"六年间"。——编者注

实只是极度专注在他的工作上而已。

当你看到李安的时候，你可能常常会想，他是不是又在“花时间想事情”了。他可能确实花了好多时间来思考，但他绝不会做出轻率的决定。李安有一个独特的本领，就是他似乎能在拍摄的时候看到整部电影，并在脑海中紧紧地把控整部影片：如何将镜头组合在一起并让它们相互呼应；如何用场景来营造观众的期待；如何发展人物等。当你脑海中充满了创造一整个世界时会遇到的难题时，你几乎无法思考其他事情。而且对于李安来说，他似乎并不只是在思考他手头正在拍摄的这部电影，他还会考虑当前的工作对于他要创造的下一个世界会有什么样的帮助。所以说，如果他错过了几个路口，或是在原地比别人站得更久，一点也不奇怪。

许多人都在那时候学会了要换个角度思考。如果制片人的任务之一是激励导演去实现他们的梦想，去追寻人人支持的愿景，那任务之二就是把梦想拉回现实，让导演了解到用他们所拥有的资源可以达到怎样的效果。制片人的第三个任务是帮助导演认识到：这些不足也有其积极的一面。李安在拍摄他的早期作品的时候就已经了解到各种各样的不足是如何对拍摄产生积极影响的了。他因此非常明确完成一部电影所需要的时间和怎样有效地利用这个时间。他也非常清楚什么时候可以停下来思考问题，来确保能以他自己的方式进行下去。

在李安声名鹊起之前，我常常需要去找那些能接受李安的人来合作。但这着实不太容易。李安是一个温和的好人，但他常常让人难以捉摸，有时还会严格要求别人来给出他要的东西。我需要找到那些不会被这一点吓跑，也不会将李安不直接和你交流误解为他没有意见的人。美国人通常希望领导者决策果断，而我觉得电影圈似乎对不符合这一点的人存在偏见。放到片场上来说，这种偏见常常会对非美籍导演或者女导演不利，因为他们的行事风格不同。但我们需要学会接受不同的领导风格，否则我们很可能会失去与许多出色的艺术家共事和碰撞的机会。

但有时，我们却好像在说不同的语言。在拍李安的第二部电影《喜宴》时，我们给年轻的女主角挑完衣服，一切都已经安排妥当。但李安却示意停下来。当时我们已经完全准备好开拍了——至少我是这么认为的。那天，我们要拍的是金素梅的戏。当她穿着我们挑选的服装出现时，李安一脸痛苦的样子。我得弄清楚为什么。

“李安，怎么了？”

他没有回答。

“李安，你是不是有什么事情不满意？告诉我是什么事。”

“都挺好的，”他说道，但同时还是皱着眉头。

“是不是裙子的问题？”

李安只是耸了耸肩。

“哪条裙子你不喜欢？”我问道。

“这几条裙子都很好看，”他说。

“是后来那几条裙子里面的一件对吧？”

他没有回答。我继续问：“是棕色的那条吗？”

“棕色的那条挺好看的，”他说。

“好看，好吧，”我说，“但你是不是不喜欢？”

“我挺喜欢棕色那条的，”他说。

“但是你不开心，李安。你是不是更喜欢蓝色的那条？”

没有回答。过了很长时间。

“是的。”他终于说，“我更喜欢蓝色的那条。”

就在那一瞬间，我突然明白了过来，李安从来不会站出来表示自己不喜欢什么东西。所以，给李安制作电影首先要学会怎么问他问题，比如“有什么需要提高的地方吗？”光问“你喜欢这个镜头吗？”是不够的。你得问他“我们要不要再拍一条？”你得琢磨出怎么问他才管用。这么一来，李安也习惯了这种拍出“李安电影”的工作方式了。

我和《卧虎藏龙》、《绿巨人浩克》（*The Hulk*）、《断背山》（*Brokeback Mountain*）的剧组成员谈过这个问题，许多人向我反映过类似的情况。而且这种情况在制作期间仍然存在，几乎在整个后期制作阶段都会出现。李安会说：“要有些羊从山上下来。”人们会回答他说：“为什么？现在的这些羊有什么问题吗？你是不是要多加几只羊？”“对，”问了他一大堆问题后，他终于回答说，“我想要再加几只羊。”

每个人都有得到自己想要的东西的方法。制片人常常需要想办法让大家达成共识：找到人人同意的可行方法。许多导演都跟我讲过他们妥协的过程：通常一开始只是一个较为公平的妥协，但到后来就发展成了一系列的妥协，一而再再而三的妥协，到最后甚至已经远远背离了他们进入电影行业的初衷（这样的妥协过程常常是他们在和好莱坞制作班底合作时所“害怕”的）。

我在纽约大学读电影时，就已经尝到了妥协的滋味。那时，我正准备做我的毕业电影《山峰》(*Crest of a Hill*)，然而我发现，我并不是当导演的料。我原本打算做一个偏实验性的电影。之前我就尝试过许多短片，比如我穿得像个孩子一样，身上倒满了巧克力布丁，拖着一直愁眉不展的假狗满街走。但并不是每个人都有资格拍片，学校只会挑选几个而已。因此，为了让我的项目能入选，我把我的影片改成了偏自然和现代的风格。当我拍完进剪辑室的时候，我马上意识到自己实在是太蠢了。我的妥协让我对自己拍出来的东西毫无感觉，我甚至厌恶自己为什么当初没有去和把关的人——也就是我的教授对抗。我压根就没完成这部影片。我放弃了。这完全违背了我做导演的意图。如果当初在我做决定的时候有人能帮我的话，我就能更真实地面对自己。这段经历告诉我：电影圈需要的不是导演，而是能站在导演那一边的人。

李安常说的“给我一分钟让我思考一下”乍看之下让他显得像个摸不着头脑的教授或是艺术家。但实际上，李安想用这种方法来保住他所追求的东西，他执着于他的信念,他没有妥协。

《推手》作为我和李安合作的第一部电影真是最好不过了，因为我正需要学会如何与另一个人达到平衡。就像片名代表的太极招式那样，我需要借他人之力来达到我的目的。这种哲学思想同样体现在导演李安身上，也可以运用在各种自成一派的合作伙伴身上。作为一个被李安锻炼出来的制片人，我认识到了整个生态体现出的共识和异见的平衡：有时你需要推，有时你需要让。

到了拍第二部电影——《喜宴》的时候，我们的预算是150

万美元，计划在康涅狄格州拍摄。当时，我们已经有来自台湾的电影制片厂CFP[①]的70万美元投资，而我们应该设法补齐另一半投资。但由于我们再也无法找到其他投资人了，所以这部电影只好用70万美元的成本来完成。为了想办法削减成本，我们的外景经理（location manager）约翰·拉斯（John Rath）说："特德，为什么要把电影放在康涅狄格州拍呢？如果我们就在纽约拍的话，就可以省下好多交通和住宿的费用了。"我们确实这样做了。说句马后炮的话，这部电影能如此成功是因为它就像是一封写给纽约的情书。如果我们把它拍成了一部市郊故事片的话，它可能就不会有如此大的影响和价值。由于预算的关系，我们最终是在纽约第十二街的房子里进行拍摄的。这也更容易让人们以为片中的人物是生活在曼哈顿的。

当我们在给电影找销售代理的时候，所有人都说这部片子完全没有卖点。因为它讲的是同性恋，还是个中文片，而且很像20世纪40年代的电影——除了它是个讲同性恋的中文片。所有的代理商都说："这片是卖不出去的。"那时候，我们的资金只剩下2 000美元。我们有两个选择：一是用来支付玛丽·简·斯卡尔斯基和安东尼·贝格曼的酬劳；二是用这笔钱买去柏林的机票，自己去柏林电影节上推销这部电影。在玛丽·简和安东尼的祝福下，我们飞到了德国，只带了背包和电脑。我们第一次在大银幕上观看这部电影是在媒体看片会上。人们真的都站在了椅子上为它鼓掌。而在接下来

---

① 此处疑为作者笔误，此处指的应该是台湾"中影制片厂"（Central Motion Pictures Corporation）。——编者注

的10天里，我们在酒店大堂和酒吧里与各种人会面，并最终以相当于300万美元的价值卖出了这部“卖不出去”的电影。如果《喜宴》找其他外部销售代理的话，要花上30%的佣金，而我们只收取10%的佣金。所以，结果是：我们完成了第一部卖座片，投资方也赚到了钱。

海外销售是我们要涉足的领域。《喜宴》给我的制片费用不到2.5万美元，大约是预算的5%，我和詹姆斯平分了这部分收入。但这部电影的海外销售让我们赚到了30万美元。那时，业界普遍没有想到美国独立电影能在海外有所作为。制片人都没有海外销售公司。那时候，大概只有哈维·维恩斯坦（Harvey Weinstein）的米拉麦克斯公司会开发、制作和发行独立电影，并且有负责海外销售的部门。

那时，我们正处在一个重要的转捩点，因为艺术以及创造艺术的方式已经发生了变化。所以，当业界开始认可好机器公司一贯的电影水准之后，我就开始着手把在米拉麦克斯负责国际销售的大卫·林德挖过来。我花了两年时间才成功，但他的到来对公司帮助很大。好机器的国际销售部门是公司成功和实现增长的重要因素。我们甚至在没有直接融资的情况下制作了45部长片，这很大程度上是倚靠海外销售业务实现的。没有它就不会有《卧虎藏龙》。

如果说好机器在《喜宴》上迈出了坚实的一步，那我们在李安的另一部电影《冰风暴》上可谓是大步向前。该片改编自里克·穆迪（Rick Moody）的畅销书，是我们做过的成本最高的电影——1500万美元的预算。参与到如此大规模、高规格的制作，并与专业的团队和演员合作从某种程度上来说给了我结婚的信心。于是，我在完工10天后结婚了。

我们集结了一个很棒的团队，预示着我们从从事独立电影走向更为成熟的未来。美术总监马克·弗里德伯格曾指导了好机器的第一部影片——克莱尔·德尼的短片。摄影师弗雷德里克·埃尔姆斯（Frederick Elmes）曾拍摄了大卫·林奇（David Lynch）的《蓝丝绒》（*Blue Velvet*）。音乐总监亚历克斯·施泰尔马克（Alex Steyermark）参与了许多斯派克·李的电影。剪辑师蒂姆·斯奎尔斯（Tim Squyres）参与了李安之前的全部电影，后来也参与了大部分李安的电影。

我一直觉得我们的薄弱之处在于我们的服装。拍电影的一大挑战是不能让人显而易见地判断片中的角色和行为。我感觉我们的服装是在呼应时代而不是真正存在于时代中。而时尚这个东西也是最容易引人嘲笑的。所以我觉得我们在这方面越界了，做得过于大胆(这也是唯一一个超支的部门)。

尽管我对服装方面颇有微词，但我们有着一群厉害的、有创造力的合作伙伴。他们让我知道，光有拍摄计划、预算、剧本和李安事无巨细的准备工作（他列了一个详细的表格，给每个镜头和每个角色写明了可参考的艺术、时尚、政治观点、绘画和书籍）是不够的。真正让影片提升一个档次的是所有参与的工作人员。我们非常幸运能够拥有这样一个团队，而且团队里的每个人都那么喜爱李安。

制作《冰风暴》教会了我许多东西，比如要信任他人和信任自己，充分的准备往往大有裨益，以及保持长期的关系及合作的重要性。在拍电影的时候，人们总会担心大家好像在拍不同的电影，因为每个小组的标准和进度不同。在一部故事片的拍摄过程中，一致的调性和水准常常很难保证。但我们在拍这部电影的时候并没有遇到这样的问题。

《冰风暴》也是我第一次和明星合作。我们在拍哈尔·哈特利的《业余爱好者》（*Amateur*）的时候曾和法国演员伊莎贝尔·于佩尔（Isabelle Huppert）合作。她对我来说已经是个大明星了，但其他美国人似乎并不这么认为。福克斯探照灯公司不假思索选了西格妮·韦弗（Sigourney Weaver），我们则要去找其他演员。在确定凯文·克兰（Kevin Kline）的时候，我马上发现他和西格妮一样，都在第一时间真真切切地表现出对这个项目的热情。和他们谈合约以及食宿问题的过程干净利落，没有任何麻烦。以我过去的经验，这些问题往往是像他们这样级别的明星非常关心的。他们简直要把我宠坏了。克兰在片场非常活跃，并且尊重每个人。不论台前还是幕后，他都是如此。这也让每个人在工作中都很快乐。

有一天，我看到西格尼在剧本上备注了一些东西。我心想，这可不是我们独立电影界的做法。但其实她只是在一场戏上加了备注，就是她的角色在冰风暴来临的当晚和一个年轻男子上床之后回到家的那一幕。她觉得这个在整部电影中都无理对待别人的人，此时需要休息一下。所以她认为有必要加上一幕，就是这个角色像个婴儿一样蜷缩在床上。这可以说是全片最好的镜头之一了。

如果说凯文和西格妮表现出了极大的慷慨，那琼·艾伦（Joan

Allen）则让我见识到了真正的专业性，这是我以前从未见过的。在拍摄最艰苦夜戏的那几天中，有一幕是琼饰演的角色外遇后回家，发现凯文·克兰正在浴室里。这一组镜头我们起码拍了18遍。这是一组推轨镜头，需要在好几处对焦。每一次，琼都准确无误。她就像机器一样精准。之前，我可能对于表演的意义和演员的作用有些嗤之以鼻。但这次经历让我完全改变了我的看法。

李安最厉害的一点在于他巨大的脑容量（这一点很早之前就能看出来）。他不仅能在脑海中把控正在拍摄的电影，还能在拍摄一部电影的同时准备下一部电影。起初，李安是那种每拍一部电影就不断学习进步的人。所以他常常采用同样的演员并非是偶然。他确实进步很快，而且在拍完三部电影之后（第三部是《饮食男女》），他仍然在努力思考自己的不足之处。我记得我一直很想知道为什么李安在拍他的第六部电影《与魔鬼共骑》（*Ride with the Devil*）时那么看重动作戏的拍摄。原来，他想要拍一部大成本的动作电影，就像他后来拍的《绿巨人浩克》那样。所以，他一直在提高自己的能力，并将自己的电影关联起来。

《与魔鬼共骑》讲述了美国南北战争时期的爱情故事，而拍摄这部电影本身就是一个故事。整个过程如同在与魔鬼共骑一般。李安曾经这样跟我说，他对大部分好莱坞的剧本都没什么共鸣。因为那些剧本根本不需要导演，所有的拍摄指导都写在剧本上了，比如哪里需要一个特写镜头，人物当时应该是什么感受等。这些东西应该留给导演去解读。所以，当电影界开始了解李安电影的时候，他便开始要求他的剧本都必须按照他的标准精简。由于李安的编剧詹姆斯·沙姆斯通常也是他的制片人之一，李安提出的要求通常都能得到满足。因为李安电影中所表达的真实情感、复杂情绪以及深刻细节越来越受到业界认可，业界也开始越来越顺应李安的要求。他不需要别人把这些解释统统写在剧本上。

《与魔鬼共骑》的编剧是我在好机器的制片伙伴詹姆斯·沙姆斯。全片的核心段落是那场著名的劳伦斯惨案。詹姆斯在剧本中这样写道:“劳伦斯遭突袭，惨绝人寰。”这场惨案类似于《乱世佳人》(*Gone with the Wind*) 中的“亚特兰大陷落”。这句话是剧本中唯一描述场面的语句，只有短短十个字。李安知道他要的是什么，这留给了他导演的空间。

作为李安的制片人，我和詹姆斯深知劳伦斯突袭这场戏的重要性。我们给这段戏安排了四五天的拍摄时间。我们结合史实编写了一系列故事梗概，而这些梗概也会根据李安的想法和当时的实际情况进行反复修改和情节展开。我们会为了保证预算砍掉一些段落。让骑兵摧毁一座城市是一件非常困难的事情，往往需要很长时间和很多钱。我们的外景经理德克兰·鲍德温（Declan Baldwin）和执行制片人罗伯特·科尔斯布里（Robert Colesberry）找到了一处被洪水冲刷过的小镇。联邦应急管理局想要夷平这个地方。他们已经把居民都安置在了一座山上，建好了学校和基础设施，但这时他们已经没有资金建学校的体育馆了。于是，我们向他们提供了这部分资金。相应的，他们给予了我们充分的自由权来决定如何夷平这个地方。于是，我们在这里给李安搭了一个完美的外景地。

但《与魔鬼共骑》遭遇了票房惨败。1999年，它3 200万美元的成本只换回了63.5万美元的票房。有一些事情出了差错，比如在电影制作和发行的时候中途换了制片厂。更严重的是，电影最终的版权方USA电影公司（USA Films）被环球（Universal Studios）收购，而后转卖。因此，这部电影就像是一个没人要的拖油瓶。而且在营销部门的眼里，这部电影简直是那种两边不着调的电影。因为它选用的都是年轻演员，但讲的却是历史故事；它的背景是战争，但中心主题却是情感与良知；它有着大量的枪战戏码，但片中人物却说着戏谑、诗意的话语。歌手珠儿（Jewel）和长相酷似约翰尼·德普（Johnny Depp）的斯基特·乌尔里克（Skeet Ulrich）的加盟，使那些本应对它有兴趣的传统艺术电影观众又会对它不屑一顾。所以，片中任何能够吸引特定观众族群的因素之外，都会有另一个完全对立的因素来把这些观众赶走。

我们到底在想什么？

我并不觉得选珠儿来演是个错误的决定，她在电影里表现得很好。李安在拍摄这部电影之初就希望可以表现出真实的时代感。但让他难受的是，片中所有年轻演员的牙齿都太整齐了，而那个时代的人不可能会有这么整齐洁白的牙齿。所以，当他看到珠儿的照片和她参差不齐的牙齿时，他说："这就是我想要的。"事实上，据业界专家所说，一个年轻的牙套妹对于海外买家或者发行商来说毫无市场价值。但一个会演戏又吸引人的流行明星就会有相当大的市场价值。我们让珠儿和莱昂纳多·迪卡普里奥（Leonardo DiCaprio）来试镜，他们当时都很想加入这部电影。珠儿确实表现得很好。(没错，莱昂纳多后来还是退出了。李安倒也挺高兴的，因为他觉得这个角色应该是一个处男，而他认为没有人会觉得莱昂纳多是个处男。也不是说托比·马奎尔［Tobey Maguire］就真的看起来像是个处男，但他毕竟有一双大大的眼睛。)

拍电影是一个合作的过程。所以，为了很好地完成作品，你需要负责一部分工作，而其他人负责另一部分工作。当时我负责制片，詹姆斯负责剧本。剧本改编自丹尼尔·伍德赖尔（Daniel Woodrell）的书《活下去的悲哀》(*Woe to Live on*)。詹姆斯同时还负责制片厂关系和市场。当时，福克斯的负责人是汤姆·罗思曼（Tom Rothman)，他在纽约做独立电影的时候我们就认识了。当他同意我们改编这本书的时候，他只提了一个条件：电影名里不能出现“悲哀”两个字。于是，我们决定干脆就用“活下去”做电影名，我觉得还挺不错。但就在那一年，张艺谋出了一部《活着》(*To Live*)。作为华人导演的李安就不能取一个和另一位世界知名中国导演的电影如此相似的片名了。所以，我们不得不另取一个片名。我们找了一家营销公司来帮忙，但他们取的名字都很可怕。《与魔鬼共骑》对于李安的英语片来说真的是个很烂的名字。它就像是那种机车电影会取的名字，只会吸引那些十八岁左右的小孩。这样一个名字已经将那群艺术电影的传统观众拒于千里之外了。作为制片人，我极力反对这个名字。但我没有成功。制片厂抓着这个名字不放，后来真的就用了这个名字。

但真正决定电影成败的关键是投资。我们为什么会花3 200万美元去拍一部没有观众期待的血腥杀戮，而在那儿心慈手软的美国内战电影呢?

制片厂制作的一大挑战就是在筹到足够的资金来让导演做他想做的东西和做赚钱的电影之间的平衡。如果你是在给制片厂拍电影，那么电影赚钱与否就留给制片厂去决定了。他们负责做生意，而你只要负责精心制作艺术就好了。拍一部尽可能好的电影是制片人的任务，不是制片厂的任务。所以当李安决定要讲一个那样的故事，我便要将它完成。如果再给我一次机会，我还是会这样做。我是否会将这种方法推荐给那些想赚钱的公司呢?不会。但我并不是想做一部赚钱的电影。我是在做一部李安电影。

电影工作者们常常会自问他们是否能够做出一部好电影。这里所说的“好”指的是那种足够被载入史册的水准。现如今，要做出一部高质量、大制作的电影越来越难。但这仍是许多好强的导演所追求的。所以，我这样问自己:“既然有机会，我们为什么不做一部3 200万美元成本的电影呢?”

我现在还能回想起来当时我们讨论剧本时的对话：如果用电影来表达克制的情感而不是那种磅礴的史诗感会有多困难；以及那种进一步充分表达自我的挑战和挣扎。我记得我和詹姆斯、李安讨论过这一点。我们欣赏的恰恰就是电影中的那种克制。但如今，我不清楚一个如此大投入的电影是否担负得起这样的克制了。克制是李安拍摄他那些低成本电影时所奢侈地享受的。但随着他的影片的规模越来越大——从《绿巨人浩克》到3D冒险片《少年派的奇幻漂流》（*Life of Pi*），他不得不清楚地认识到观众的预期，以及他自己的预期。

好机器与李安合作的倒数第二部电影是《卧虎藏龙》。这部影片是李安个人，也是我们公司最成功的一部电影。我并没有过多地参与这部影片，但我见证了这部对李安、对好机器、对独立电影界意义重大的电影是如何艰难地完成的。

因为《与魔鬼共骑》是如此的失败，我们决定要做《卧虎藏龙》。李安觉得他在美国应该都不会再有邀约了。因为大家都知道他拍砸了一部电影。就连李安的经纪公司——创新精英文化经纪公司（Creative Artists Agency，简称CAA）在一开始就表示它甚至连李安拍《卧虎藏龙》导演费用10%的佣金都不要了。经纪公司很少会主动放弃赚钱的机会，但由于他们还在生意关系网中，而同时一部中文武侠艺术片看起来一点赚钱的可能都没有。当李安主动提出降低自己的酬劳时，CAA表示他们同意李安去中国拍他的片，但公司不会插手这件事。后来，当然了，电影的成功让一切都变了。

在拍《卧虎藏龙》的时候，我们清楚地认识到，如果不能保证在美国发行的话，我们就完蛋了。因为电影的商业价值很大程度上需要依靠美国市场的销售情况。要是没有这部分的收入，我们就连海外销售都不太有信心，而这些对于独立电影收回成本有着至关重要的作用。有没有在美国发行在很大程度上会影响影片的海外销售成绩。长久以来，对独立电影来说，最重要的事就是让人认为电影可以在美国本土发行。所以说，信心远比实际结果来得重要。我们周围不乏发行商，而且我们制作的往往是高质量电影。除此之外，买家们也认为我们的电影一定有办法进入美国市场。所以说，我们的电影不是靠钱来筹资的，我们靠的是信心。但由于美国国内的发行机会越来越少，美国发行商越来越懂得评估电影的海外市场潜力，许可费和销售佣金在不断下降。因此，要赚钱也越来越难了。

拍摄《卧虎藏龙》的时候，我们找了江志强来负责资金。他后来成了最重要的华语制片人之一。虽然这是他的第一部电影，但他有信心可以筹到1500万美元。而到了临近拍摄时，他所筹到的资金加上海外销售，我们一共只有差不多1000万美元的资金。所以，我们需要尽可能想办法把预算削减到1200万美元。比如，李安和所有主演主动提出降低很大一部分酬劳来保证影片的收益预期。从事后看来，这一做法对他们来说是相当划算的。但尽管如此，我们还差200万美元。那我们该怎么办呢？

为了能完成这部电影，我们和索尼谈了一个合同。为了拉拢这家重要的美国发行商，也为了那重要的最后200万美元资金（虽然只占总投资的17%），我们给了索尼65%的全球发行权，包括美国的发行权。对于索尼来说，这可是笔划算的买卖。但对我们来说，就算这笔买卖让我们得以完成这部电影，这也是一笔糟糕的买卖。对于世界上所有的独立电影来说，你常常会发现，最后15%的投资往往会让电影产生很大的变化。所以人们才会开出这么高的价码。许多年后，当詹姆斯在环球开始做焦点影业（Focus Features）的时候，他告诉我说，他的公司只有一个简单的商业计划：用25%的投资换一部电影75%的全球发行权。他已经把这招学到手了。

整个制作和销售《卧虎藏龙》的过程显现出单部片的融资和销

售是不太可行的。好机器并不是个例。由于美国市场的发行越来越难以保证，以及那“15%资金陷阱”越来越难以规避，你常常会为了完成这部电影而丧失你大部分的资金优势。这是一个靠热情维系的事业，所以说这可能是那些精明生意人的乐土，却成了热情电影工作者的牢笼。即使成功，你也无法收获巨大利润。

和如此困难的筹资过程相比，整个《卧虎藏龙》的经历也颇让人沮丧。虽然电影赚了不少钱（全球总收入超过2.13亿美元），但并没有多少钱回到我们和公司的兜里。作为一家公司，我们的潜力是显而易见的。但从目前情况看来，我们并没有利用好机会。

而后，詹姆斯和大卫显然想要到一个更大的平台去发展。而我，还有好机器的另两位制片人安妮·凯瑞和安东尼·贝格曼，法务和商务负责人戴安娜·维克多（Diana Victor）则希望能转变到非利润驱动的新型模式。我们想要用热情，而不是金钱来制作高质量的电影。

后来发生的一系列事情也促成了詹姆斯和大卫与我们分道扬镳。其一是当我们正在准备制作托德·菲尔德（Todd Field）的《意外边缘》时，我们接到了迈克尔·贝（Michael Bay）重拍《德州电锯杀人狂》（*The Texas Chainsaw Massacre*）的邀约。显然，后者的制作费用势必会更高。但我并不想因此抛弃《意外边缘》，这是我不愿意做的事情。同时，公司的日常开销日渐走高，支付这些费用也成了一个头疼的问题。最负责的做法应该是停止抱怨，乖乖付钱。

其二，公司里有一个人常常朝下属发脾气，对他们非常粗暴。

我曾对詹姆斯和大卫下了最后通牒：必须开除这个人，他的行为是不可原谅的。继续让这个人留任违背了我的价值观，我不想要有这种人存在的公司。

但我并没有成功。詹姆斯和大卫因为那人业务能力强而护着他。他们做出的让步是，那人要去进行情绪管理治疗。但我始终认为留着这样的人对公司发展不利。我不希望公司因为只关心赚钱而如此对待员工。这件小事让我认识到公司的状况，还有，我不喜欢这样的状况。

公司还有其他人员方面的问题，中层领导记录混乱、滥用资源的现象屡见不鲜。最大的问题是，公司一直挣扎在如何平衡公司利益最大化和个人利益最大化的问题上。这些问题让我们心力交瘁，因为我们只不过是想做好电影而已。幸好，詹姆斯十分勤劳。他一直事无巨细地管理着公司，打理一切法务和财务事宜。我原本擅长的是制片和资金，但这两件事已经开始悄然变化。对于那时的我来说，这样的变化让一切都变得无趣，那完全不是在做电影了。

与李安、詹姆斯和大卫的合作经历让我了解我想要从这个行业获取和回馈什么。我时常觉得，我们所给予李安的支持、合作以及专注是行业里一大批有梦想的艺术家所需要的。任何人都能列举出一系列从独立电影界走出来的成功导演，但我也同样确信，大部分的导演很少，或是从未有这样的机会。李安花了三部电影做到了这一点。因着艾玛·汤普森（Emma Thompson）和制片人林赛·多兰（Lindsay Doran）巨大的勇气，他们给了李安执导《理智与情感》的机会。詹姆斯对李安的全情投入也是勇气之举。他这种对李安的专注不仅成就了李安，也成就了好机器。

我并不认为这真的是一个以导演为本的行业。我并不觉得有哪个导演天才在受过专业电影学校熏陶数年后就能为电影评论界追捧。是的，行业里确实有许许多多伟大的导演，但他们都不是凭空出现的。通常，他的朋友、兄弟，或是愿意投入的制片人和颇有远见的高管决定冒险，围绕在这个导演身边。于是这一伙人专注地学习新的语言，学习合作的方式，努力将这位导演新星的构想真切地投射到银幕上。这是一个虽然离不开钱，但绝不仅仅是由钱推动的事业。对这个行业的热情会为你打开机遇和幸运的大门。

每一部《与魔鬼共骑》之后都会有一部《卧虎藏龙》(也可能接着的是一部《绿巨人浩克》)。看到那些十多年前没有成功的人后来终于成功了着实让人高兴。但随着时间的流逝，这个行业更多的是让人饱受败绩。我们的文化和产业都因此遭受损失。干制片的一大乐趣在于你可以幸运地发现眼前的人才，不让他们被白白忽视。我们的文化和产业会因此繁荣。看看李安你就知道了。他花了很长时间，因为他就是需要时间来沉淀。他的导演生涯需要不止一次的试验才能成功。

如果要说我缺什么基因的话，我想是耐心。讽刺的是，这个行业最看重的品质正好相反：决断和行动。但李安让我懂得了耐心的意义。所以，当有人看起来踌躇不决，无法立刻给你答复的时候，有时你要做的就是坐下来，等一会儿，再去吃个午餐。当你回来的时候，你会发现，你所以为的犹豫其实是一种化腐朽为神奇的魔力。

3 快乐

“有个说话声音很搞笑的小伙子来了趟办公室，”在好机器成立初期，玛丽·简·斯卡尔斯基有一天这样对我说，“我跟他保证你一定会看他的片子的。”

我一点都不感兴趣。我只想回家。于是，我把录像带放进背包里。要不是我在临出门前接到了汤姆·罗思曼的电话，我觉得我可能永远都不会看它。那时候，汤姆刚刚成立了福克斯探照灯公司（Fox Searchlight）。这是20世纪福克斯公司的一家专项子公司，但公司尚未发行或接洽任何电影。我们认识汤姆是因为当时李安的《喜宴》和《饮食男女》的发行是他做的，那时他还在塞缪尔·戈尔德温公司（Samuel Goldwyn Company）。

“你有没有听说过埃迪·伯恩斯[1]？纽约的。”他问。我告诉他

① 爱德华·伯恩斯（Edward Burns）的昵称。——编者注

埃迪的电影《麦克马伦兄弟》（*The Brothers McMullen*）此刻正躺在我背包里。“如果你觉得他的片子值得做的话，”他这样告诉我，“福克斯探照灯可以出5万美元买下该电影的首次和最终开价权。”也就是说，他们享有这个项目的优先购买权。如果有人开出更高价，他们还是有机会赢得这个项目。

当晚，我就看了，而且还很喜欢这个片子的大部分。片子是在纽约长岛谷溪他父母家拍的，剧组一共三个人，演员有他的女友玛克辛·巴恩斯（Maxine Bahns）。这个剪辑版本的片长过长，砍掉30～45分钟会正好。而且它不是个喜剧——那时候还不是。有一幕悲伤的场景是这样的，伯恩斯的角色芬巴·麦克马伦（Finbar McMullen）喝着威士忌，一个人下棋。这个镜头拍得有些过了。我后来和埃迪还开玩笑说看到这一幕就好像是在看瑞典导演英格玛·伯格曼（Ingmar Bergman）的经典艺术电影《第七封印》（*The Seventh Seal*）那样。尽管如此，我看到了片中的闪光点：片中的每一个人物、每一个故事都能和我自己联系起来；你能感受到这些人是谁。如果能减少一些焦虑的氛围，片中就会有许多让人捧腹大笑的段落，从而让这部电影成为一部有趣的好电影。

就是在同一周，我和我的导演女友塔玛拉·詹金斯（Tamara Jenkins）分手了，并开始了一场势必会无疾而终的疯狂追求。所以难怪我会被埃迪电影中的浪漫和焦虑紧紧抓牢。

在看过影片后不久，我便找来了埃迪，和他谈了谈该如何把电影再精简一些。我还记得埃迪话中的惊讶之情：“什么？我可以把笑话从中间剪掉？”他一直以为一个场景要一直延续到角色们离开为止，不能在情绪最浓的地方戛然而止。但人们常见的做法则非常简单：不好笑，就剪掉。

埃迪花了两周半时间重剪了电影。由于他同时在做《今夜娱乐》（*Entertainment Tonight*）的制片助理，所以他只能用每天晚上八点之后到第二天凌晨的时间来剪辑。只要他不是在车里睡觉，就是在剪片子。后来，他真的剪掉了整整30分钟的篇幅。这样一来，你终于能看到电影应该呈现的模样：每一个场景都蕴含着真挚的情感和有趣的笑料。在剪完之后，我们把它拿去放给圣丹斯电影节总监杰夫·吉尔摩（Geoff Gilmore）看。这可能是当年提交最晚的一部片子，但他二话不说就同意用它参加电影节了。

在1994年，圣丹斯电影节和独立电影界的关系有了飞跃式的发展。迪士尼（Disney）刚刚买下了维恩斯坦公司旗下的米拉麦克斯。满脑子都是钱的公司高层一来就有大手笔：他们在1月的电影节上买下了凯文·史密斯（Kevin Smith）的《疯狂店员》（*Clerks*），并准备在10月把昆汀·塔伦蒂诺的《低俗小说》（*Pulp Fiction*）打造成一枚票房炸弹。这让我们觉得，我们能够参加圣丹斯就等于打开了成功的大门。但我们的圣丹斯计划仍有一个问题：埃迪接受了独立电影工作者项目（Independent Filmmaker Project，简称IFP）的独立电影之夜放映系列的邀请。这是一个旨在支持独立电影工作者的非盈利项目。埃迪从来没有想过他能参加圣丹斯，所以让他的长片于1月在帕克城放映之前便于12月在纽约放映，这原本看起来并不是一件坏事。

我们得想办法取消IFP的放映。不然，这会大大影响我们在圣丹斯可能获得的发行机会。

但是埃迪是一个很忠诚的人。我们曾劝他放弃IFP的放映，但这家机构是他被拒绝无数次后唯一接受他的。埃迪那里有超过一百封拒绝信，所以他无论如何都要去参加IFP的放映。他觉得这是他欠IFP的。不过，我们有自己的办法。

在IFP的放映会上，所有发行商都争相一窥究竟，因为那时大家都知道了这部电影会在圣丹斯正式首映。幸好那时还是录影带的年代。我们把带子放了进去。在大概11分钟的地方，埃迪的角色正在把香蕉切片，放进玉米片里——此处映衬出男女关系对于男方的影响。正放到这个有趣的段落时，带子停了。这是个意外吗？当大家都还在哈哈大笑的时候，我们宣布由于技术原因放映结束。为业界同行所不知的是，为了1月的时候能在圣丹斯做个好买卖，这可是个精心策划的“预告片”。永远要吊足人们的胃口。

于是，我们接下来的挑战就是要完成这部电影。虽然已经有了探照灯的5万美元，但我们的资金还仍不足以完成一部能参加圣丹斯的电影。埃迪的父亲爱德华·J.伯恩斯（Edward J. Burns）是纽约警察局的警官。他问我能不能筹集一些资金做电影的收尾工作。我们需要从16mm翻印成35mm胶片，做专业的混音以及其他一些工作才能正式提交这部片子。我们算了一下，总共需要25万美元。我们找到一家愿意出这个钱的公司，但他们的条件是电影一半的所有权。伯恩斯一家人明智地拒绝了这个要求，他们不想交出这一半的所有权。于是我们重新筹划了一下翻印以及做一些适当的混音和配乐所需要的最低费用。我们还需要5万美元，但这些钱只够做一个电影节的拷贝。所以，伯恩斯家拿房子抵押了贷款，决定赌一把。

如果没有人买下这部电影的话，他们就完蛋了。他们做了一个很有风险的决定。

幸运的是，《麦克马伦兄弟》在圣丹斯的第一场放映被安排在了埃及剧院。那时候，很多人都不喜欢埃及剧院，因为里面只要一有什么动静，你都会听到。但我是觉得这种程度的闹哄哄是件好事，至少对喜剧片来说是的。因为如果有人笑了，笑声就能够感染所有人。就在放映之前，我接到了我们的娱乐纠纷律师约翰·斯洛斯（John Sloss）的电话。他没法来放映会现场了，因为他的兄弟滑雪出了意外，他正在赶往医院的路上。这会是个不详的预兆吗？约翰能够为他代理的电影和电影工作者谋求最高的价值，他也因此正在成为独立电影界的名人。我们非常希望这一趟他能全程和我们在一起。

幸好，整场放映非常顺利。福克斯探照灯的汤姆·罗思曼站在过道里看完了全片。影院一亮灯，他就仗着他有这个项目的优先购买权，过来跟我说："我们去外面谈谈。"

我们去了主街上的一家叫奇塞罗的意大利餐厅，找了个包间坐下。因为在帕克城的山区手机没有信号，我找了个预付费电话打给了斯洛斯，可是他没有接。汤姆知道尽早和我谈合同，并且在没有斯洛斯这样难缠的谈判专家的情况下对他很有利，因为这位老板不想一下子出太多钱。但如果电影成功的话，罗思曼的方案会保证每个相关的人都大大获益。从合同来看，如果电影票房达到300万美元我们就会得到相应分红，然后是500万美元，以此类推。我们都清楚很少有独立电影能有这么高的票房，但我们决定和罗思曼签合同。他一直待我们不薄，而且他是真的喜欢这部电影。他的初创公司福克斯探照灯就像是个“新搬来的小孩”，急需用我们的电影来证明他们不只有良好的判断能力。当我后来告诉斯洛斯的时候，他并不太满意这个合同。我理解他想要一笔更大的预付费用的想法。但我的直觉告诉我，这种用我们的电影来放长线钓大鱼的方式有着不可估量的价值。探照灯的这一步走得非常有远见。

埃迪非常高产。他这次去圣丹斯的时候已经完成了他下一部电影《爱是唯一》(*She's the One*) 的初稿。就在圣丹斯闭幕后不久，我们和探照灯就埃迪的下一部电影谈妥了合同——对探照灯来说是很精明很保险的一招。同年，新线公司的负责人则颇为头疼。因为他们投资了很大一笔钱给大卫·O. 拉塞尔 (David O. Russell) 的处女作《打猴子》(*Spanking the Monkey*)，期望为他的导演生涯打响第一炮，也为了继续发行他下一部更大的制作《与灾难调情》(*Flirting with Disaster*)。谁知道，最终是米拉麦克斯公司拿到了《与灾难调情》的合同，这让新线前期的投资打了水漂。我们在谈《爱是唯一》的合同时也提到了这件事，因为探照灯意识到，推广埃迪的第一部电影是在为推广第二部电影铺路。

我们并没有想到《麦克马伦兄弟》会得到这么多人的喜爱。电影获得了圣丹斯电影节的评审团大奖，收到许多热情洋溢的评论，也收获了1000万美元的国内票房。除此之外，我们还谈成了第二部电影的合同。埃迪的人生是那么的幸运。

我们在1996年耗资300万美元完成了埃迪的第二部电影《爱是唯一》。我们挑选了当时还默默无闻的女演员詹妮弗·安妮斯顿 (Jennifer Aniston) 和卡梅隆·迪亚兹 (Cameron Diaz)，以及阿曼达·皮特（Amanda Peet）和莱斯利·曼恩（Leslie Mann）。为了让电影满足工会低预算合约的要求，我们要将一半的后期收益分给参与的工作人员。这是一个前所未有的合约。而这种慷慨和协作精神正是埃迪所坚持的。电影最终票房达到9 500万美元，所以影片有了纯利润并可以分红给大家了。直到现在，我都会碰到那时的剧组工作人员对我说，这部电影是为数不多会给后期收益款的（指的是电影获得利润之后，支付给工作人员的钱）。

埃迪从未忘记他曾是一个住在自己车里的小制片助理。这样的意识对他的品格产生了潜移默化的作用，展现在他为人的方方面面：他叫得出剧组每一个人的名字；他非常喜欢和大家一起聚会、喝酒，并且坦诚、真心地与他们交流。有些电影你一看就知道剧组在拍摄的过程中十分愉快。你就是能感受到那种快乐，因为大家在完成这部电影的时候确实非常开心。但对有些电影来说，比如埃迪的电影，人们会有一种能够参与电影拍摄的荣幸，而他们的快乐来源于带着这种荣幸工作。当导演将这种态度投射到银幕上时，他们就像是在邀请观众参加一个派对。

我和埃迪在1998年又合作了一部电影：《爱情临界点》（*No Looking Back*）。电影原来的名字叫《久无新事》（*Long Time Nothing New*）。我们都希望在创作上能有长足的进步，但我们一直无法统一方向。我们在业界常常把这种情况称为“创作上的差异”，用来委婉地表示两人合不来。但我和埃迪都喜欢并尊重对方，相处得也很好。我们只是在讨论和这个项目有关的事情时会争得面红耳赤，比如剧本、选角和预算。

我们经常碰头，我会就每个版本的剧本给出我的意见。我们试着提升剧本的水准，但一直找不到切实的努力方向。我觉得我们俩都不喜欢这个过程。他想要做一些喜剧以外的东西，一些更有深度的东西，但我们并没有找到正确的基调。除此之外，我们的故事并不独特。埃迪觉得不独特不要紧，因为这样一来，观众比较容易能从电影联系到自己的经历。但我一直信奉的是，独立电影成功的要诀就是要在市场上独树一帜，故事必须要新颖。但我们的故事就像是杂糅了三个老生常谈的故事：一个回头的浪子；一个做着大城市梦的小镇女孩；一个徘徊在一个好男人和一个坏男人，或者说是一个开始显得很坏的好男人和一个开始显得很好的坏男人之间的女人。这些都是观众熟悉的故事，我们只是把它们都混合在一起罢了。我还反对埃迪选的一些演员。我不觉得摇滚明星乔恩·邦·乔维（Jon Bon Jovi）和刚刚拍完《阿呆与阿瓜》（*Dumb and Dumber*）的劳伦·霍利（Lauren Holley）会是独立电影观众喜欢的演员。但埃迪的看法是，他想要吸引更多类型的观众。

此外，埃迪希望能有超过1 000万美元的预算。在我看来，这不仅不现实，而且简直有些不可思议。我非常了解埃迪之前的经历。他过去的两部电影成绩都很好。《爱是唯一》虽然票房没有那么好，但毕竟赚到了钱，大家都很满意。就一个想要在这个行业里不断发展的导演而言，人们看重的是导演能驾驭多大的制作成本。所以，这也难怪埃迪想要往大制作方面发展。

埃迪的经纪人巴特·沃克（Bart Walker）已经用事实证明了自己为客户筹集资金的能力。他可以在保留一定创作自由度的前提下为诸如米拉·奈尔（Mira Nair）和吉姆·贾木许等大批独立电影导演筹集大量来自海外银行和外国公司的资金。但这仍是一个相对较新的业务模式。20世纪90年代，我们合作过的大部分导演都没有经纪人或经理人或律师。早些时候，只有我们这些制片人在关心导演的利益。当经纪人开始出现之后，我们常常会就影片的规格和预算发生冲突。经纪人绝对不会说他们代理的客户是在好高骛远，也不会提醒他们爬得越高摔得越重。(毕竟预算越高，经纪人的费用也就越多。)

几年后，当我终于与联合艺人经纪公司（United Talent Agency）签约时，经纪人问我想要从他们那里得到什么。我回答的是，我希望经纪人一直能在终剪版还不够好或是预算过高的时候诚实地告诉导演。他们告诉我，这是永远不可能的。经纪人永远不会这样逆着客户的意思说话。这么说来，埃迪的顾问们是绝对不会说他的预算不切实际的。

和埃迪的顾问们不同的是，我直接表达了这个预算和那些资金来源的不确定性。我们之间的对话是这样的：

“那些新的投资人是谁？”我问。

“其中一个是以前一个演员的儿子。”埃迪说。

“他们之前投资过什么吗？”

“没有，不过他们未来有很多打算。”

“但是我们电影里没有大明星，”我反驳道，“我们也没有特效、没有暴力，主角还是个女性，而且还不是那种奥斯卡电影。没人愿意花这么多钱投资这样一部电影的。”

“是啊，”他说，“但这些人说他们愿意。”

“我们要怎么才知道他们可以的？”我问。

“我经纪人说他们没问题。”

于是，事情只能这样了。

如果你在做电影，你会觉得，全心全意地觉得，你在做的电影配得上全世界的钱。所以你不想做一个本来可以拿1000万美元却只拿700万美元的傻瓜。就是因为你有这样的愿望，行业有赚钱的需求，所以人们常常鼓励你把梦越做越大。不会有人鼓励你把梦越做越实际。所以，当你把梦越做越大，而不是越做越实际的时候，冲突就出现了。“这个不太实际”是一句常常会威胁到我和导演之间关系的话。这句话听起来像是在质疑他人的信仰。虽然不完全是“我不相信上帝”这种程度，但有时还真挺像的。

虽然我并不支持，但埃迪的经纪人告诉他说他可以搞定他想要的东西。我一度觉得这事真的能够成真。于是我们开始谈这个美梦一般的合同。但就如人们常常说的那句俗语那样：美梦难成真。合同最终还是没有谈成，而且这还是在埃迪已经自掏腰包先开始做前期制作之后。现在，我们已经投入太多，无法叫停了。我们必须尽快谈成一笔合约，不然埃迪投入的一切都浪费了。

由于这样的事情在独立电影制作中常常发生，我们还是有办法尽可能降低预算。最终，埃迪谈成了700万美元预算。一半来自最近想要涉足电影界的唱片公司宝丽金（Polygram）。另一半来自我们的朋友汤姆·罗思曼，他拿走了国际版权。但这笔预算比我们原本打算的少了一半。

事实证明，罗思曼是个非常忠诚的人。这部片子是个美国剧情片，显然没什么海外市场价值，但他还是答应了。电影的制作进行得很顺利，但我们的发行方，宝丽金的格雷梅西公司（Gramercy）在电影上映之后并没有给予足够的支持，再加上电影的评价不高（罗杰·伊伯特［Roger Ebert］这样写道："这部电影真的很无聊。"），故事并不新鲜，演员也不是艺术电影受众喜欢的那种。所以电影在影院只上映了一周半，票房只略多于22万美元。这笔投资简直就是个彻头彻尾的灾难。在经历过创作上的差异和眼前的这个赔本买卖之后，埃迪和我决定不再继续合作他的下一部电影。任何生意上、创作上、个人关系上能承载的东西只有那么一些。我们的关系在《爱是唯一》的时候达到了极致。所以，我们最好在还没影响友谊的时候就停止合作。

让我意外的是，大约在三年后，我收到了一张数目可观的支票，附言是电影赚到钱了。我简直不敢相信。事实上，一开始我确实不相信。我还打电话给我当时的制片搭档迈克尔·诺齐克（Michael Nozick）确认这是不是个恶作剧。其实，这足以证明埃迪选择乔恩·邦·乔维来参演是个多么明智的决定。确实，这位歌手在电影中表现不错，他也是美国的摇滚明星。但他在欧洲的影响力更大，是那种现象级的大明星，所以电影的海外票房比预想的好了太多。于是在1998年，光靠邦·乔维，电影就实现了净收入。而且，罗思曼也比我们预想的来得精明。起初，我们以为罗思曼帮我们纯粹是因为他和埃迪的私人交情。但这位未来的福克斯CEO非常清楚我们手中握有的价值，而他的公司已经建立了全球渠道，拥有许多利润颇丰的合约来充分挖掘电影的价值。

好的成绩会让你在电影界走得更远。许多人会顺势将触角伸进电视圈，试着拓展电视事业。埃迪显然已经探索过了电视圈，但那始终都不是他的最爱。他钟爱的是伍迪·艾伦的那些经典小品片，像是《曼哈顿》(*Manhattan*)、《安妮·霍尔》《汉娜姐妹》(*Hannah and Her Sisters*)。当然，我双手表示赞成。和埃迪的合作总是那么愉快。这倒不只是因为我们合作的每一部电影还不错，还因为收入也不错。

有的电影让人觉得可以改变电影界，而有的电影则让人快乐。我从埃迪身上了解到，这两种电影都是有价值的。他对剧组成员和合作伙伴的尊重让人觉得他是一个靠谱的人。而且有时，和一个靠谱的人合作往往比和那些创作起来信马由缰的导演合作来得有灵感得多。在那时候的纽约，你很容易陷入习惯性的自鸣得意中。埃迪对电影的热爱让我明白：不是所有的电影都要改变电影界，或是改变地球。有时，轻松自在也挺好，尤其是当你已经尽力做到最好，还有一帮不离不弃的家人朋友时。

埃迪同样不惮于尝试新鲜事物。当他2007年的电影《紫罗兰》(*Purple Violets*）在传统发行渠道中并不顺利时，他尝试了一个新的平台——iTunes。他是第一个直接在iTunes上发行故事片的导演，这样的新鲜尝试让他充分享受了这项数字服务。苹果公司认识到了埃迪这样做的价值，并利用了埃迪的影响力宣传这一发行电影的渠道。这是一个双赢的局面。对埃迪来说，带着一部并未在传统影院渠道发行的电影上《今日秀》(*Today Show*）颇为夺人眼球。而且他很清楚，主动权还是在他手里。几年之后，埃迪用少数电影工作者才刚刚开始了解的方式充分拥抱社交媒体，积累了成千上万的好友和关注者。这是他这么多年来努力应得的结果。埃迪一直认为是我在鼓励他不断尝试新鲜事物，并且常常和粉丝们互动。因此，他在新媒体世界的成功让我无比高兴。

美国低成本电影中有着许多奇妙的乐趣，其中的两样是：其一，你会发现屏幕上的人正是住在你家附近的那个人；其二，这些电影让人感觉人人都能拍电影。当然了，拍电影并没有看起来那么容易。不过，埃迪真的让粉丝们参与到他的电影中了。他在推特（Twitter）上发帖让他们帮忙设计电影海报，创作片尾曲。这样不仅让人们觉得他们真的参与到了电影中，也让人们知道：你也可以拍电影。

最重要的一点是，埃迪在纽约拥有一个关系亲密的家庭。家人们相信他，教会他要勤勉踏实，要心怀感恩，要追逐梦想。（在现在看来，我发现许多人最宝贵的财富往往来自于他们的家庭。所以，在面试应聘者的时候，我常常会问他们从身边亲近的人那里学到过什么。）埃迪在只有200万美元的情况下依然完成了电影，在收到一百封拒绝信后依然没有放弃。他从来没有让他的梦想溜走。在他的导演事业停滞不前的时候，他的梦想为他提供了后盾。他为电影找到了新的模式，一种他认为新奇，也让业界惊奇的模式。他说："我不需要100万美元，我连25万美元都不需要，但我照样可以拍成一部电影然后发行。这就是了不起。"许多导演觉得他们能取得当前的成就是因为他们自己特别了不得了，与其他人无关。但埃迪从未忘记自己的初心和那些帮助过他的人。

人们常会觉得独立电影界的人都一定要悬梁刺股，就好像你不经受那些痛苦，这种艺术就不真实一样。人们觉得你必须要人财两空才能换回一部独立电影；每天都必须要严格按照拍摄计划，严丝合缝地完成每个镜头的拍摄。我后来与许多像埃迪·伯恩斯那样的导演合作过。他们让我知道，要成功并不非得要煎熬，也可以是单纯的快乐。

另举一个例子来说，妮科尔·霍洛芬瑟总是对我重申，她可不想因为拍她的第一部长片《良缘知己》(*Walking and Talking*) 而毁了她的生活。

“你要在25天里把这部电影搞定的话，每天不工作15个小时是不可能的。”我这样告诉她。

但她跑去和她的摄影师迈克尔·斯皮勒 (Michael Spiller) 商量，列出了整部电影的所有镜头，确定了视觉基调来保证每天把拍摄时间控制在合理的12小时。虽然后来并不是每天都只拍12小时，但你会发现她的计划确实行之有效。起初，我觉得这样做并不好。我觉得“我们没有最大化利用我们的时间”。但妮科尔清清楚楚地计划了她想要的东西和她想要的表现手法。她可以从全局的角度来判断怎样对她的团队最好，当然也最终对她和她的电影最好。有时，在拍摄电影、制作电影、发行电影的时候，我们很容易过分关注细节而忽略更重要的东西。

我最初知道妮科尔是因为玛丽·韦斯格伯（Mary Weisgerber）。玛丽是位外景经理，也是我的朋友。她给我看了妮科尔学生时代颇受好评的短片《我爱的是理查德》（*It's Richard I Love*）。这是一个神经质的爱情故事，由辛西娅·尼克松（Cynthia Nixon，她后来出演了《欲望都市》）和基思·戈登（Keith Gordon，他后来成了一位导演）主演。当时，我刚制作完和哈尔·哈特利合作的第二部电影。虽然我和他两年内合作了两部电影（《小人物狂想曲》[*Simple Men*] 和《信任》），但只做制片人还不足以应付我的生活开销。如果我还想要以制片维持生计的话，我必须尽快再找一些导演来合作。

由于妮科尔那时候还没有经纪人，所以我让玛丽介绍我们认识。我和妮科尔在纽约的一个闷热天见了面。在这之前，我刚刚和一位威廉·莫里斯经纪公司的经纪人见了第一次面。我还为此打了领带，这可是我高中之后第一次打领带。天气炎热得让人很不舒服，我的领带更让我觉得窒息。但我觉得可能是我的“职业打扮”给妮科尔留下了好印象，至少这样的打扮掩饰了我与新导演见面时的紧张。

妮科尔在前一天刚刚完成了《良缘知己》剧本的第一稿。我觉得她的剧本特别适合我来制片，它设定的地点离我住的地方不远。这是一部注重人物塑造、基于情境、对话驱动的人文影片，有着那些独立电影精华，比如伍迪·艾伦，比如埃里克·侯麦（Eric Rohmer）等的影子。它每五句话就有一个笑点，从女性视角出发，讨论的是女性朋友之间的事情。这是当时的电影很少照顾到的群体。我们还可以从当时纽约的众多演员中选角，挑选那些观众既有新鲜感又有熟悉感的人。我们甚至连明星都不需要。最后，我们选择了凯瑟琳·基纳（Catherine Keener）、安·海切（Ann Heche）和列维·施瑞博尔（Live Schrieber）。当然，她们后来全都成了小有名气的演员。

《良缘知己》讲述的是青年时代的故事。由于我当时正好二十多岁，我对故事中的人物颇有共鸣。它描绘并捕捉了我们的生活和喜好。正如20世纪90年代的独立电影开始关注传达那些因为种族、性别、性向、阶级和信仰不同而被忽视的观众群，其实还有一个观众群体是被大大的忽视了的：主流青年（通常被关注到的只有其中的精英人群）。好莱坞并未聚焦在大部分青年日常的、中产阶级的生活，以及他们生活的点滴细节，比如你的猫死了或是你失去了你最好的朋友这些时刻。类似这样的故事并不常出现在主流电影中。但这恰恰是妮科尔的长处。

于是我们开始开发剧本。这就意味着一遍又一遍地重写剧本。妮科尔大概一共写了二十五版。而我在与妮科尔合作《良缘知己》的时候所做的工作可以看成是我今后与其他导演合作所采用的标准流程模板。总的来说，我会先问这样几个问题：你觉得电影主题如何？你希望观众看完电影后最大的收获是什么？你希望他们记住的信息是什么？你希望他们能感受到什么？某一天，妮科尔想象出了这样一个场景：艾米莉亚这个角色（由基纳饰演）抱着她的好朋友罗拉（由海切饰演）漂在水上，而罗拉马上就要结婚，过上新生活了。这一幕让我觉得就像是被无力感和消逝感浸泡了一样。你如此深爱一个人，所以你放她走。这短短的一瞬间就能直击人心，可谓是该片给人留下的一个大大的烙印。

但在这中间还有很长的路要走。在我们有了这个动人的场景，有了“爱即失去”的中心思想后，我们还需要将这一主题体现在剧本各处。在我们确保剧本体现出主题后，我们需要回过头来看看人物形象和内部冲突的设定是否同样反映主题。在这之后要检查的是人物关系是否能够表达影片主旨。宏观一点来看，我们还要了解这个概念在电影界有何意义。《良缘知己》的剧本很好地回答了以上所有问题。它让人觉得自然、生动、有趣和真挚。

虽然此前一些电影项目已经开始制作了，但《良缘知己》是好机器自1989年12月成立以来第一个完成的项目。（几个月之后的某一天，我们有三部电影在同时拍摄，分别是丹尼·雷维［*Dani Levy*］的《我曾在火星》［*I Was on Mars*］、李安的《推手》和哈尔·哈特利的《雄心》［*Ambition*］。）

我们讨论后觉得需要再拍一部短片来引起业界对《良缘知己》的关注，毕竟《我爱的是理查德》已经有些久远了。于是，妮科尔写了一部五分钟的短片《愤怒》（*Angry*）。该片原来的名字会更准确地概括影片内容：《妈妈，我要和你分开》（*Mom, I Am Breaking Up with You*）。我们花了两天来拍摄，我既是制片人，又是第一助理导演，还要负责大家的伙食。我做了香肠胡椒煎蛋饼来振奋片场的士气。如果每个人都看到制片人已经投入到在片场给大家分送食物的时候，大家都会同样投入自己的心力。正如我们希望的那样，《愤怒》成功进入了圣丹斯电影节。我们计划借此机会在圣丹斯宣传第二年我们预计要投拍的长片剧本。

但妮科尔真正应该感谢的是哈尔·哈特利，而不是圣丹斯。是他帮助妮科尔实现了拍摄这部电影的愿望。哈特利的《小人物狂想曲》进入了戛纳电影节主竞赛单元。而我因此了解到，巅峰娱乐公司（Zenith，曾投资哈特利的《小人物狂想曲》和《信任》）的业务总监多萝西·伯温（Dorothy Berwin）想要自己运作一部电影。我向她介绍了《良缘知己》中两位女性好友，以及她们害怕其中一人的婚姻会终结两人友谊的故事。多萝西认为这是个能引起大众共鸣的故事，因为它有些混乱，有些有趣以及有无拘无束的表达。用这部电影来开始她个人的制片生涯再适合不过了。

在我从戛纳回国之前，我甚至还打电话让我的助理把整整120页的剧本装在信封里邮寄过来（那时还没有网络）。要知道，我可是一直在控制成本。所以，我愿意打越洋电话也表明这件事的紧迫性。几周之后，多萝西打电话来说她非常喜欢这个剧本，特别是猫咪自杀那一幕。在电影的中段，一直闷闷不乐的猫从窗边一跃而出。在我看来，这一幕并不能推动情节发展，也不能体现出人物的性格。所以，我其实已经劝妮科尔在之前的几版剧本里把这一幕给删了。看来，我的助理错寄了剧本的前一稿，《良缘知己》也因为剧本里被删的一幕而收获了投资。你不得不喜欢并拥抱这样一个美丽的错误。妮科尔的耐心、忠诚和专注收获了100万美元投资。我们终于可以开始拍电影了。

《良缘知己》正好接在《麦克马伦兄弟》之后，而且我们刚刚搞定埃迪下一部电影《爱是唯一》的投资。于是，这几部都排到一块儿去了。我们公司在特里贝克找了一栋楼来做办公室，在办公室的一侧准备《良缘知己》，同时在另一侧制作《爱是唯一》。那时候，我记得我问两位导演想找谁来做电影的配乐。妮科尔最喜欢的音乐人是比利·布拉格（Billy Bragg），埃迪喜欢的则是外号“大老板”（The Boss）的布鲁斯·斯普林斯汀（Bruce Sprinsteen）。我们的资金请不起布拉格，但我们从他的歌里可以听出他是个重情义、好自由的人。当我好不容易联系上他之后，我跟他说我会毫无保留地告诉他我们的预算情况。我向他保证我们会尽可能支付报酬给他，而且我们也会给他后期收益款。于是，他答应了。没有合同，没有律师，没有讨价还价。当他穿过整个纽约来给妮科尔演奏他写的大致旋律的时候，她就像个被迷昏了头的小姑娘那样期待着这场只属于她的音乐会。他让她在吧台边坐下，然后拿起一把木吉他开始弹奏。“大老板”没能为埃迪做同样的事情，但我们还是找来了汤姆·佩蒂（Tom Petty）来为《爱是唯一》配乐。这对于一部低成本电影来说已经是个不错的选择了。

《良缘知己》的拍摄过程甚是有趣。虽然这是妮科尔的第一部长片，但她在看重结果的同时也十分看重过程。她想要充分享受拍电影的过程。她在有条不紊的同时留有很大一部分快乐的空间。对许多专业电影学校出身的导演来说，他们的导演圣经是《孙子兵法》。然而，妮科尔信奉的则是朱迪·布卢姆（Judy Blume）的青少年现实主义小说。她这样解读她的看法：剧组就像是一个你将一起生活五周多的家庭，所以就让我们享受在一起的时光。某天，我们要拍摄一场爱情戏。妮科尔要找一个替身来走位，于是她就让我来和她示范一场性爱戏。每个人看到我扭动着屁股都忍不住咯咯地笑。妮科尔真是为了博剧组一笑不惜拿制片人开涮。不过，为了振奋剧组的士气，我也不介意偶尔被拿来捉弄一下。

我们几乎是在圣丹斯电影节首映前的最后时刻才完成《良缘知己》的。而接下来赶去圣丹斯的过程简直是我人生中最疯狂的24小时。

在《麦克马伦兄弟》成交之后，我说服了我们的销售代理，让他们放出风声，说我们要在《良缘知己》圣丹斯首映后的24小时之内把它卖出去。就像我前面说的那样，我们几乎是在最后时刻才完成了电影。当我在放映前一夜从杜阿特（DuArt）公司拿到拷贝的时候，胶片真的都还是湿的。

我们赶到肯尼迪国际机场，准备坐早上六点的飞机去盐湖城。一到机场就看到了长长的队伍蜿蜒在航站楼里。电影用的是35mm胶片（在那时候，数字拷贝是连想都不敢想的），胶卷装在大金属罐里，用细金属把手提着。你是绝对不会想要提着它在机场里奔走的。这个胶片罐重到我每走一步它就割我的手一下。

当我们终于登机并开始在跑道上滑行的时候，机长广播说飞机不得不返回航站楼。因为机上有一名男子咬着指甲，以至于血一直从他的嘴里流下来。虽然当时还没有发生“9·11”事件，但那名男子古怪的行为让机组人员怀疑他在飞机上安放了炸弹。于是，我们下了飞机，好让机组人员能够检查飞机上是否有炸弹，然后我们再次登机。我的手又一次被胶片罐弄得生疼。我们又起飞了。但就在起飞后不久，机长说我们不得不再次返航。当我第二次忍着手疼从飞机上下来后，我看了一眼驾驶舱，发现它的挡风玻璃裂了。显然，有一只鸟撞了上去。现在，挡风玻璃上的裂纹形如一只巨大的蜘蛛网。这是又一个不祥的预兆吗？

机场里一片混乱。因为暴风雪就要来了，每个人都在抢着改签机票。我们不知道该怎么办。这时，同行的詹姆斯·沙姆斯告诉我他知道开一家制片厂需要些什么了。“我们得租一架飞机，”他说道。

这对我来说简直是天方夜谭。我们没有那么多钱。我们可是快破产的独立制片人。但詹姆斯给在纽约很有影响力的老牌经纪人山姆·科恩（Sam Cohn）打了电话，山姆又给了我们一个电话号码。对方开给我们1.7万美元的低价来包一架飞机。我制作这部电影的全部酬劳只有2.5万美元而已。幸好，包机公司接受刷卡。

之后，我们又花了好几个小时找到能够驾驶飞机的飞行员。而这个飞行员那天已经连续飞行了22个小时（规定的连续飞行时间上限是24小时，而飞到盐湖城的飞行时长超过2小时，但并没有人在管这件事了）。为了能及时赶到电影节首映现场，我们几乎是用性命在赌。

我们租的飞机应该是11座的，但我们有14个人。詹姆斯很明智地选择了不去圣丹斯。另两个人则留下来负责全部的行李。而当我们11个人登机之后，我们只看到10个座位。原来，剩下的那个座位正好是厕所，那可是个没法在长途飞行中舒服坐着的位子。于是，我坐在了飞行员身边。当我们飞在空中的时候，他向我要了银行卡。而在刷卡的时候，他放开了操纵杆，飞机开始往下坠。那一刻，我觉得不光是我银行卡里的钱要没了，就连我这条命都要没了。

当我们落地补充燃料的时候，我们还有2个小时才能到盐湖城。我们一行人里一半人都晕晕乎乎的。我马上给圣丹斯总监杰夫·吉尔摩打了电话，向他保证我们能在晚上8点前及时赶到首映现场。吉尔摩想要取消放映，但我说我们一定能赶到。当我们终于到达盐湖城时，我们只剩下90分钟的时间来把拷贝送到放映机上。积雪已经有几十厘米厚了，而且还要开山路。通常，这一路开过去需要90分钟，但显然在现在这种情况下90分钟是不够的。虽然路上只扫出了一条道，但因为我们开的是辆SUV，所以我指挥司机开了一条新路过去。我们不能在这个时候出岔子。

我们迟到了。但幸运的是，当我们终于到达的时候，排在我们之前的那部短片电影的导演法伊特·赫尔默（Veit Helmer）一直在台上讲笑话，和观众互动。所以没有人介意我们的放映迟了20分钟。

放映的反响很好。哈维·维恩斯坦不请自来。经过6小时的谈判，我们以120万美元的价格将北美版权卖给了他。达成交易的时间是凌晨2:45，我喜出望外。那次，整个团队住在一栋租来的别墅里。我叫醒了妮科尔，告诉她我们把电影版权卖给了米拉麦克斯。她也同样喜出望外。但我好像同时在她脸上看到了恐惧。因为当时哈维有一个绰号，叫剪刀手哈维。不过最后，他和他的团队都十分相信这部电影，所以影片最后得以一刀未剪。

妮科尔过了5年才开始拍她的第二部电影《美丽与动人》（*Lovely and Amazing*）。这部电影和第一部电影的预算相当。但她的安排却让我有些伤心。因为她要用100万美元的预算拍出她想要的效果的话，他们得在洛杉矶拍。但考虑到电影的预算，我没办法跑去洛杉矶。于是，我的同事安东尼·博格曼去了洛杉矶并完成了这部电影。

平均来说，一位导演的第一部电影和第二部电影之间的间隔是8年。这样看来，妮科尔也差不多。然而，对于80%女导演来说，她们每部电影的间隔通常都是8年。我并不认为这是她们自己选择的结果。但这样的时间差异并不值得骄傲。而拍故事片的导演中，只有6%是女导演。巧的是，8年也是把小孩抚养长大需要的时间。妮科尔就有一对双胞胎儿子。大多数导演都会抱怨这中间无所事事的时光，但有时候不妨想一想，电影其实并不是你的全部。

对约翰·沃特斯（John Waters）来说，艺术就是生命。而两者又是如此密不可分，充满了难舍难分的乐趣。

在我看来，没有约翰·沃特斯，就没有我们现在所谓的独立电影。我之前想要在马萨诸塞州的一个小镇上领导一次政治变革的时候，我看了约翰的回忆录《冲击值：恶趣味的趣味之书》（*Shock Value: A Tasteful Book About Bad Taste*）。全书充满了趣味和朋克精神，让人颇受解放和启迪。约翰·沃特斯比我读过的任何人都更能代表那种“去你的”的娱乐态度——我想拍什么故事就拍什么故事，你都得喜欢。这和艾玛·戈德堡（Emma Goldberg）那句著名的话有着异曲同工之妙：我不想要任何我不能为之起舞的革命。约翰的电影相当大胆，不论是制作还是观赏都能给人带来极大的乐趣。

我从来没有想过能和约翰·沃特斯合作。但有一天，他的经纪人打电话来问我有没有兴趣听听约翰的新计划。当约翰前来向我们介绍他的新片《不知羞耻》（*A Dirty Shame*）时，我们就像是体验了一回夜店的私人表演。他留着细细的小胡子，穿着尖头运动鞋，身材瘦削，是那种会让人过目不忘的人。他的表述也十分完美。那些在《冲击值》字里行间读到的东西，我都能在这20分钟的《不知羞耻》的介绍中看到。他刚刚拍完几部较为温顺的电影，像是《发胶》（*Hairspray*）和《杀心慈母》（*Serial Mom*），他显然再也不想打安全牌了。他要的是回归《粉红火烈鸟》（*Pink Flamingos*）那样的恶趣味。通常，当导演们在兜售自己的新片计划时，这个计划往往还并不成熟。但约翰的描述非常完整翔实，他声情并茂地表达出他对那个关于性欲错乱和家庭观念的故事的喜爱。我是不可能不签下这部电影就放他离开我们办公室的。

事实上，约翰还向我的朋友，杀手电影公司（Killer Films）的克里斯蒂娜·瓦尚介绍了他的新片计划。我们之前合作过托德·索伦兹（Todd Solondz）的《爱我就让我快乐》（*Happiness*），我觉得我没必要和她竞争这个项目。我很高兴能和她共同担当本片的制片人，约翰也很高兴我们能够一起合作。

不过，我们很快发现，约翰的工作习惯同样反映出他独特的个性。比如，他的家乡巴尔的摩并不是一个性价比很高的拍片地，但由于那是对塑造他人格很重要的地方，所以他总会在那里拍摄。他还喜欢和那些他喜欢的人一起工作，就算那些人只有参与约翰·沃特斯电影的工作经验。他希望在他身边的人都是让他觉得舒服自然的。

通常，制片人在与经验丰富的导演合作时会希望能找到激发和促进他们工作效率的方法。我们再三向约翰表示他应该找些新鲜面孔，比如找史蒂夫·盖纳（Steve Gainer，他曾拍摄了拉里·克拉克[Larry Clark]的《半熟少年激杀案》[*Bully*]）来担纲摄影。由于我们的预算不多，我们希望约翰能够准备一下电影镜头列表和分镜头。约翰之前从来没有准备过这些东西。而且，由于我们的时间和预算都越来越紧，所以我们得让他尽量按照准备的东西来，这样我们制作起来会更加有序和经济。我们还找来了一个假体设计师为塞尔玛·布莱尔（Selma Blair）制作了那副她在影片中需要穿着的巨大的假胸。不过，我们的成功也就仅止于此了。毕竟，约翰就是约翰，约翰的电影就是约翰的电影。这是任何制片人都无法改变的。不过还好是这样。

你很容易就会发现，约翰是真的热爱电影的方方面面：角色、演员、创作伙伴、拍摄地、配乐等。每一个细节都能让他激动。我觉得他的这种热情可能是因为他深知如果不是电影，他的人生可能已经走上了另一条路。他自己也承认，他的犯罪倾向既能成就他为一名电影导演，也同样可以轻易地让他身陷囹圄。他这样的自知之明能从他拍电影的各个方面看出来。而他的热情很容易感染其他人。身处在他的片场让人觉得非常愉快。在拍片期间，会有形形色色的人来探约翰的班，如当地警察、骑行者、异装癖者、顶着爆炸头的美发爱好者、市议员以及艺术界的名人。这就是约翰的大家庭。现在，我们也是其中的一员了。拍电影或从事其他创作都是一种荣幸。我合作过的导演中，很少有人能像约翰那样真正把这份荣幸放在心里。

起初，我们连做约翰的电影的资金都没有。当时，我们因为片中的明星——主演《蠢蛋搞怪秀》（*Jackass*）的约翰尼·诺克斯维尔（Johnny Knoxville）的保险问题而停滞不前。老实说，我们很担心约翰尼的生活习惯会不利于谈定一个我们付得起的保险合同。所以，我们和投资人陷入了僵局：他们是会要求签一个保费极高且条款极其严苛的合同，还是会答应我们采用常规的保险合同呢？最终，他们做出了让步。我们这才得以将这个项目进行下去。

我决定拿出自己的存款来保证项目如期进行，来召集人员，添置道具，确认演员和外地工作人员的住宿。这样的做法其实是一大禁忌：人人都知道制作电影最大的错误就是拿自己的钱来垫付。而且我并不是钱多到丢了也无所谓的那种，但我是真的没有其他办法了。我必须赌一把。看起来，不是只有我一个人这样做。巴尔的摩整个城市都下了注。他们贷给我们设备，供给我们酒店房间，租给我们汽车，而且这些都没花我一分钱。所以，我们能够做到这些都是因为人们热爱约翰·沃特斯，相信约翰·沃特斯，他们知道约翰·沃特斯会保护好他们。

最终，我们在还未收到投资人一分钱的情况下完成了《不知羞耻》的前期制作。对我来说，这群人的慷慨让我知道这份热爱和欣赏是可以帮助到你的。钦佩也不只是一时之举。在拍摄前的几周，新线公司的艺术电影分公司佳线电影公司（Fine Line Features，也可以说是沃特斯大家庭里的一员，曾发行过他早期的影片）终于和我们谈妥了全球版权的合约，支付了足以完成整部电影的现金。对此，我们并没有太惊讶，毕竟约翰是所有人的朋友。他是“垃圾教皇”，是“巴尔的摩之王”，各式各样的人都会与他握手欢言。

约翰和许多巴尔的摩人培养出了非常密切的关系，不管他们是明克·斯托尔（Mink Stole）、瑞奇·雷科（Ricki Lake）这样的演员，还是真人版的“红色八爪女”帕蒂·赫斯特（Patty Hearst），又或是他那个闷闷不乐、聪明机智的选角导演帕特·莫兰（Pat Moran），还是打造了“圣女”的恐怖衣橱①的拾荒能手服装设计师范·史密斯（Van Smith）。他们每个人都是如此愉快地彼此共事，并且从合作中收获快乐。这样也让我能够真实地面对自己，而不去迎合他人对我的期待。

在拍摄期间，约翰不希望每天过得太“残忍”。也就是说，为了保持理智，有些镜头我们只拍两次。作为独立电影制片人，我发现我的工作常常不仅要一直催大家加快速度，有时也需要给导演慢下来的空间。许多独立电影导演很清楚他们的预算很有限，所以他们有时在得到自己想要的效果之前就妥协了。但这时，我的任务就是要明白我自己是不是觉得这里需要多拍几遍，是不是需要把进度慢下来。和约翰合作的时候，我们很快就发现他的节奏非常快。很多时候，我们都会问他：“这一镜我们要不要换一种方式再拍一遍？”但通常他觉得已经有他要的东西了，于是他就会要求拍下一

---

①“圣女”（Divine）是美国演员、歌手哈里斯·格伦·米尔斯特德（Harris Glenn Milstead）的艺名。范·史密斯为“圣女”设计了在《粉红色的火烈鸟》和《女人的烦恼》（*Female Trouble*）等影片中的夸张造型。——编者注

镜。约翰很了解自己、了解自己的品味和他希望达到的效果。我通常会向导演们提出我的建议来微调他们的看法。但约翰这样的招牌和类型并不需要我操心。因为他的风格如此鲜明成熟，任何外力都会让这条船倾覆。制片人应该明白何时介入，何时放手。任其发展有时也是一种艺术。

我似乎从来没有接触过一个将自己的人生建筑在单纯的快乐之上的人，直到我认识了约翰。独立电影圈总是在反复念叨那些人们失去的东西，描述生命中不懈的追求以及对事物现状的不满和怨恨。但和约翰合作之后，我发现他的视角颇为不同。他是那种用不同方式表达自我的人。他有着如此多的身份——作家、艺术家、评论家、演员、导演，并且样样拿手。他是如何做到的呢？因为他一直保持着真实的自己。

我们拍《不知羞耻》的时候是2003年。这部电影是我的新公司“这是那”（This is That）名下的第一个项目。在环球收购好机器之后，我重新自立门户。我并不想成为一名好莱坞制片人。我想要继续与那些和我一样经历这个不断发现的过程的导演合作。电影圈总是在鼓励你建立自己的帝国，并不断发展壮大。很多时候，我忍不住想，我也应该这么做。但是，我需要的是一剂强力的解药，告诉我：热爱你做的事；热爱与你共事的人；热爱你们的创作。相比百万美元来说，这才是最大的回报。这就是保持真实的自己。这就是埃迪、妮科尔和约翰。在他们人生的某些时刻，他们都有可能去选择另一条路，但他们决定了“这是我想做的事，我要用我自己的方式去做这件事”。

4 承诺

绝对不要和你的前任一起拍电影。

虽然这个建议听起来似乎显而易见，但在我和塔玛拉·詹金斯合作的那些年里，我却常常忘了这一点。她是一个极有活力的人，而且有着天马行空的幽默感、别具一格的眼光、专业的工作作风、源源不竭的精力，可以说是我见过最有趣、最开朗的人。我们还在一起的时候，我总像是被她的故事控制住了那样，无法正常思考。即使是在我们分手后，我仍想证明我能给予她帮助，来换取我从未感受到的忠心。当然我现在已经不会这样想。但当时，我做不到。

塔玛拉已经凭借她的毕业短片作品《逃亡之爱》（*Fugitive Love*）获得了学生奥斯卡奖和纽约大学最高奖。但在当时，就算一个学生横扫各大奖项和电影节，都可能没法获得好莱坞或是娱乐经纪人哪怕一丁点的注意。当塔玛拉还在纽约大学攻读硕士学位时，我曾在她的课上做过讲座，而且我非常欣赏她的电影。后来，她来找我征求意见。当时有一位制片人向她提出一项“交易”：要求塔玛拉将她下一个电影项目免费提供给他，并且不收取任何报酬。我们约在一家酒吧。我告诉她这根本不算是个“交易”。我们喝了三两杯威士忌，然后一步步地，我们就在一起了。毕竟，那时是20世纪90年代初。

在塔玛拉第一部短片大获成功之后，美国公共电视（PBS）新成立的独立电视公司（Independent Television Service）邀请我的同事詹姆斯·沙姆斯去负责一系列短片项目。这一系列短片后来被编成了一个合集《电视家族》（*TV Families*），其中有托德·海因斯（Todd Haynes）的《多蒂被打屁股了》（*Dottie Gets Spanked*）、阿约卡·钱泽拉（Ayoka Chenzira）的《我自己的电视》（*My Own TV*）、乔恩·森次（Jon Moritsugu）的《终点站，美国》（*Terminal, USA*），以及塔玛拉的《家人遗体》（*Family Remains*）。塔玛拉的作品还在圣丹斯电影节上获得了电影短片的评审团特别奖。而且由于这部《家人遗体》紧跟在《逃亡之爱》之后出现，最后业内人士终于注意到她，投资人也开始询问她计划何时拍摄她的第一部故事长片。

但塔玛拉的工作方式相当另类。她不会先列出提纲，再扩写成剧本，其实许多场景都是她率性而为的。她有许多奇妙的点子，但有时这些东西看起来很难搭配到一块儿，或者说其实根本无法拼凑起来。圣丹斯研究所（Sundance Labs）也邀请她来撰写剧本，这就是后来的《比佛利山辣妹》（*The Slums of Beverly Hills*）。

我觉得我无法与塔玛拉合作故事长片，因为我们实在是太亲近了。在制作李安的电影《喜宴》时，我们开始交往。而在制作过程中的某天，我们分手了。两天后，我们又和好如初。这似乎已经成了我们的相处模式：分手，复合，无限循环。我们无法一刀两断，也无法长相厮守。现在想来，我会认为将我们紧紧联系起来的只是工作和理想而已，并不是感情。只是当时我们并不承认罢了。但不管怎么样，我俩这样的关系并不见得会在片场擦出什么好的火花。

讽刺的是，塔玛拉的公司叫“男朋友制片公司”（Boyfriend Productions）。她的前一任男友是彼得·希尔斯坦（Peter Himmelstein），我们刚开始交往的时候我还见过。当时，彼得还留着塔玛拉家的钥匙。所以当他直接开门进来时，我正好穿着他落在塔玛拉家的衣服。他比我高瘦些，但我们的鞋码一样，也可以穿一样的衬衫。不得不说他挑衬衫的品味很好，不论是材质还是颜色，而且这些衬衫不是一个独立制片人可以负担得起的。他进门的时候我一下子就反应过来，不过还是有些被吓到。彼得是个建筑设计师，但他在电影和平面设计上同样造诣颇深。他帮塔玛拉之前的作品做过设计，还设计了后来的《比佛利山辣妹》的片头。后来，我们还请他来设计埃迪·伯恩斯《爱是唯一》的片头。

在继续聊塔玛拉之前，我想先说说彼得。我和我的制片伙伴安妮·凯瑞把彼得列入了我们制片计划的候选名单，因为他非常渴望能够自己编写和导演电影，而且他聪明机智又不失风趣。我们和他合作了两个项目，一部是惊悚片《重要的人》（*The Key Man*），另一部讲述的是左撇子棒球手罗伯特·别林斯基（Bo Belinsky）的真实故事，这位花花公子不但娶了一位封面女郎为妻，还在乔伊·希瑟顿（Joey Heatherton）的拉斯维加斯演出中担任鼓手。但据我所知，这两个项目都未能成片。不过当时，我传授给彼得我炮制圣丹斯最佳影片的“配方”。

我的圣丹斯最佳影片配方

主角 能与观众产生共鸣的普通人（不能是有钱人或是坏人）。

剧情 主人公要经历波折、遭受苦难，最后得到令观众意外的领悟。

大胆 敢于冒险，让影片看起来随时都会分崩离析但最后又峰回路转，让观众能用“真够大胆”来评价。

规范 如果无法做到大胆，就要做到规范，删掉任何不规范的段落。

审美 接受自己审美的优缺点，不为自身审美缺陷难为情。为自己的选择负责。

立意 故事主题必须升华，需涉及阶级矛盾、性别对立、两性冲突或其他政治问题，在审视每分每秒每件小事时心怀天下。

选角 挑选个别当红演员或明日之星，来演绎代际矛盾冲突。可以找来老戏骨和首次触电的新人搭戏，再加上可以跨界来演电影的电视演员。

冲击 片中必须有几个可以让人津津乐道，甚至能让外行人震惊无比的大胆段落。

混搭 在悲剧中葆有幽默感，在喜剧中酝酿不幸。进行这样的混合，并用新颖的方式呈现出来。

回味 片长越短越好。90分钟是标准（现在已是80分钟了）。观众离开剧院时从不会说，“要是再长一点就好了”。

在我分享这些秘诀给他之后，彼得依照我的秘诀写出了剧本《偷窥的世界》（*Peep World*），在剧本圈一举成功。这个剧本质量上乘，看过的人都颇为赞许。在我们开始开发这个剧本后，当时还在奋进精英经纪公司（Endeavor Talent Agency）的约翰·莱舍（John Lesher，他后来创立了派拉蒙优势公司［Paramount Vantage］，并一直为其工作）看了，向彼得保证：不仅要让他成为受薪的编剧，还要让他成为明星导演。

有些承诺对于导演来说就像是美梦成真，但对于制片人来说，它们可能是个可怕的噩梦。当你带着一个剧本和一个未签约的导演到市场上的时候，这个项目会显得加分不少。经纪人总想要与导演签约。而签约可是件大事，因为一旦签约，经纪人将拿到这个导演之后参与的所有项目的分成。我们利用彼得是个未签约的导演这一点来作诱饵，试图提高《偷窥的世界》一片的选角档次。我们非常清楚地告知了彼得这一点，我们还向他解释说我们要先按兵不动，等到积累了许多人的兴趣之后再借此机会锁定最好的选角。但是，彼得在我们毫不知情的情况下与莱舍签约了。我们知道这件事后，决定放弃彼得和这个项目。我们可以理解他想要和像莱舍这样厉害的经纪人签约。但就像人生一样，如果合作双方想法不同，那这个电影项目的结果也不会好。如果你的合作伙伴在合作初期表现出和你不同的价值观和工作方式，这只会随着时间的推移越来越糟。

最终，莱舍并没有完成彼得的电影。彼得也没有成为莱舍所说的他能够成为的明星导演。（大约八九年之后，曾担任《周六夜现场》［*Saturday Night Live*］、《肥佬教授》［*The Nutty Professor*］和续集《肥佬教授2》［*The Klumps*］编剧的巴里·布劳斯坦［*Barry Blaustein*］为独立制片公司Occupant Films执导了《偷窥的世界》。）而彼得最后则执导了《重要的人》，可能另外还导演了另一部电影来证明当初莱舍说的话。

正如所有剧作家都学过的那样，凡是第一幕里出现的枪都要在第三幕开火。虽然我和彼得、塔玛拉之间的故事有着诸多戏剧冲突，但我从来都不清楚是什么构成了那把枪、那颗子弹以及第三幕里的那次开火。

到了2002年，我和塔玛拉终于解决了我俩因为之前的感情纠葛而产生的矛盾。我很高兴也很兴奋塔玛拉能邀请我去她与吉姆·泰勒（Jim Taylor）的婚礼。吉姆是一位导演，也是奥斯卡最佳剧本奖获得者亚历山大·佩恩（Alexander Payne）的编剧及制片伙伴。彼得也收到了邀请。虽然我觉得我已经忘记了我俩之间的过节，但是我的身体背叛了我。我和彼得笑着谈起我们之间的第一次见面，还有我们与塔玛拉的男朋友制片公司千丝万缕的联系。我们重温了之前经历的困难和错误。我们聊着聊着，我都不知道该如何停下来了。我笑得越来越厉害，厉害到手一抖一抽的。我很清楚接下来会发生什么：一大杯酒从我的杯子里飞了出去。彼得穿的衬衫依旧和我与塔玛拉第一次约会后穿的那件一样得体。但无论是多清爽多时髦的衣服，一旦泼上了一大片红酒就绝对好看不到哪儿去。我主动提出帮他付干洗费用，但要把这一片“污渍”去掉可不是跑一趟干洗店就能解决的。

塔玛拉的第一部电影《比佛利山辣妹》是1998年戛纳电影节导演双周的开幕影片。导演双周单元是主竞赛单元的平行单元，但在整个电影节中还是挺“非主流”的。电影在美国的反响很好，收到了许多肯定的评价，也在一定程度上推进了塔玛拉的事业。但值得业界讨论的是，为什么美国女导演的电影生涯如此难以维系。就像妮科尔·霍洛芬瑟和塔玛拉一样，她们在执导了一部让人印象深刻的、成功的电影之后的很长时间内都没有机会接拍下一部电影。我和塔玛拉还是会时不时地碰到，而我们之间的过去似乎都已经过去了。我的公司好机器一切都挺顺利，制作完成了很多电影。塔玛拉也迫不及待地想要尽快重回导演的位置。

有一次，我在同一天内接到了制片人艾德·普雷斯曼（Ed Pressman）和塔玛拉的电话。他俩正在合作一部关于著名摄影师黛安·阿勃丝（Diane Arbus）的电影。艾德长期以来制作了许多业内顶尖导演的争议之作；塔玛拉则一直十分喜爱阿勃丝。她的许多短片其实都是在向阿勃丝致敬。这种合作关系看起来十分完美，但实则举步维艰。虽然两人都喜欢并尊重对方，但他们无法解决剧本的问题，也无法就塔玛拉能驾驭的预算规模好好筹划这部电影。

塔玛拉构思的“黛安·阿勃丝”剧本概念是这样的：一个疯狂崇拜摄影师“黛安·阿勃丝”的年轻导演“塔玛拉·詹金斯”一直想要拍一部关于她的电影。后来，“塔玛拉”终于被制片人“艾德·普雷斯曼”相中来拍摄这样一部电影。但他并没有黛安·阿勃丝那些传奇照片的版权。所以，片中的塔玛拉的任务就是要拍一部不出现那些照片的电影。但片中还有一个大问题：“艾德”希望找妮可·基德曼（Nicole Kidman）这样的明星来演黛安·阿勃丝。但“塔玛拉”并不觉得那位“妮可”是个很好的选择，因为她觉得“黛安”不应该长得像一位电影明星。所以在这个剧本中，“塔玛拉”没有去找“妮可”，而是找来了“凯特·布兰切特”（Cate Blanchett）。

我们把这个剧本给了真正的凯特·布兰切特看，我们觉得她是饰演“凯特·布兰切特”这个角色的最佳人选。但凯特并没有同意。她的经纪人还希望我们最好能把“凯特·布兰切特”这个角色从剧本里去掉。我常常觉得，电影界里的人有时还是太较真。

巧合的是，我们真的同时收到了塔玛拉这个阿勃丝的剧本和查利·考夫曼（Charlie Kaufman）的《改编剧本》（*Adaptation*）。两者都有着鲜明的后现代叙事风格，但《改编剧本》显得要略胜一筹。不过撇开这个不谈，塔玛拉的剧本总会碰上一个大难题——选角。我们心目中的女主角人选是像简·亚当斯（Jane Adams，曾出演托德·索伦兹的影片《爱我就让我快乐》）那样形似黛安·阿勃丝并富有真实感的演员。但同时，我们又希望能由明星来担纲主演。然而，就算我们真的找来凯特·布兰切特或是妮可·基德曼，而她们的角色并不是本片的主角，我们还是无法把她们作为卖点来宣传。摆在我们面前的还有另一个难题，如果要把电影拍成塔玛拉设想的那样，预算将达到1 100万美元。而我们估计，700万美元左右的预算才行得通。就算我们试着从方方面面削减开支，这部电影仍需要

800万至900万美元的成本。对于一部请不起明星演员的后现代艺术电影来说，这样的预算还是太高了。

正当我们考虑放弃塔玛拉这部具有后现代叙事风格、反映行业本质、略显古怪的个人传记电影时，好机器公司被挂牌出售。而在好机器被环球影业收购的时候，詹姆斯以及大卫的新公司焦点影业和我通过洽谈达成了一项协议：成立一项自由发展基金来“任意”投资对方批准的项目。这其中还包括，焦点影业和我的新公司“这是那”将共同“盲投”两个项目，不需要什么提案或剧本概述[①]，只需要选定导演。我们选择的标准十分明确：当代题材，预算低于800万美元，可塑性高，内容积极向上。于是，我们选择了一部妮科尔·霍洛芬瑟的，一部塔玛拉·詹金斯的。

选择与塔玛拉合作并不见得是一个最好的决定，但是因为我知道她拍摄《比佛利山辣妹》的过程并不愉快，我希望可以给她一个美好的经历。除此之外，我一直对于分手时我的所作所为心怀歉疚，所以也希望弥补这一切。我认为当时我的心智已经足够成熟，不会让我们的过去影响现在和以后。是的，我就是这么认为的。

在妮科尔·霍洛芬瑟已经剪辑完她的电影《老友有钱》（*Friends with Money*）时，塔玛拉才刚刚完成她的剧本。但每个人都在以自己最习惯的速度进行着。我一直很喜欢一个说法叫“个人速度”，

---

① 提案（pitch）可指创作者向潜在的投资方游说、推销内容方案的过程，也指用于推销的方案本身，中文又可译为“创投展示”。剧本概述（treatment）往往是影片故事的记叙文版本。提案和剧本概述都是一部影片融资过程中常见的材料（或步骤）。——编者注

它确确实实地体现在导演们不同的拍片进度上。有的人需要数十年才能完成一部电影，而有的人只需数月。可令人始料未及的是，这两部电影由于不符合焦点影业当时的海外票房标准，都未能由焦点影业投资及发行，而是进入了周转期（周转并不单单意味着制片公司放弃这个项目，制片人可以任意寻找投资人。值得注意的是，制片人需要在较短时间内找到投资人，并按照之前的合约条款偿付给原制片公司。因此，周转的代价有时非常之高）。

电影业的许多问题都来源于一种错觉——成年人的行为都是善意的。我更愿意认为是共同的创作追求将人们紧密地联系在一起。你以为没有人会阻碍你出色地完成工作。但经验证明，事实并非如此，你会遇到的阻碍太多太多。在制作塔玛拉的第二部电影《萨维奇一家》（*The Savages*）时，对于可能会面对的一切，我没有丝毫的准备。

作为焦点影业的"盲投"项目，影片《萨维奇一家》以塔玛拉的自身经历——父亲患上阿尔茨海默病后，塔玛拉与哥哥之间关系的故事——为蓝本。起初，塔玛拉交出了一个厚达300页的"巨本"。她深知必须要对这个剧本做出删减，不可能把这么厚的初稿交给制片公司。但是，正因为塔玛拉谙熟每个角色的每一缕思绪、每一次选择，人们纷纷评论片中人物颇具深度。他们出乎意料地给塔玛拉开了绿灯，使得她倾注在雕琢剧本细节上的所有努力都未白费。但作为制片人，看到这部砖头一般厚的剧本，我不由感到恐慌。每当有这样一本大部头砸到我的桌面上时，那声音就像是环绕在我头顶的警报。

当《萨维奇一家》在焦点立项之后，我发现我常常在向他们道歉："真是不好意思这个项目现在是这个情况。"我会说："但是我们还没准备好。"然后，塔玛拉就要去一趟焦点。因为她口才好，又能说到点子上，她很擅长与人面对面谈事情，所以她这一趟给我们多争取了6个月的时间。

当塔玛拉终于把剧本删减到了可以接受的长度后，我们把剧

后很喜欢。但他们仍旧表示，这个片子

为这种以人物和关系为基础的喜剧片通

种讲述患有阿尔茨海默病的老年人迈向

得过什么太好的成绩。但是，拜托，你

事。当时焦点的制片总监约翰·莱昂斯

加这个项目，而且剧本也受到许多经纪

为真实动人，与那些普通的残次剧本不

Witherspoon）的经纪人非常喜欢这个

熟女性形象转型所需要的角色（有别于

和《律政俏佳人》[*Legally Blonde*] 中

女孩形象）。但她对于这个角色来说实

她看起来像是在经历片中角色所经历的

我们考虑过这样一个大明星会给我们

改剧本来符合她的形象。

有办法选里斯这样年纪的女演员来拍

没能拍一部有里斯·威瑟斯庞的电影

玛拉。他们还建议说，我们可以找劳

演。虽然人人都知道劳拉是一个非常

（英）阿尔弗雷德·希区柯克，1960年
《卡什肖像经典》(世界图书出版公司 2011年)

出色的女演员，觉得她有朝一日一定能获得奥斯卡奖，但除非你是梅里尔·斯特里普（Meryl Streep）或是安吉丽娜·朱莉（Angelina Jolie），一个三十岁以上的女演员是不会对吸引投资有什么帮助的。所以，如果我们要挑选劳拉这样的演员来担纲女主角的话，我们需要挑选一个有强大国际票房号召力的演员来出演男性角色。塔玛拉一直希望找菲利普·西摩·霍夫曼（Philip Seymour Hoffman）来演哥哥这个角色。相比之下，焦点则希望找像麦克·梅尔斯（Mike Myers）那样的人来为其所用，帮助弥补因为里斯未能出演而损失的海外市场价值。我们的看法真的是相差十万八千里。

塔玛拉是愿意考虑焦点公司提出的任何建议的，但是我们同样需要保护她的电影，以及成就她所想要的电影的所有东西。焦点公司听取了塔玛拉的想法，并表示愿意支持她，所以他们终于说，好吧，就选菲利普。但大约3天后，我们听到他们说："看来我们是没办法拍成这个电影了。"我们反驳道："但是是你们同意让我们选劳拉和菲利普的。"然后他们反驳说："那是你们想要拍的电影，我们不想拦着你们。"于是，我们答复："那你们估计这部电影的预算是多少？你们给多少预算，我们就用多少预算拍。"焦点公司在一两周后来找我们，对我们说，"什么预算都拍不成一部有劳拉和菲利普，有我们，讲的是一个快要死了的老人的电影。"这个答复让人非常沮丧，特别是当这句话出自我前搭档詹姆斯·沙姆斯之口时。

当我和詹姆斯分道扬镳，他转而创立了焦点后，我们仍然是朋友，也是战友。但我们的关系再也没那么亲近了。可能这是男人之间的缘故，或是前合作伙伴的关系。我们每隔一段时间都会一起吃饭，那是肯定的，但我们不会给彼此分享自己孩子的照片了。虽然工作给了我们机会与对方交流，但这也同样成了发展真正的友谊的阻碍——但愿不会总是这样。我很喜欢听詹姆斯讲话，我甚至愿意买票听他讲话。他风趣、神采飞扬，而且他的观点总是非常有理有据，你通常无法辩驳他的逻辑。但对于《萨维奇一家》来说，我希望他的决策能够更快一些。

独立电影界有这样一个迷思，就是制片厂通常都是坏人。但对于我制作的电影来说，制片厂的目标和我的目标一致，也与导演的目标一致，那就是：尽可能拍出最好的电影。而且制片厂很清楚推销电影最好的方法是能够得到导演全力的支持，所以他们在整个过程中都在努力获得导演的支持。我从来没有碰到过导演对于最后剪辑的版本没法说了算的情况，除了杰西·派瑞兹（Jesse Peretz）的《男人不养家》（*The Ex*）。那次，哈维·维恩斯坦答应将杰西的剪辑版本作为最终版放进DVD里。（我一直不明白为什么李安希望做一个导演剪辑版的《与魔鬼共骑》，因为我觉得我们在第一次剪辑的时候就是按照他的想法剪的。）

在我们还没能与焦点达成《萨维奇一家》的合约时，我们开始找了一些独立股权投资人来试水。虽然焦点公司可能永远都用不上外部资金，但股权通常还是挺有用的。大家都觉得焦点拥有世界上最唾手可得的资金，因为公司的资金来自环球的母公司通用电气，而且通用电气的借款利率非常低。

这时，我们碰到了之前曾做过经纪人的弗雷德·韦斯特海默（Fred Westheimer）。他已和一位神秘的大亨联合起来建立了一个新的基金来投资电影。我们把《萨维奇一家》的剧本寄给了弗雷德，而后塔玛拉与弗雷德以及他的女儿、帮助打理公司事务的埃丽卡·韦斯特海默（Erika Westheimer）见了一面。这次见面的气氛非常热烈：埃丽卡以及她的公司都很喜欢这个剧本，他们也很喜欢埃丽卡，我们也很高兴他们表示有资金也愿意投资在这部电影上。在这件事的早些时候，焦点公司对韦斯特海默的钱并不感兴趣，但当后来我们自己去与他们见面交谈后，我们确实很高兴我们能有韦斯特海默的资金作为后备选项。

现在，我已经摸爬滚打多时，我非常清楚《综艺》（*Variety*）杂志上公布的那些投资电影的新基金可能根本就不存在。但我同样清楚的是，有时，最好的事是你已经确定有人愿意拿出一半的资金。在电影界，通常一个人想要一件东西的时候是当另外有人也说想要的时候。所以，我们需要创造出这样的欲望。我自己的做法是，如果我不确定这个投资人是否可以信任，我绝对不会马上和他完成交易。我会把他对这个项目的兴趣用作诱饵来吸引其他人的兴趣。但对于弗雷德，我倒是挺信任他的，毕竟他有在行业里工作的背景。他不会是个彻头彻尾的混蛋。但如果他的公司中途退出，我也不会难过。所以当韦斯特海默他们表示愿意出一半预算的时候，不管是600万美元还是1000万美元，那都是当时我们希望能从合作伙伴那里得到的。虽然，在《萨维奇一家》最终开始投拍之前他们退出了，但他们就像是磁铁一样帮我们吸引来了其他投资人，毕竟钱钱相吸。所以得到第一个承诺是最困难的，因此也是最有价值的（就算有时候并不能成真）。然而我发现，有的时候自己做出的选择，后果必须自己来承担；你在一开始想要的合作伙伴可能并不是在之后你真正需要的。

由于我们十有八九能得到韦斯特海默的新公司孤星（Lone Star）的支持，我们试着去找新东家，从最好的开始找。塔玛拉约了福克斯探照灯的老板彼得·莱斯（Peter Rice）。彼得差不多是二话不说就拒绝了我们。塔玛拉那个十分顽强的经纪人巴特·沃克（Barter Walker）让我们继续催他们，还给我们安排了又一个与探照灯的会面。我有些不安，因为我觉得对方说“不”那就是“不”的意思了。既然彼得已经很明确地拒绝了我们，我不懂我们这是在做什么。但是巴特说我们要再试一次，于是我们去了。看来疑惑的并不是只有我一个人。开会时，彼得有些生气，他拒绝了我们的项目并对我说：“看着我的眼睛，特德。我——不——会——接——这——部——电——影——的。不要再来了。”他已经说得极其清楚了：福克斯第二次，也是最后一次拒绝了这个项目。

虽然受到了挫折，但一系列其他因素帮助我们很快恢复了斗志。我看了《卡波特》（*Capote*）的预告片，发现菲利普·西摩·霍夫曼在里面贡献了极佳的表演。我开始和人们说，他一定会拿奥斯卡奖的（我敢肯定不是只有我一个人这么想，但那时还早）。塔玛拉的丈夫吉姆·泰勒和他的编剧搭档亚历山大·佩恩一起加入了《萨维奇一家》作为行政制片人。他们与我们分享了拍摄佩恩的电影《关于施密特》（*About Schmidt*）的经验，该片主演是杰克·尼科尔森（Jack Nicholson）。每个人看完剧本后都觉得这完全就是个悲剧，但只有亚历山大说：“不，这是部很有趣的电影，只是它有趣得很有个性。”福克斯探照灯没有买下《关于施密特》（他们后来将佩恩的电影《杯酒人生》［*Sideways*］打造成了票房大片），于是泰勒和佩恩转投了新线。结果，和其他许多人一样，探照灯对他们之前的决定非常后悔。

经由《杯酒人生》的关系，吉姆和亚历山大与探照灯有了一次合作。于是，他们和彼得·莱斯碰了个头，期间他们一直在提醒他塔玛拉的这部电影和当初的《关于施密特》是多么的相似。这次碰面并没有实质性的效果。但那一天正好是金球奖颁奖前的那个星期五。在星期天的金球奖上，菲利普获得了最佳男主角奖。到了星期一，彼得打了个电话给我，表示收回之前他说过的话，探照灯非常愿意投资我们的电影。他当时板上钉钉的那个“不”看来还并不是板上钉死的了。很快，我们都去了圣丹斯。于是，我们、探照灯还有塔玛拉的经纪人坐在一块过了一遍合同的几个细节，就达成了协议：项目终于被亮了绿灯。我想这就是所谓的三次终成真吧。

当探照灯终于同意之后，他们告诉我说他们不希望弗雷德和他女儿参与这个项目。虽然我们并没有和孤星公司签任何合同，但我不想把韦斯特海默家的人踢走。尽管我不知道他们是不是真的有钱来投资我们的项目，但是我觉得我应该保护弗雷德。他曾经站在我们这边，虽然这样做并不用付出什么代价。我坚持要探照灯和孤星见一面。但是，探照灯的人向我明确表示，他们希望《萨维奇一家》的预算是600万美元，而且百分之百由他们来出。最终，探照灯的人看在我的面子上同意与孤星见一面，但他们也发誓绝对不希望孤星参与进来。

而且我们意识到菲利普很可能会获得奥斯卡奖，而林妮也因为合同里“最惠国待遇”条款将享受和菲利普相同的酬劳。这就意味着，我们《萨维奇一家》的预算必须要提高了。演员们不可能再拿演员行会规定的基本工资了。所以，从策略上来说，这给了探照灯一个很好的理由来留下一家股权投资伙伴。

而且很肯定的是，这部电影的预算达到了让探照灯不舒服的高度，他们终于同意让孤星参与进来。这些人有着敏感的商业神经，十分擅长见风使舵。因此，很久之后，当我们这部电影已经成了一笔旧账后，我并不意外彼得·莱斯能在福克斯步步高升。

双方的谈判看起来进行得很顺利。我甚至听说探照灯希望和孤星做一笔更大的交易——如果有机会能融资到几部电影的话，为什么只融资一部呢？我不清楚在这之中有多少是真多少是假，但我必须要警惕一些。我们的合作伙伴之间的关系很快变得比他们与我们之间更加紧密。这样看来，探照灯，或是说任何发行商都想要有钱为他们所用，只要是钱都可以。但这让我的处境变得有些困难，因为我两边的合作伙伴自己有许多其他的项目，他们并不是只关心我们的电影。

我们决定继续。现在我们有了韦斯特海默，有了探照灯。我们进入了前期制作阶段。

做独立电影的人总想要把所有的资金都呈现在银幕上，所有制片过程不可避免地只能选在城市破败的角落里，因为那里租金低廉。我在纽约用来制片《萨维奇一家》的办公室没有窗户，不过这样我就不会看到楼下的汽车配件店和路边的酒鬼了。大概是在前期制作的第二天，我的电话响了。是弗雷德打来的。他说他的女儿——一名专业的服饰顾问——要和我们一起干这部电影的制片，并且要署名。

其实我并不介意让别人署名，如果这是那人应得的话。但安妮·凯瑞和我已经和塔玛拉一起为这个项目奋斗了很久了。如果我要让别人署名的话，那个人必须要为此十分努力来配得上这个署名。不然，这会抹杀我们制片人做过的所有努力。但弗雷德表示，不管我之前为了这部电影做出了多少努力，也不管我和我和安妮之后的辛劳，如果我们不给埃丽卡一个与我们同等的制片人头衔的话，孤星就要撤资，那这部电影就要完蛋了。韦斯特海默家这次与我们的合作虽然没有签合同，但如果我们还想要做这部电影，我们就需要他们。这不是一次谈判；这是一个“要么全部都有，要么一无所有”的提议。

一开始，我拒绝了，因为我觉得他在虚张声势。于是他说好吧，他就不准备投资这个电影了。6个小时之后，我让步了。不然我能怎么办呢？我没法打电话告诉福克斯说就因为我想要为我自己所做的工作保留相应的署名，现在这部电影要完蛋了。没办法，这就是电影业啊。

在这之后又出现了一个大难题。

之前在圣丹斯和探照灯一起过合约的时候，塔玛拉的经纪人巴特也在。在合同的条约中，我们同意拍摄一部非导演行会合约电影。导演行会合约有明确的更高额酬劳标准，需要使用行会工作人员，并且需要向导演、助理导演和执行制片人分红。采用导演行会合约方式能让你拥有一个经验更丰富的剧组，但费用会高很多。塔玛拉并不是导演行会的成员，而且我和探照灯都觉得这样额外的费用并不是必需的。我们要把每一分钱都花在电影本身上。

在圣丹斯之后的某些时候，巴特去度假了。而当他回来之后，他却阻碍了整个项目的进展。我们需要尽快谈妥塔玛拉的合约，从而进一步推进电影的进程。但巴特可能是为了为他代理的客户争取更好的合同，他不同意我的说辞，坚持表示他从来都没答应要签一个非导演行会的合约。虽然探照灯的人知道并不是这样，但对他们来说，这只是一个常用的谈判技巧罢了。对我来说，我的人格受到了质疑，我和我主要的创作伙伴的关系也要被破坏了。而这些都只是因为几个小小的条款而已。

我不知道当时塔玛拉是怎么想的。我和她的关系至少可以说是非常复杂的，而她的经纪人显然比我对她要忠诚得多，毕竟他从来没有和她分过手。我不清楚她在这时候会不会选边站，但我可以肯定的是，她肯定希望能有对她、对这部电影最好的结果。

巴特和我开始了一场邮件泄愤大赛。全程被抄送了邮件的福克斯探照灯的法务总监乔·德马科（Joe DeMarco）和克劳迪娅·刘易斯（Claudia Lewis）终于站了出来，让我们两人停止争吵，让我们要像个成年人那样解决问题。除了让我极为尴尬之外，这样的事情似乎在行业里有着愈演愈烈的趋势，人们为了获得一个更有利的合约，不惜在谈判的各个阶段将职业操守和真相置之不顾。

最后，我和巴特终于不朝对方大喊大叫了，然后我俩干脆不和对方说话了。而塔玛拉在合约里额外获得了一些权益。通常，当这样的合约问题解决之后，核心人员的关系并不会因此而被破坏。但这次不一样。这次事件给已然有些微颤的制片人—导演关系基础更添了一道裂缝。我们需要在6个星期内完成前期制作，时间对于我们来说非常紧张，整个过程我们就如同被闷在高压锅里一般。导演的经纪人还告诉导演说，她的制片人仅仅为了省钱而找来了一个并没有那么好（即非行会）的制片团队。这样做可帮不上什么忙。导演和制片人必须要有着共同的目标，并且相信这个目标，从不怀疑。但塔玛拉和我是带着信任危机开始这部电影的。

我不喜欢和独立电影界里的任何人有嫌隙。因为我们在这个圈子里共存，心生怨恨对彼此都没有好处。我相信我和巴特还是可以有机会再次合作的。这些问题往往能暴露出行业的内核，好让我们提前采取预防措施。任何合约上的问题点都不应该留到谈判的时候再讨论。我现在通常在拟定合约的时候就会考虑到这些问题，但我后来才知道，有时这样做可能还是不够的。

在《萨维奇一家》的拍摄过程中，我们的团队又出现了问题。我找来了我觉得还不错的齐普·西尼奥雷（Chip Signore）来担任助理导演。吉姆·泰勒为了保证他的妻子能得到最好的支持，为了让电影能够尽可能好，他将质疑齐普的拍摄计划视为己任。为了使导演能得到更好的支持来质疑助理导演是一方面，但从另一方面来讲，他这样做就像是为了证明桌子可以只靠三条腿就站住而锯掉了其中一条腿。他的本意可能是好的，但收到的效果则适得其反。在我看来，我为齐普辩解就像是在保护塔玛拉，但那就等于我站在了吉姆的对立面。我觉得我处在一种每个人都在质疑其他人的决定的情形中。这让一个本来就做起来很艰难的电影变得更加艰难。

还有一个问题就是那个我们选来饰演父亲的演员。我们花了很久才找到一位愿意饰演这个患有阿尔茨海默病的父亲的演员（要是别人认为你是一名将死的老人，就意味着你演员生涯的终结）。但后来，我们终于还是找来了菲利普·博斯科（Philip Bosco）。很多人都知道他有幽闭恐惧症。他从不坐飞机，从不乘电梯，或者说他从来都不会待在狭小的空间里。由于我们想要在亚利桑那拍摄电影的大部分内容，所以我们不知道该怎么办了。难道要用房车载菲利普去吗？还是我们干脆在纽约搭一个景？如果真要搭一个景，它又要如何与在亚利桑那实景拍摄的部分相匹配呢？如果我们想要得到纽约州政府的退税，我们需要在棚内拍摄。但后来，我们搭了一个房子和一个飞机的景，如此一来我们就无法享受退税了。最后，我们的布景越搭越多，已经超过了我们需要的数量，因而电影的开销也扶摇直上。

我们的美术总监是简·安·斯图尔特（Jane Ann Stewart）。她和亚历山大·佩恩是经常合作的工作伙伴，这次也是为了给佩恩“帮忙”才加入我们剧组的。而我学到的另一课就是，不要接受别人的“帮忙”。我很快发现，她做的和我做的完全就像是两部电影，而且她还没有意识到这一点。到那时候，片场的搭建已经无法控制了。因此，塔玛拉已经没空考虑她如何才能让开销维持在预算内，她认为我们还有很多事情要做。可以说，简、塔玛拉，还有发行商的认知简直相去甚远。大家之间的信任也屡遭破坏。而且，由于我和塔玛拉之间的过去，她免不了会开始想，特德有没有为了我的最大利益尽力而为呢？我知道我有，但我也察觉到她并不相信我。

当某个剧组成员亮了红灯的时候——可能是他态度不端正，或者是能力不够，这时候你应该立即采取行动。开除一个同事虽然有些麻烦，要远远好过因为他效率低下和胡来蛮干所带来的麻烦。但是，要开除一个部门的负责人显得尤其困难。因为他们通常对于制作有自己的理解，并且和剧组其他成员以及其他部门的负责人建立了重要的关系。而且要找到替补人员赶上进度需要一定的时间。要改变计划都要付出代价。但就《萨维奇一家》而言，保持现状就等于看着我们的预算被蚕食，电影的质量也将大打折扣。但这是一场有着许多战役的战争，我觉得我只能在这场战役中投降，保持原来的剧组人员继续工作。

如果说电影里有什么元素在我看来是有问题的，那就是劳拉的假发。那简直是我在电影里看过的最难看的假发了。我真想把发型师给开除了。负责这个部门工作的正是那个被她爸爸强加进来当制片人的埃丽卡·韦斯特海默，她表示她会负责这件事。由于那个发型师是专门负责劳拉的，所以埃丽卡想要用一种不会让劳拉生气的方式来解决这个问题。所以我就让她来处理。但埃丽卡自始至终没有开除那个人。

因此，我觉得我让劳拉失望了。当我看到那顶假发的时候，我就看到了在这部电影中我作为制片人的失败。它将我拉出了这部电影，它让我出戏了。没有其他人向我抱怨过这顶假发，但我和塔玛拉因为这个讨论了很多次。一个利益的问题最终演变成了一个审美的问题，而我至今仍然后悔我的决定。我应该插手换掉那个发型师，但我却拱手让出了这个权利。

每个导演都有他们拍电影的独特方法，但并没有什么是正确的方法，也没有标准可循。塔玛拉可以说是非常有天赋的导演，但在片场她却有些优柔寡断。就和李安一样，她也被迫需要适应这个崇尚决断力的行业。剧组成员、制片厂的专家还有完片保险公司都需要决断力，人们好像并不在乎做出的决定是好的还是坏的，只要有决定就行。“我的不决定就是最后的决定”是克里斯蒂娜·瓦尚对于了解剧组最需要什么样的导演的一句玩笑话。塔玛拉为一个只有一句台词的角色试镜了68个人，我甚至觉得这个角色可能根本就没有出现在电影里。但制片人必须相信他们导演的流程。如果这一切的结果是一部像《萨维奇一家》这样出色的电影的话，我想所有的试镜都是值得的。

然而，如果拍摄计划很紧的话，优柔寡断可没有什么好处。我们只有25天时间来拍《萨维奇一家》。我们没有时间磨磨蹭蹭、犹豫不决。我们手头获得的资金，也是我们仅有的资金不容许我们再多拍哪怕一天了。我有信心我们可以在容许的时间内完成，但在和伙伴们讨论过后，我听到他们说这个被压缩的日程是我们的敌人。当然，日程很紧是我的责任。而我这样承认在塔玛拉和吉姆看来似乎是我在故意陷害塔玛拉。虽然我认为并不是这样的，但我依然觉得制片人对所有的事情都应该负责。而这部电影我们筹集的资金只够拍摄那么几天，因此必须压缩拍摄计划。这就意味着拍摄完成一部塔玛拉式的电影遇到了很大的挑战。在要求她果断决策的同时就势必会损失她想要的电影形态。而我是那么了解她，我知道这样做是违背了她的初衷的。所以我努力做这两件事：让塔玛拉适应设定的时间框架，让投资人平息怒气。

但剧组成员并不认为给塔玛拉足够的时间来获得她想要的东西是对电影最好的。福克斯探照灯和保险公司显然也不这么觉得。顺便说一下，保证电影按合约完工交付的保险公司并不都是坏人。他们能有效把控制作进度。通常，发行商或投资人愿意支付预算的一小部分——一般是1.5%～3%——给第三方来审核和监督电影的财务和进度。这样可以保证每个人都诚实可靠。

很快，我们就开始每天拍摄16、17、18个小时了。我们最后一天在银杯片厂（Silver Cup Studios）拍摄的时候，我们已经连续拍摄了17个小时。这时，工会的人突然进来把闸给拉了。真是太不讲理了。人们确实对每天疲劳的工作叫苦连天，也应如此。有人让我开除助理导演，让他来背这个黑锅。但我知道助理导演是无辜的，所以我并没有这样做。每个人都希望完成一部真正的塔玛拉电影，所以必须要按照她深思熟虑的步伐才行。

我们超长的工作时间让大家神经紧绷已经不是第一次了。在这之前，大概是拍摄的第3或第4天，剧组成员要求开会。在会上，他们明确要求有人能约束一下塔玛拉。他们希望缩短工作时间，并享有承诺的休息时间。我们就这些问题达成了协议，然后我对塔玛拉说："看来你得把自己锁起来，在午饭之前做决定了。"我并不是想向她暗示说剧组人员会有所反抗，或者说保险公司会把我们停掉。但事实就是这样的。协调塔玛拉、剧组、制片厂以及保险公司的工作方式激发了吉姆和我、塔玛拉和我、埃丽卡和我之间的一系列紧张情绪。看来，有些事情要爆发了。

我们的电影继续进行了下去，我们拍到了许多很棒的素材。但这仍不足以让我们的投资人高枕无忧。我们又开始每天超负荷工作了。弗雷德·韦斯特海默到了纽约，执意要约我晚上11点一刻在皮埃尔酒店见一面。我常常在拍摄间隙和投资人碰面，因为一般他们都知道我每天早上5点就要起床工作。所以，投资人来片场探班是很寻常的事情，但这次看起来不太一样。

我在整个拍摄过程中都没有和弗雷德见上面。而当我这次终于见到他时，他的样子着实让我吃惊了一把。他已年近古稀，显然他很喜欢运动，还穿着一件年轻男士才会喜欢的那种昂贵的刺绣T恤。他没有多说什么废话就直接跳到了重点：他可能没有去过片场，也没有太多电影经验，但他能感受到发生了什么问题。他告诉我说，剧组成员对我和塔玛拉失去了尊重，因为我没有控制住这么长的工作时间。但我可以辩解的是，许多剧组成员愿意加入我们是因为我们之前有过合作，而且这种电影才是他们想要参与的东西。有些工作人员我已经认识超过20年了。但弗雷德认为他知道得更清楚。塔玛拉带来的超负荷工作是我的责任，而且她最好尽快卸任导演一职。他表示，许多人会加入这部电影都是因为亚历山大·佩恩，而且他们都想要让亚历山大来剪辑这部电影。所以，要么我来规定每天工作12小时并尊重剧组，要么佩恩就要来接管这部电影了。

我不觉得弗雷德已经和亚历山大谈过剪辑电影的事情了。我也不觉得亚历山大会背着导演做这样的事，因为他一直非常支持塔玛拉。但现在我的投资人质疑我管理片场的能力，这让我大为光火。

我告诉了他我的真实想法：我了解剧组的一大半人，他们参与这部电影不是为了那点收入，而是因为他们对这个项目的喜爱，他们是不会离开的；他们就是想参与这样一部电影，而不是那种纽约警匪片。我们虽然遇到了一些问题，但我不会接受这样的提议的。我了解塔玛拉，并且和她一起在剪辑室里待过，我知道要把这部电影拍好就要让塔玛拉自己用她的方式完成这部电影。我承认过程是艰难的，我也不喜欢这样的过程，但这是将电影做到最好的唯一方法。

这不是一次理性的对话，而且在我说出“我不想再谈下去了”之后，场面变得越发难堪。他也说出了类似这样的话：你要是敢走，我就敢往你脸上揍。我曾经这样发怒过，也曾经和人打过架，当然是很久以前。但我从来没有被一个大我30多岁的人这样挑衅过。而且这个人还和我一起合作一部电影，我还帮助提携这个人女儿的电影事业，我还将给这个人带来一部奥斯卡提名影片。

我从桌边站起来，离开了酒店。我心想：这是什么混账的世界？我不能告诉吉姆和塔玛拉说我们的投资人说他要把塔玛拉从剪辑室里赶出去。我要让他们觉得弗雷德是支持他们的。我也不能打电话给埃丽卡，跟她说她父亲刚才威胁我了，因为我还得和她继续合作这部电影。我到底是怎么陷入这样一个该死的局面的？我每天工作15个小时，还有人对我大吼大叫，还有人不信任我。而我维护一个我真心信任同时又有情感上所亏欠的导演的结果是遭到来自四面八方的责难。

一部好电影是不是值得我们克服重重磨难去完成呢？我发现我自己那么多次地在问这个问题。我巨大的牺牲换来了《萨维奇一家》的成功：它受到了观众的喜爱，收获了颇高的评论，甚至得到了两项奥斯卡提名。这是大多数人看这部电影时会看到的东西。但对我来说，我看到的是我们一路走来被刻下的伤痕。

我从《萨维奇一家》中得到的教训显而易见：永远只做你所相信的电影。你会经历一系列这样的困难。你会对如何做一部好电影和做一个好人产生怀疑。在经历了一整天的困苦与牺牲之后，要是你并没有着迷于你所获得的成果的话，你是很难振作起来去做下一部电影的。当然，最好还是明智地别和你的前任一起拍电影。

《萨维奇一家》故事的内核是孩子们发现他们父母其实并不爱他们。你也许没法喜爱你拍的每一部电影，但如果一部电影的拍摄过程有如地狱一般而你却仍想要拍摄下一部电影，你就应该对这个结果感到骄傲。要不然，你的退休期就近在眼前了。

制作一部电影和生孩子有些相似：一个漂亮的宝宝会让所有的痛苦烟消云散。《萨维奇一家》广受观众好评，并成了福克斯探照灯标志性的2007年的一分子。同一年，探照灯还发行了口碑爆棚的《朱诺》（*Juno*）以及独立电影票房黑马《女招待》（*Waitress*）和《曾经》（*Once*）。在2008年的奥斯卡奖上，劳拉被提名了最佳女主角，塔玛拉收获了她的第一个奥斯卡提名——最佳原创剧本。我在家里看完了这部大作。我对于能够完成一部有趣同时发人深省的电影感到心满意足。这部电影能够让各个家庭或许更加诚实地探讨他们的父母和未来。也许，每场战役都是值得的。也许，到头来，我赢得了整场战争，并会继续战斗下去。

5 野心

我第一次见托德·索伦兹是在20世纪90年代初。那时，他正在为拍摄《欢迎光临娃娃屋》（*Welcome to the Dollhouse*）而努力。他曾给过我一份他的短片《斯查特的最后一击》（*Schatt's Last Shot*）的拷贝，和一份叫《排行老二》（*Middle Child*）的剧本。我看过他之前的剧本，觉得他是一个有意思、有特点的人。他能够牢牢抓住那些可怕的瞬间，把它们刻画得既吓人又诙谐。最终，《排行老二》这个剧本发展成了《唐恩·韦纳》（*Dawn Weiner*），然后又从《腊肠狗》（*Weiner Dog*）逐渐变成了《欢迎光临娃娃屋》。我和詹姆斯·沙姆斯考虑过接手这个项目，但又觉得我们能筹到50万美元都算是幸运的了。除此之外，片中人物都是孩子（也就是说工作时间不能太长，还要请学业指导），这也会让本片难上加难。

《欢迎光临娃娃屋》后来赢得了圣丹斯电影节的评审团大奖。索尼电影公司购买了电影的发行权，并收获了不错的票房成绩。这也推动了托德作为一名最为特立独行的独立电影工作者的事业。在《娃娃屋》成功之后，托德向我坦言，他手头有一个新的剧本，希望我能来做制片人。他也已经把这个剧本寄给了克里斯蒂娜·瓦尚，因为他觉得不可能会有两位制片人竟都喜欢这个剧本。

当然，我认识克里斯蒂娜。她与好机器共同制作了《深藏不露》（*Office Killer*）和托德·海因斯的《安然无恙》（*Safe*）。虽然我在这几部电影中的头衔是行政制片人，但我们是严格按照工作伙伴的模式来合作的。事实证明，我和克里斯蒂娜的密切合作对于这部新片至关重要。

导演和一位制片人能够合作得如此和谐，并在没有借助任何帮助的情况下完成全部拍摄实属罕见。导演需要的支持通常不是一名制片人就能给予的。我觉得我们需要合作搭档，或者说是制片搭档的另一个原因是，制片人的工作非常孤独和寂寞。我认识的人中并没有多少人能强大到可以独自一人完成。要完成托德·索伦兹的电影（即后来的《爱我就让我快乐》）非常艰难。我觉得要是没有搭档——没有像克里斯蒂娜这样强大的搭档的话，我是不可能完成的。

《爱我就让我快乐》一片讲的是三姐妹的故事和她们失败的人际关系。大姐是一个自暴自弃的作家，二姐是一个住在郊区的家庭主妇，三妹是一个倒霉但乐观的失败者。影片剧情所揭示的市郊生活中，没有一件事是尽如人意的：二姐的丈夫是一名心理医生，而他却在猥亵他儿子的朋友。

起初，我们打算用大一点的预算来做这部电影，而且还列了一个长长的主演人选名单。但在我们将剧本寄出之后，我们收到的都是类似这样的答复："不敢相信你居然想让我的艺人来演这样一个角色。"他们很担心这个心理医生的角色会给他们永远打上一个恋童癖的标签。其中一家经纪公司，格什（Gersh）甚至告诉我们说，他们压根就不打算把这个剧本拿给他们的艺人看。我的几位好朋友也对我说："我没法接这个电影，特德。我是有孩子的人。"

我们并没有默许主人公这样的行为，但大多数人所疑虑的是，我们似乎也没有判断他的对错。对我来说，无论片中人物的心理问题有多严重，无论他们遭受了多可怕的羞辱，托德在剧本中都清楚地表现出对他们极大的同情。可能有人会认为这部电影是反人类的，但我一直觉得它是一部意义深远的、充满人性的作品。我向来非常着迷于那些能有助于我了解与我完全不搭界的人群的作品。然而，大多数看过这个剧本的人都完全被震惊住了。我觉得我们可能永远找不到任何一个有名的演员来演这个有争议的角色了。

除了经纪公司，各个行会也试图远离这个项目。我们听说演员行会十分介意这部影片的内容。而当我们想得到技术行会的支持时，我们需要反复向他们保证电影中没有色情镜头。技术行会的负责人马特·洛布（Matt Loeb）看过剧本后，打电话给我说："你们别想要和我们签约了。你们自己拍吧。我们不需要这部电影。"这对我们来说没什么。因为如果行会觉得参与这部电影风险太大的话，我们很容易就能找相对便宜的非行会团队并在较短的时间内拍完它。

幸运的是，我们得以通过海外销售融资，并得到来自于一家

1991年成立的新发行商，十月电影（October Films）的承诺。我把剧本给我们的新搭档——海外销售分公司好机器国际（Cood Machine International）的大卫·林德看时，内心十分惶恐。大卫是从米拉麦克斯公司跳槽过来的。我很担心他看完剧本之后就会离开我们公司。我们当时都不能保证电影能得到R[①]的评级。但他在看过剧本之后显得十分兴奋。他看到的是一部大胆的野心之作，他认为这体现出了我们公司的本质特点。大卫和詹姆斯开始与我和克里斯蒂娜合作，讨论如何完成这部电影。大卫挑选了两家海外发行商——德国的Kinovelt和意大利的BIM，给他们寄了剧本并希望他们能参与这部电影，投资大约总预算的10% ～12%。在这些资金到位之后，大卫带着这部电影和这些合同去找了十月电影的宾厄姆·雷（Bingham Ray）。这似乎是一种新的模式：我们从预售（海外发行权这一项）中获得资金，用来支付拍摄所需的开销。十月电影同意投资余下的部分，大卫和我们公司相应地同意将电影的国际发行许可授予他们。这笔合约则导致了许多年后环球对好机器的收购，并将好机器与那时的十月电影合并。

与此同时，托德和他的选角导演安·古尔德（Ann Goulder）举行了大量的试镜，不过他们的试镜看起来很像是彩排。托德见了很多演员，要是他喜欢其中的某些人的话，他会让他们来第二次或第三次。但这可不是简单的小试镜。托德会安排其他的角色来配合，并且像拍戏一样给演员进行指导，整个过程会长达几个小时。菲利

① 即限制级，未满18岁的观众必须由父母或者监护人陪伴才能观看。——译者注

普·西摩·霍夫曼的经纪人问我们："你们真的要选我的艺人来演你们的电影吗？因为他已经来试镜了三次了，第三次足足试了一个半小时！"事实证明，这是菲利普参加的最后一次试镜。他的事业在此之后便如日中天。他那时候还默默无闻，但他十分清楚托德的试镜过程并不是寻常的工作方式。

托德想明白了一种大多数年轻导演都学不会的方法。在拍电影之前，你需要在脑中构思出若干个版本，因为这关系到每个部分如何组合——或者可能干脆无法组合到一起。特别是当你要拍一些有争议的东西，而你必须自己完成，但同时又并不确定的时候，拍摄出错甚至毁掉整部电影的可能性很大。所以，你必须要探索所有可能的方式。对于任何可能发生的事情，你都要有一套解决方案。如果说托德拍摄的素材要比实际用到的多出许多的话，那是因为他非常清楚可能会出现的问题。他要做一部让自己骄傲的电影，所以不管怎样，他都会尽可能实现这个目标。

《爱我就让我快乐》的拍摄过程算是我参与过的电影中片场氛围较为紧张的，那种"大家齐心协力"的感觉荡然无存。因为一些剧组成员认为："这个人都得过圣丹斯的大奖了，拍这部电影的预算肯定很多，那为什么给我们的酬劳不能多一点呢？"由于行会表示要与这部电影撇清关系，所以我们是与非行会人员进行合作的，他们无法享受行会成员所享有的保护。当某些问题产生的时候，也没有既定的协议来处理这些问题。就连安排拍摄计划，我们都常常要吵起来。许多制片人都想要和非行会人员合作来绕开一些规定，但我倒是希望能签一个行会合约，这样我们就能把精力集中在拍摄，而不是讨价还价上了。在结束第一天的拍摄之后，人们想要开除负责伙食的那个人。但对我来说，能有一个熟食餐车已经很不错了，而且在之前的拍摄经历中我都没有过这样的待遇。不过，看起来剧组成员只是想利用他们手中的权力来开除别人。我们并没有让他们这么做，因为我知道，一顿热气腾腾的早餐是你在之后会怀念的东西。但在拍摄的最后五天我们还是把那个人开除了，换了另一个人来。我只能说，当剧组成员急红了眼时，你没办法阻止他们。

托德清楚地知道他要什么，而且他会要求得非常精确。他希望所有的对白都要和剧本中写的一字不差。有的演员不会完全按照剧本来表演，他们会自由发挥，但托德并不允许他们有任何即兴的部分。在一个情绪很浓的场景中，简·亚当斯（Jane Adams）的角色在经历了一个十分糟糕的晚上后准备出门工作。路上有许多罢工者，她觉得不堪承受，又胆战心惊。天气寒冷，大风呼啸。她有一句台词是“cannot”（不行），但她总是说成了“can't”。于是，托德总是会喊“卡”。这让剧组中的其他人开始觉得十分疑惑。但就是在这样的时刻，你需要相信你的导演。剧组成员那时候可能并不清楚，但我现在十分明了这一点：世界上不会有第二个像托德·索伦兹这样的导演，作为他的制片人，我要给他空间让他做自己。做一个好的制片人很重要的一点，是要想方设法让导演相信自己，并让剧组成员也同样相信他们的导演。

《爱我就让我快乐》拍摄过程中最困难的场景之一是迪伦·贝克（Dylan Baker）饰演的心理医生和鲁弗斯·里德（Rufus Read）饰演的儿子在沙发上的那场戏。在这一幕中，父亲向儿子坦白了自己有恋童癖。在拍摄到那里时，我们每天的拍摄时间已经越来越长，我们没法完成原先计划的所有镜头。当时是周五晚上，我们在下周一就要离开这个主要拍摄地了。

通常，我们会先拍孩子的镜头，再拍大人的镜头，因为孩子比较容易疲劳。当时，我们确实也是这样做的。我们先拍了孩子的单人镜头，再拍迪伦的镜头。但正当我们在拍迪伦的单人镜头时，我们发现鲁弗斯的表演十分惊人。于是，托德说："再来一遍。摄影机往后，拍双人镜头。"然后，他又说："再来一遍。再拍一次孩子的单人镜头。"如此一来，剧组里有人就说了："不敢相信你还要再拍一遍小孩的单人镜头。你已经拍过了，已经拍好了。拍下一条吧。"但他们没有看到面前发生的精彩的一幕：鲁弗斯和迪伦完全进入了自己的角色，形成了完美的互动。在孩子的表演中，你通常看到的是大人所给予的那种张力。迪伦通过给予鲁弗斯他所需要的东西，来把鲁弗斯带入到戏中。现在，你在看这部电影的时候，你就能看到：儿子央求得到父亲的爱，却全然不知父亲行为的问题所在。

作为制片人，你目睹着面前十分精彩的表演，你会想要完全置身其中。与此同时，你身后的工作人员中却似乎涌动着燃烧的怒火。但托德丝毫不为所动，他很清楚他拍到了什么，他也知道他需要拍到什么。

但是，即使我们抓拍到了这个堪称艺术的灵光一现的精彩场景，我们还是要面对现实的压力。我们没有跟上拍摄进度，于是决定在周六继续拍摄。问题是，我们与剧组人员所签的合约上约定的是每周五个工作日。而且大家在经历了超长的工作时间之后都筋疲力尽，并不乐意继续工作了。所以，在周六的拍摄中，三分之二的工作人员都是新招来的。我很理解人们在每天工作15小时，工作了一周后需要好好休息，但那些留下来的人都感觉像是被那些离开的负责人给抛弃了。

作为制片人，你需要常常设身处地，以他人的角度来看问题。但同时，你还需要尽可能完成一部好电影。当大多数剧组人员在周六没有出现，而在周一出现并且显得轻松自在时，情况就显得有些紧张：我不想看到这些"抛弃我们的人"，就算他们有权利周六不来工作。

在刚开始拍摄不久的时候，我们遇到过一个难度很大的场景。乔恩·洛维茨（Jon Lovitz，当时颇受欢迎的《周六夜现场》演员）饰演的角色企图用塑料袋将自己窒息致死。我们知道我们已经拍好了这一场，至少，我们是这样觉得的。但托德还要再拍。这是我第一次质疑导演为什么要多拍几条。那时，克里斯蒂娜和我还不是非常了解托德。但托德知道，有时，导演要顽固地坚持把演员身上那种不可言喻的东西激发出来。他往往会说再拍一条。我们又拍了一条。我看着头上缠着塑料袋的乔恩，心想，他还好吗？托德向我保证他这是最后一条，他坚持要拍。我简直要疯了。

我还记得那天我面前有一张拍摄日程表。我看着表上的"好机器"三个字，眼前突然浮现了这样一个场景："好机器"（Good Machine）的字母重新排列成了"他曾是一条狗"（Him once a dog）。在我年轻的时候，我反复梦见我是"古欧洲法老"的一条狗。"法老”坐在他的宝座上，而我是他身边的一条豺狗，有着大大的耳朵和弯曲的背脊。而“法老”端坐在那儿，用手抚着我的头。

当我想着日程表上“好机器”这几个字母的变位词时，我们正好在拍乔恩·洛维茨自杀那场戏的最后一条。而我响亮地“哼”了一声，毁了这个镜头。我并不清楚这个变位词确切的意思是什么，但可能在那时，我觉得我又像是一条狗。而托德就是那个“法老”，我必须听命于他。在拍下一条时，我像一只听话的宠物一样乖乖地坐在一边。于是，我们终于可以拍下一个场景了。时至今日，托德依旧声称他在那个镜头里分明可以看到洛维茨在呼吸，也许我们还是没能拍到他想要的镜头！

大多数颇有天分的艺术家都有他们自己的特质。而当人们形容托德时，他们常常强调他的“书呆子”气质——说话带着鼻音、智慧超群、毫无幽默感。但在我眼里，托德是勇敢的。在剪辑《爱我就让我快乐》时，托德执意要求进行试映来看看观众的反应如何。许多导演非常害怕这样的试映，而对于《爱我就让我快乐》这样一部题材有争议的电影来说，反倒是托德一直在提议进行试映。在最初的某场试映中，现场差点打起架来。有一位观众认为我们越界过多，违背了行为及道德准则。然后，另一些观众则表示我们的电影探讨问题的程度仍不够深，还应该再大胆一些。两方各执一词，丝毫不让，甚至在大楼管理员要求我们离开之后仍在争论。正是在这个时候，我和克里斯蒂娜意识到我们做了一部特别的电影，因为不能引起争论的电影怎么能叫艺术电影呢？

托德前前后后改了好几个版本，大多数改动都是因为估计不准观众能够接受的程度。会不会有些地方我们觉得特别有触动但观众完全没有反应呢？托德喜欢他的每一个角色，尽管这些角色备受煎熬。但是对一些人来说，同情就像改变一样：他们只会在别无选择的情况下接受它。有的场景会让人流泪，但同样的场景也可能会有人笑。托德的工作很像是个对观众群的“酸碱测试”，即使有些人并没有真正地参与到这场实验中。

当托德终于确定他想要的版本时，我们离戛纳电影节的截止时间已经很近了。我们在十月电影有许多优秀的合作伙伴。公司的两位创始人——宾厄姆·雷和杰夫·利普斯基（Jeff Lipsky）——都是影迷和真正的电影工作者，但这并不表示我们不会产生分歧。每部电影都充斥着艺术与商业的争论，参与其中的人们往往很难达成共识。不可否认的是，我们这个版本的《爱我就让我快乐》有些长，对观众来说是一个挑战。十月电影对此颇有些不满。毕竟这部电影是他们的第一部作品，他们非常希望这部电影能在观众、影评界和业界获得正面的评价。不会有人希望在制作完一部电影后，听到业界的评价都是“这部电影太长了”。

我们就片长问题来来回回讨论了好几天。幸运的是，宾厄姆和杰夫最终决定搁置争议。我们很高兴他们没有继续坚持己见。托德本来想要再多花些时间来考虑影片的剪辑，但现在我们必须遵守承诺。而且，近在眼前的戛纳电影节截止日期也加速了我们做决定的整个进程。

事实证明，托德一直都是对的。戛纳电影节的观众欣然接受了这部2小时20分钟的漫长电影。影片甚至获得了国际影评人协会颁发的费比西奖（FIPRESCI Prize）。虽然当时很多人并不明白，但托德在重重压力下证明：导演总是对的，至少大多数时候是这样的。

我们还在戛纳的时候，关于“姜汁辣妹”洁芮·哈利维尔（Geri Halliwell）要离开辣妹组合①的传言甚嚣尘上。辣妹们所属的唱片公司EMI的股价大幅下跌。个人行为居然可以对其他股东的利益产生如此之大的影响。而且据我猜想，这件事对索伦兹的《爱我就让我快乐》也造成了一定的影响。

十月电影那时刚刚购买了另外两部颇有争议的电影：一部是马特·斯通（Matt Stone）和特雷·帕克（Trey Parker）的《高潮迭起》（*Orgazmo*），一部是拉斯·冯·特里尔（Lars von Triers）的《白痴》（*The Idiots*）。我似乎记得《好莱坞报道者》（*Hollywood Reporter*）杂志浓墨重彩地介绍了这一家冉冉升起的发行公司，以及它的三部R级电影。我觉得，正是《高潮迭起》和《白痴》这两部电影的宣传以及“姜汁辣妹”退出的消息改变了托德这部电影的命运。

我不知道公司总部发生了什么事，但是施格兰公司（Seagram，EMI和环球的母公司，后者则是十月电影的母公司）的CEO埃德加·布朗夫曼（Edgar Bronfman）大概是这么想的：“我的子公司要发行一部描写恋童癖的敏感电影。难道我要看着我们的股票因为这小小的一部电影继续往下跌吗？没门。”布朗夫曼的另一家子公司已经被一个要追求自我的娱乐明星给毁了，他可不想看着环球同样毁在一群独立电影工作者手里。我们不清楚大佬们在董事会里讨论

---

① 辣妹组合（Spice Girls），英国女子歌唱组合。——编者注

了什么，总之，十月电影抛弃了这部电影。虽然电影得到了很多奖项，收获了很多好评，但我们现在成了孤儿，没有人来照顾我们了。

这件事我们来说是如此可怕，但对于十月电影的宾厄姆·雷和杰夫·利普斯基来说显得更为糟糕。许多年之后，环球商业战略部门的负责人克里斯·麦克格克（Chris McGurk）告诉我说，宾厄姆和杰夫的错误在于，当母公司跟他们说他们拥有自主权时，他们真的信了。

尽管十月电影放弃了这部电影，但环球帮我们筹到了200万美元的贷款——用包括这部电影在内的好机器的资产作抵押——来让我们自己发行这部电影。人们总说好莱坞不管独立电影的死活，但这已经不是我第一次多亏了好莱坞的援手才得以逃过一劫。环球给予我们一定的支持来保护这部电影。当然，这也意味着我们增加了极其繁多的工作量，但他们认为这是我们想要的东西。诚然，环球并不想冒砸掉自己招牌和股价继续下跌的风险，但这已经不是最坏的情况了：环球本可以彻底雪藏这部电影。在这个商业世界，这算得上是一件有侠义风度的事。诸如此类的变卦合同总是大同小异，但它们至少给了制片人继续努力的机会。而现在，制片厂常常抓着项目不放。他们害怕一旦放掉了某个项目，而另一家公司抓住机会获得了很高的票房，那他们就是在打自己的脸了。所以，总的来说，我们当时得到的待遇并不差。

在好机器开始准备电影上映的工作时，我们又遇到了困难。美国电影协会（Motion Picture Association of America，简称MPAA）的评级委员会将我们的电影定为NC-17[①]。詹姆斯申请了一次听证会，他认为这部电影虽然有些少儿不宜，但它讲述的是一个富有人性的故事，应当由家长而不是评级委员会来判断是否可以让17岁以下儿童观看。毕竟，片中没有裸露镜头，只有少量暴力镜头。但评级委员会表示这部电影是不可能评到R级的。托德可以剪掉片中小狗舔舐男孩精液以及菲利普·西摩·霍夫曼自慰的镜头，但被评为NC-17级就像是给我们的电影抹上了一个污点。MPAA认为这部电影的总体影响力超出了青少年能够承受的范围，因此要保护他们，不允许他们观看。

我们一直都清楚，我们并不会为了得到一个更好的评级而更改电影的任何内容。我们也知道，现在这一个剪辑版本是到目前为止最好的，它的故事线非常丰富。因此，我们最后还是在没有评级、没有MPAA许可证的情况下发行了这部电影。而电影在美国本土收获了不温不火的280万美元的票房，但却成了影评界许多榜单的年度十佳电影。它还获得了美国国家评论协会奖授予的特别群戏奖，托德的剧本则获得了金球奖的提名。

我记得我曾用“大胆的电影”来形容《爱我就让我快乐》。当时的许多电影剧情都有些三俗，比如有着著名“发胶”那一幕的《我为玛丽狂》（*There's Something About Mary*）也是在同年上映的。但托德能够将大胆的内容极具风格地、优美地表现出来。他的大胆并不是为了吓唬观众，而是为了传达深刻的人性。这就是他的作

---

① 即17岁及以下的观众不得观看。——译者注

品的追求。而且，托德在日后的电影中继续沿用了这种手法。时至今日，还是只有个别导演的作品显得野心勃勃，这让我很意外。毕竟，这才是电影，这才是电影该有的样子：让每一个镜头出挑，让每一位人物独特，让每一名观众惊讶赞叹。

2001年，我在协助新线公司的独立电影部门佳线制作索伦兹的电影《两个故事一个启示》（*Storytelling*）时，我们在融资合约上约定，托德要把那些会影响MPAA对本片评级的镜头用红色方块虚化。这看起来是个很奇怪的选择——谁会愿意自己的电影里盖了块大大的红色方块呢？但合约规定，我们这部电影必须拿到R级。而MPAA通常很谨慎，避免被人们指控说它带来了审查和自我审查。所以，如果导演想要遮挡那些会降低影片评级的画面的话，他们会觉得这是一个有创意的举动，总比评完之后再有所行动来得好。比如，导演是不可以在某个画面上加入带有“审查”字样的图案的。所以说，这个红色的大方块是为了保证托德不需要删减电影中的内容而采取的先发制人行动。

现在，当你在看《两个故事一个启示》中最挑衅的一幕——非裔大学教授后入他的一位女学生，还对她说“快说‘黑鬼，用力干我’”——时，你会发现美国分级版的画面上会出现一块大大的红色方块，将画面隐去。这种方法在艺术和商业追求上都行得通。托德的电影常常把弄那些可能存在社会争议的问题，而这些大的红色方块正是这些问题的显著记号。托德很擅长将他的这些特别的主题运用为电影的素材。最终，我们得到了R级的评级。

这种大胆的叙事正是托德导演生涯的注脚，但这似乎和产业不断变化的底线有些违和。我觉得托德每开始拍摄一部新电影时，都把这部电影当作自己最后一部电影来对待。可能这就是他的风格，但这一切都是如此真实。他的电影《黑马》(*Dark Horse*) 在2011年多伦多电影节首映之后，我手上接到了十三家发行商的报价。但出价最高的都不到影片成本的十分之一，这样的报价水平预示着这部电影的发行销售会相当不利。确实有公司愿意发行这部电影，但他们不愿意冒险出多于宣传费用哪怕是一点的费用了。我希望发行商能有更高的报价。毕竟这部电影有着很强的演员阵容，托德也已经成了著名的导演。但好多公司甚至连电影在威尼斯的首映以及后来在多伦多的放映都没有去看。于是在电影节之后，我不得不自己去找那些负责人，举行放映会，给他们寄蓝光碟片。

最终，我们决定自己在影院发行《黑马》，毕竟之前的《爱我就让我快乐》我们就这样做过。我收到的报价完全不等同于这部电影在我们心目中的价值。如果有人说，“我们只能花这么少的钱买这部电影，但我们只买三年版权”，那我可能还会考虑。但报价只有之前的三分之一（而且他们期望的版权期和之前影片的版权期一样）。那时，我正好在写一些关于自主发行的文章，还推荐这种做法。所以我觉得我不能光说不练。于是我想：“我应该亲身参与一下这种自主发行的方式，要对那些不走寻常路的发行策略有信心。”

发行需要举众人之力。它是一项如此繁重的任务，完全比不上开发、制作以及在电影节首映后销售你的电影来得那么激动人心。那些都是高肾上腺素的冲刺，而发行是一场马拉松。它需要的完全是另一种体质。你需要一步一个脚印，保持体力慢慢前进。

《黑马》在票房上并没有取得什么好成绩，但它再一次证明了托德不断精进技艺的决心。如此这般富有野心的电影并不只是为了给予观众他们要的东西。单纯地满足观众只是在迎合观众，而托德的电影永远不止于此。它们将我们带入了新的领域，让我们审视自己，审视周遭的世界。它们为我们打开了神奇之门，展现平凡生活中的奇妙之处，阻止我们想当然地接受自己的生活和思想。而且，在那些大胆无畏、永不妥协的作品里，我看到了无与伦比的价值。

这种大胆的、特立独行的电影的观众群体正在日益扩大，虽然在票房数字上还看不出这种变化。总会有一种方法能将托德的电影带给全世界观众，但想要突破现有的那些主动接受他的电影的小观众群体实在是太难了。我确实相信定位和联结观众群体的方式瞬息万变。但如果我能够与任何目标人群保持持续的直接沟通，并且对他们的参与给予鼓励的话，这样的目标人群就会变成我们的观众群，并最终成为一个群体。

但和许多其他导演一样，托德需要好好下定决心。曾经在1990年自编自导了突破性的独立电影《大市民》（*Metropolitan*）的惠特·斯蒂尔曼（Whit Stillman）在2011年拍摄的电影耗资也只有100万美元而已。哈尔·哈特利也同样下定了决心。他现在接手的电影的预算一部比一部低。尽管托德2004年的新片《回文》（*Palindromes*）的预算低了很多，但他并没有真的下定决心只做这么小成本的电影。他仍抱有巨大的追求。但不幸的是，当前人们常常考虑的问题是，如果要不断压缩电影预算，预算到底能有多低，以及当预算如此之低时，如何以相应的酬劳维生并继续维持这样的事业。我确实觉得可以用任何预算来做任何电影。但低预算会导致电影在内容上和审美上的妥协（比如，你没法拍那些人特别多的大场面）。难道我们真的想看到像托德·索伦兹这样不断精进技艺的艺术家因此被束缚吗？难道我们不希望他们能继续拍电影，并且继续拍更大、更好的电影吗？我们不能营造一个能够奖励在电影上不断突破的行业吗？我的追求就是要不断尝试去做到这些。

6 合作

1995年戛纳电影节期间，哈尔·哈特利的实验电影《招蜂引蝶》（*Flirt*）终于在一张纸巾上谈妥了。虽然我已经制作了十多部长片，但这还是我第一次凭借一己之力将一部电影的预算全部融资到位。我们已经在曼哈顿拍了电影的三分之一，接下来两个部分的拍摄计划将在柏林和日本进行。二月份的时候，我们带着这个项目去了鹿特丹国际电影节的电影市场（Cinemart），利用这个机会与许多投资人进行初步的碰面来推动这个项目。而戛纳则是敲定投资的首选地。我们要做的就是明确如何分配投资以及偿还投资人的资金。我和德国公司潘多拉（Pandora，曾投资过埃米尔·库斯图里卡 [Emir Kusturica] 和吉姆·贾木许的影片）的创始人之一莱因哈德·伯恩丁（Reinhard Brunding）以及日本的井关惺（曾投资过陈凯歌和王颖的电影）一起坐在卡尔顿酒店里，一边望着蔚蓝海岸，一边谈妥了一个满意的、公平的三方协议。这是一部需要100万美元的野心之作，但我很有信心能够将资金募集到位。而且现在，我可以用一张签了名的纸巾来证明了。

不过，日本的工作方式和美国独立电影界的方式颇为不同。井关惺希望能好好招待我们。我们去东京做前期准备的时候，他帮我们联系了由日本著名导演黑泽明创立的黑泽集团来负责制作。井关惺一开始坚持要安排我们住在奢华的丽嘉皇家酒店，因为他认为这是给我们安排后续会议的绝佳场所。看着电影的资金在丽嘉的屋檐下迅速缩水，我想要找一家实惠一点的酒店来住。而且，计划和安排与取景地所有者的会面以及敲定合约花了很长时间，这也让我觉得十分沮丧。显然，日本的传统就是作为制片人的我要和我们每个需要预定的取景地的所有者会面。而且，必须是取景地的所有者，就连管理者或代表人都不行。在我们的投资人眼里，这是一种应有的礼貌，其他方式都是行不通的。

与此同时，我手中正好有一部十分有争议的《堕落东京》（*Tokyo Decadence*）——它一半是安东尼奥尼式的电影，一半是虐恋情色电影。我把这部电影拿给哈尔看了之后，他二话不说就要求和片中的女演员二阶堂美穗见面。但因《堕落东京》的情色内容，黑泽集团并不看好她来出演。于是，我们并没有机会和她见面。黑泽集团一直推荐我们与另一位在主流影片界小有成就的女演员见面，哈尔去见了她。尽管哈尔没有任何表示，但那位女演员似乎误以为自己已经获得了这个角色。哈尔认为二阶堂美穗才是完美的人选，所以他坚持要和她见一面。

时间和金钱继续流逝着。我们制作电影的方式与黑泽集团方式间的区别越来越显而易见。看起来，除了炒黑泽集团的鱿鱼之外，我已经别无选择。这对我这样一个影痴，以及对所有日本人来说，这简直就像是炒了上帝的鱿鱼。但为了我们的电影，我必须要找一个和美国独立电影圈工作方式相近的团队来合作。

我们搬出了丽嘉皇家酒店，住进了一家“商务型”酒店。这种酒店和再低一级的“经济型”酒店的区别是，住在“商务型”酒店里，你还是没法在床上够到所有东西的。虽然不是住在胶囊屋里，但其实也差不多了。而且，这显然不是能开会的地方，更别说是要给别人留下什么好印象了。但我们只能住得起这样的地方了。

差不多就是在同一时间，我们听说黑泽集团的那位女演员想要再和哈尔见一面。哈尔出于礼貌接受了见面的邀请。他穿着那时常穿的白色衬衫，呢子夹克和“踢不烂”牌靴子去赴约。我在那家咖啡店外面等他，并从外向里观察他们。他们的对话正式得让人好奇。她点了一杯咖啡，但她完全没有去碰那杯咖啡，让人有种不祥的预感。而随着咖啡的逐渐冷却，他们的对话越来越激烈。你在日本并不常看到这样激烈和暴躁的对话。然后，突然“唰”一下。哈尔的衬衫变成了咖啡色。那个女演员因为自己没有获得那个角色而感到十分愤怒，所以，她特意设计了这一次私下碰面，就为了泼导演一身咖啡。

而我有所不知的是，女演员的闹剧和炒了黑泽集团这两下组合拳看起来似乎有可能摧毁了井关惺在我们团队里的地位。这些事让他觉得很没面子。所以他打电话给我，说他决定退出本片的制作。而从之前我们签的合约来看，他这样做意味着他将丧失所有已经支付的金额。对他来说，退出并损失所有已支付的金额表明了他十分严肃对待这些有所冒犯的事。但我仍然需要更多资金来拍摄，以及返回美国。好机器那时候还是一家年轻的公司。我没有那么多钱来完成这部电影。我已经拿出一部分公司的资金来支援这部影片的制作，但就连那些钱也已经都用完了。我们整个美国剧组的人员都困在日本，不知道该如何是好。我觉得我要是把这个情况告诉任何人——哈尔、合作伙伴，甚至是我的妻子——他们都会觉得恐慌，那样只会让情况更糟。我从头到尾制作一部电影（包括搞定所有的投资）的第一次尝试就这样在我的面前崩塌。我孤身一人，身无分文，人在异乡，还炒了上帝的鱿鱼，失去了能带我全身而退的合作伙伴。更重要的是，我身边的朋友们并不只是期待我能制作一部电影，而是希望我也能为此向他们支付应得的报酬。

制片人如果能有想象最坏情况的想象力，会对他的工作有所帮助，因为这样他就知道如何防患于未然。虽然我常常会有许多黑暗的想法，但我也从未预料到这样的情况。我到底该怎么办？我深吸一口气，决定要冷静下来，先看看事情会如何发展。我一直倾向于在行动之前有缜密的计划，但有的情况可能需要的正好相反。

一天半之后，井关惺打电话给我说："我们上山去，我明天早上七点来接你。"我还没来得及说一个字他就挂了电话。第二天早上日出时分，他已经在我那家可怜的旅馆门口等我了。我开门坐进了他的宝马，他仍旧一言不发。我们开车上山的时候他也只是盯着前方看。我看过这样的电影，似乎这种电影的结局都是在雪中把某人给处决了。

我们在车上就像度过了一个世纪。当井关惺终于将车停在了一家山间旅店门口时，我们已经把迈尔斯·戴维斯（Miles Davis）的曲目听了一半了。那其实是一家带有公共天然大温泉池的传统澡堂。于是我们俩仍旧一言不发，和其他二十多个人（他们应该不是和我们一样有问题要解决）一起在池子里炖了几个小时。我知道我将井关惺置于非常困难的境地，他希望我能了解这个情况。我也很清楚这不是一件小事。他希望人与人之间的尊重要比电影来得重要。他简短地告诉我说，虽然他知道我这么做都是为了电影，但作为朋友，他对我很失望。然后他小心地看了我几眼，又经过了很长一段时间的沉默之后，井关惺告诉我说：最终，他觉得他可以专业地勉强接受现在的情况，并且他相信哈尔和我的判断。当我们沿着漆黑又没有路灯的山路开回去时，我终于确定他还会继续投资这部电影，并和我们一起进行制作。好在武士之义并不在于拔刀相斗，否则我刚才就会在日本澡堂见证这门手艺了。

井关惺这样做并不是为了让我汗颜，他是真心的。我开始理解他的境况，并深切地对此表示尊重。这对我来说是一个很重要的时刻，因为我了解到，理解投资人的心理和动机，以及他们选择参与投资的各种因素是多么重要。黑泽集团对于井关惺的事业帮助很大，所以我们炒了黑泽集团的鱿鱼就好像是儿子在违抗父亲那样过分。

当我们从山中回来之后，我和全剧组一起和井关惺吃了顿寿司，还大喝了一场。那是我第一次有一晚在吃饭时同时喝了啤酒和清酒。但现在，只要是吃寿司，我都会这样喝。这是我对井关先生的敬意。我想剧组成员一定不知道当晚的酒在洗涤什么，但我知道我是在把酒敬给自己的侥幸、好友和合作伙伴的信任，并希望今后不会再遇到类似的情况。

2000年的秋天是我一生中最疯狂的时期。我制作了三部故事片——米歇尔·贡德里（Michel Gondry）的《人性》（*Human Nature*）、托德·菲尔德的《意外边缘》和托德·索伦兹的《两个故事一个启示》。而且，我的儿子出生了。我努力不让自己崩溃。由于在洛杉矶、缅因州和纽约三地为三部电影奔波，我觉得自己似乎一直滴着汗、蒙着灰。虽然身为电影制片人，但我总是我身边所有人里面最憔悴劳累的一个。不过我倒是很感激独立电影这行对着装没什么要求，也不太在乎个人的整洁与否。

在经历了许许多多"狂飙与突进"之后，《意外边缘》终于杀青了。但身为编剧和导演的托德·菲尔德说他要彻底退出这个项目。托德不是那种常常开玩笑的人，所以他这回显然不是说着玩的。由于身患出血性溃疡，而且一直以来与许多剧组成员生气，再加上和投资人对电影最终剪辑版本有不同意见，他给我写了一封邮件要求不再参与这个项目。"我不想去阻拦那些不可避免的事情，"他写道，"我太累了，没有兴趣再玩这个游戏了。我不会再参与这部电影了。"

《意外边缘》后来获得了许多奥斯卡奖提名，包括最佳影片、最佳男主角（汤姆·威尔金森［Tom Wilkinson］，饰演了一位为死去的儿子复仇的伤心欲绝的父亲）、最佳女主角（茜茜·斯派塞克［Sissy Spacek］，饰演他冷酷、苦闷的妻子）、最佳女配角（玛丽萨·托梅［Marisa Tomei］，饰演一位将别人家庭破坏得四分五裂的工薪阶级少妇）和最佳改编剧本（托德和另一位编剧罗伯特·费斯廷格［Robert Festinger］）。但当时，没有什么投资人对托德坚持的愿景有信心。而我作为制片人应该要保护这部电影，从而满足导演和投资人双方的需求。

我第一次见到托德的时候，他是妮科尔·霍洛芬瑟的电影《良缘知己》中的演员。我们找他来参演是因为看了他在维克多·努涅斯（Victor Nunez）的电影《鲁比的天堂岁月》（*Ruby in Paradise*）中的表演。他在电影中饰演了一位懒散的左翼暖房工人。我那时的助理一看到他的表演就觉得他会成为一名影星，所以她想要说服我和妮科尔找他来参演，连试镜都不用。她每天都会有所行动，比如将托德的照片塞进我桌上成堆的文件中。直到某一天，我开始觉得是我自己想要找托德来参演的了。显然，她对我的洗脑成功了。

托德是个很认真的人。他在《良缘知己》的片场跟我说，他真正想做的事是导演。我们聊了聊他在美国电影学院的日子，还有他对安德烈·杜布斯（Andre Dubus）著作的喜爱（《意外边缘》就改编自杜布斯的短篇小说《杀戮》［*Killings*］）。他不知道我的父亲和安德烈是酒友，而我就是在马萨诸塞州和安德烈的孩子们一起长大的。我对托德说，只要他需要帮助，他可以尽管来找我。我常常对人说这样的话，而且我确实是真心实意地，但托德是少数几个把我的话当真了的人。

六年后，托德带着一本精心准备的图册来到了好机器的办公室。那是一本满是各种图像、参考、受到的影响、色盘、服饰、道具等元素的剪贴本，用来准备他想拍的新电影。他是我认识的导演中第一个这样做的。现在，这样的图册已经成了操作电影项目的标准流程，但在那时，这样的做法非常前卫和合理。只要一看到托德的图册，你就能马上想象出电影会是什么样子的。如果你认为电影是画面和构想那样的东西，托德已经把它们统统放在你的眼前了。而且，他的剧本细致地传达出富有情感的故事情节。他不仅很好地驾驭了这个故事素材，而且是这部电影当之无愧的导演人选。对一个第一次导演电影的人来说，还有什么比这样仔细的准备和清晰的概念更重要的呢?

2000年夏天，当我们在缅因州拍摄《意外边缘》时，我的工作重心还是在贡德里即将杀青的《人性》和索伦兹正在前期准备的《两个故事一个启示》上。我对影片优先次序的判断是依据我和参与的人员关系的深浅以及影片的预算水平来的，因为这会关系到我们公司的收入。那时，好机器的员工有四十多人，我们需要经常给他们涨薪，而那两部电影潜在的投资回报率相对较高。我在确定了主次之后，就让我在好机器的同事罗斯·卡兹（Ross Katz）在《意外边缘》拍摄期间在片场担任制片人。

罗斯刚刚完成了他的制片初体验，制作了一部同性浪漫喜剧片《天雷勾动地火》(*Trick*)。他很喜欢托德准备的材料。在开拍之前的几个月里，罗斯已经名副其实地赢得了托德和我投资制片伙伴格林街公司（GreeneStreet）的信任。《意外边缘》是一部格局较小的电影，而且是在托德非常熟悉的地点拍摄。所以我们觉得没有任何迹象表明这部电影会出现以下情况：拍摄过程十分痛苦，日程安排有冲突，剧组中爆发矛盾，开除大量剧组成员。

我第三次去《意外边缘》在缅因州中部海岸的取景地时正好是拍摄的第一天。托德胃疼得很厉害，很久都没有吃东西了。他已经瘦了大概二三十磅。显然，这部电影影响到他了。我们在卡姆登海边的一处海湾拍摄。拍摄因为潮汐的原因变得困难重重。退潮时，舷梯变得十分陡峭，这让我们的准备工作变得非常困难和费力。涨潮时，舷梯会与甲板齐平，发出恼人的噪声，使我们几乎无法录音。

我们的进度已经落后了。托德希望能把各个镜头拍得更精准、更新颖一些，但他并没有找到可以让拍摄追上进度的节奏。而且他对团队的要求很多。托德之前作为演员参与过斯坦利·库布里克（Stanley Kubrick）的电影《大开眼戒》（*Eyes Wide Shut*），所以他希望电影能展现出类似库布里克那样的张力。他认为如果大家能像库布里克那样专注地做事，就能拍出他想要的效果。剧组成员之所以参与我们这部电影是因为他们想要拍这部电影，但托德不允许任何人在拍摄间隙看报纸或者看书。他希望每个人都专注于电影。他甚至都不希望有人坐在那里。剧组核心成员都挺支持他的，包括摄影师、录音师、服装师等，因为他们了解托德的意图。但托德失去了剧组其他人的信任。在局外人的眼里，剧组的气氛非常紧张。

我们在格林街公司的投资伙伴决定让我们准备一个有茜茜·斯派塞克、汤姆·威尔金森和玛丽萨·托梅的预告片。这无疑是给剧组人员火上浇油了。虽然这个决定是对的，因为这几位演员表现得非常出彩。但5万美元的预算给剧组人员传递了一个很奇怪的信息：这部电影的制作费用到底有多少？为什么我们要把拍摄压缩得如此之紧，紧到根本不可能做到？大家的神经变得十分紧绷，任何意见不和都无异于给每个人的伤口上又洒了一把盐。

托德很清楚自己所期望的东西：剧组和演员的全情投入，就像库布里克拥有的那样。但我也明白我需要为托德铺路，帮助他为演员们营造一个良好的环境，不只是在镜头前，同样还有在镜头后。托德需要支持。如果我们让不满的情绪继续滋长的话，我们就没办法继续表现出他的剧本和前期素材中所呈现的东西了。但是我没法承诺常常来片场，而且缅因州的卡姆登距离我在曼哈顿的家可不是一段短短的路程。

在我下一次坐飞机来到缅因州的时候，托德刚刚炒了美术总监的鱿鱼。而影片正要移往主要的室内取景地进行拍摄。他觉得他不需要美术总监。于是，他和他的妻子，还有茜茜·斯派塞克一起去采购，然后回来装饰房间。而当茜茜为她的角色买来了一堆东西时，这个过程其实给了作为演员的她与角色所生活的环境更深刻的关联。那是她的房子，而她在装饰着这间房子，就好像是她的角色在装饰一样。有时，情况看起来确实出现了问题，却可能反而成为一桩幸事。

然后，托德在几天之后又炒了助理导演的鱿鱼。托德还想要开除执行制片人，但我们劝住了他。我不知道托德有几个亲戚，但我想绝对应该是不够凑满整个剧组的。我们手边没有能来当助理导演的人选了。虽然我还有另外两部电影需要照料，但我没法就这样离开并祈祷所有的问题都能自己解决。于是，我充当了一天半的助理导演。当助理导演可不像骑自行车那么简单。你可能拿对讲机拿得很顺手，但你在其他方面的经验并不表示你能在这个位置上和那些专业人士表现得一样好。因此，尽管我在成为制片人之前做过几年的助理导演，但我觉得我好像是又一次迈着颤抖的步伐走入了助理导演的角色。

我们的拍摄计划仍旧过于庞大：影片还需要做一些删减；成本逐渐失去控制；一切都以超出团队经验水平的方式进行着；另一位制片人格雷厄姆·利德（Graham Leader）一直在向格林街的会计索要成本报告和预算。这些原本都是再平常不过的要求，但对于我们有限的时间和有限的人手来说，这简直是不可能完成的。提出要求很容易，但你必须量力而行。如果整个剧组的人都能统一步调就好了，但现实常常不是这样。好吧，其实就连一部电影的几位制片人都没法统一步调。

而这就是真正的问题产生的地方。我们期待制片人是来解决问题的，但格雷厄姆似乎每天都带来了更多问题。格雷厄姆之前请罗伯特·费斯廷格（Rob Festinger）写过一个《杀戮》的初稿，所以说原著短篇小说的版权是在格雷厄姆手里的。在托德拿着这个项目来找我们的很久之前，他自己联系了格雷厄姆。由于之前的版本未被采用，格雷厄姆同意托德再写一个版本。而且由于托德并未支付任何费用，所以格雷厄姆和罗伯特都可以署名。（正是由于这个早前的合约以及“产权链”①的规定，影片获得的奥斯卡最佳改编剧本

① “产权链”（chain of title）在此指与材料有关的权利历次交易、变更的记录。当影片改编自小说或其他作品时，材料的所有权往往会经历多重转手，最后才能转移到制作方手中。在开发一个新项目时，制作方首先要厘清之前发生的历次交易和相关权利的归属。——编者注

奖的提名是由托德和罗伯特共享的。）但后来合约弄清了，格雷厄姆手中的权利已经失效了，托德也根本不用经过格雷厄姆的授权才能进行改编。

当剧本最终呈现在我们面前时，我们发现这个故事的实际版权其实仍然在安德烈·杜布斯和他的家人手里。我告诉了安德烈我很有兴趣将他的短篇小说改编成电影。而且由于他和我父亲的交情，这个故事让我觉得很亲切。杜布斯一家离我父母家只有不到2000米。我父亲在我6岁的时候过世了。在他弥留之际，他曾对安德烈说，他很后悔没能和他一起写一部剧本。

安德烈有着海明威一般的毅力。但在1986年，他在帮助几个出了摩托车事故的人时被车撞了，并且失去了双腿。他对于自己在生活中的遭遇十分沮丧。而这一回，他甚至无法掌控自己的作品。好莱坞对杜布斯并不友善。他一点都不喜欢格雷厄姆和他的律师。他希望我们能把他们踢出去，于是我们开始谋划。

两个月后，安德烈去世了。但他希望《意外边缘》能好好地完成。这可以说是他的一个遗愿了。而且从某种程度来说，这也是我父亲的愿望。然而就我现在的情况来看，我可能因为一些法律问题没法帮他们实现这个愿望了。

由于托德的剧本是“根据”格雷厄姆委托的版本进行改编的，而且格雷厄姆对托德拿来作为改编对象的原作小说拥有改编版权（虽然他没有原作的版权），所以我们必须把格雷厄姆算在内。如果托德是在六个月之后写的剧本的话，那事情就没这么麻烦了。托德的剧本显然是他的原创而并非改编。但为了保全完整的产权链，我们还是不得不将格雷厄姆作为合作伙伴。在电影界，一件事的真相如何并不重要。重要的是这件事会产生什么影响。我知道如果我们忽略了格雷厄姆，可能会带来一场官司。因此，我们可以说是别无选择，只能与他合作。“合作”这个词在电影界和“制片”这个词一样，有着许多不同的含义。

在整个拍摄和后期的过程中，格雷厄姆总是带着不同的债权人来找我们，显然他在这个项目的开发过程中借了那些人的钱。我们完全不知道他们借给格雷厄姆的钱都花到哪里去了，但他确实承诺过偿还欠款，甚至是把他们的名字写进片尾名单里。然而我们找不到任何相关的原始合约。整件事看起来就像是个骗局，显得十分荒谬，但我们别无选择。我们不能冒险让别人因为和这个项目相关的事情起诉格雷厄姆。我们现在和他在一条船上，如果他在自掘坟墓的话，我们也只能和他一起躺进去了。毕竟，我们是“合作伙伴”。

在经历了这些事之后，格雷厄姆一直觉得他被大家排挤在外。事实确实如此，因为团队成员就是单纯地不想和他说话。你得让人想要与你沟通，但如果你带来的只有坏消息的话，人们就不会再来找你了。尽管没有其他任何人会听他说话了，我还是尽我所能传达并满足他的要求。我对他的工作方式不敢恭维，但如果我们疏远他，他可能会带来更大的麻烦。

业界一直鼓励这种“互相帮助、掌控一切”的思维方式。但我仍一次次地试着保护那些为项目做出贡献的人们，并让他们能有一些自主权。他们也因此对我十分慷慨。所以说，你必须有所付出才能获得与别人合作的机会，而这通常意味着你需要先做出让步。制片是一件需要建立信任和信心的事情。如何做到建立信任和信心是所有领导者，尤其是制片人的任务。

某天我写了封邮件给利德·格雷厄姆，算是我安慰他的众多行动之一：

> 我觉得大家都希望能让你多参与创作方面的工作，但时间不允许我们多做讨论。这部电影从第一天开始就在开足马力前进。就像有句俗语说的那样“所有的错误都是在准备时犯的”。我觉得这句话用来形容我们现在的情况再恰当不过了。我很抱歉你感觉我们有些疏远，但你会为最终的成品感到骄傲的。这点我很确定。

虽然我们有一些剧组内部人员的困扰，以及与合作伙伴之间的问题，但就我从片场来看，托德所做的工作，以及演员和剧组所做出来的结果让我印象非常深刻。在我回家之后，我觉得这个项目终于稳定了下来。虽然我还是常常会听到别人向我汇报片场的摩擦、矛盾和内部斗争，但我也听说了演员方面的好消息。每场戏效果都很好。主演威尔金森的表演十分到位，同时表现出了复杂、害怕、悲伤和惊讶的情绪。罗斯和来自格林街公司的制片人蒂姆·威廉斯（Tim Williams）一定可以保证电影拍摄到位的。

但拍了这部电影还只是个开头而已。

每个人都觉得观看《意外边缘》是一段漫长的观影体验。光剧本就长达120页，而且深刻晦涩。当然还有其他许多冗长缓慢的电影，所以这也不是一件坏事。但要将《意外边缘》的定剪版剪辑到位并非易事。9月时，我写邮件给托德，信中列了几条我觉得可以让影片更出色的剪辑建议：

> 你知道我是很喜欢这部电影的，或者说至少你应该知道这一点……但我这次看过之后，而且是看了两遍之后，我不得不承认我们面前还有很多艰巨的任务。
>
> 如果你把自己当成是第一次观看的、对剧情一无所知的观众，看完第一幕之后你一定是疑惑的。你会试图去找线索来了解电影到底要说什么，故事将会怎样发展。影片的步调过于从容了，观众不是因为这种从容，是因为能够获得的信息太少了，而无法彻底信任这部电影。我们无法培养和发展观众的期望，这反过来也使得观众无法参与到故事中去，因为最初的那些线索过于微小、普通且容易让人误解。我洋洋洒洒地写了一大段话就是为了委婉地告诉你，我觉得电影的第一幕确实有问题。

我在下面又写了一些建议。我建议他能重剪一个“大胆”的、激烈的版本来放映给一些“第一次观看的观众们”看。我告诉他说他之前没有相信自己的素材，其实“短元素”往往会有“大效果”。我提醒他说，“任何自作聪明、反反复复、拖拖拉拉地不尽快将观众带入故事”会破坏影片的发行机会。我还写了一些其他内容。

托德很不开心。格林街公司也提出了一些建议。而且我们举办了一场小规模但颇为糟糕的试映会，参加试映会的鲍兹·亚金（Boaz Yakin）和李安等导演也提出了他们自己的想法。如此一来，托德决定要退出这部电影。李安表现得非常温和，他只针对演员的表演提出了一些小看法。但鲍兹可是拍过票房冠军电影《光辉岁月》（*Remember the Titans*）的，在他看来，这部电影看起来过于散漫，不知所云。托德无法接受这样的评价，他说他受够了。但我鼓励他不要放弃自己的版本。在下一封长长的邮件中，我这样写道：

> 你理应让每个人了解你在做的是什么。这不是一个游戏，这是一个过程。这部电影最终会胜利的。你对哪些能行，哪些不行很自信，那就不妨让大家看看那些不行的东西，说不定这样一来你就能看到你原本没有发现的、那些能够成功的东西。

我告诉托德，我给出这些意见并没有恶意，“因为我真心实意地觉得这样可以帮助电影变得更好，而不是因为这样可以让电影卖得更好。”我接着对他说，当前这个版本缓慢的节奏并不是一个商业问题，而是一个审美问题。而且叙事并没有随着电影本身建立起的观众期望而继续发展。我甚至这样告诉他，忽视其中的一些建议“不仅是愚蠢的，还是幼稚的、自私的和过激的行为”。

我用最后一个请求结束了这封邮件：

> 深呼吸。看看大家的意图。每个人期待的都是你这部电影。每个人都希望每一寸的努力都能成就一部能与观众相连的

电影。你得让那些对这部电影有过贡献的人参与进来。就像你此前并不孤单一样，你现在也不是一个人。人们随时准备好了要支持你，只要你能赋予他们支持的工具。

这种情况对每个人来说都很困难，都会很情绪化。所以托德不愿意听我们说这些在我看来并不意外，但我们最终还是坐下来谈了谈。导演这个物种总是倾向于小题大作。到了要保护自己作品的时候，他们怎么能不孤注一掷呢？不过，我坦白地对他说了我想说的话，并且对托德的立场表示感同身受，所以托德终于听进去了。然后他决定他会和我一起把整部电影一帧一帧地过一遍，而且他不愿意和另外任何一个人这样做。这是他的要求。这个过程花了整整两天，但收获很大。最终，我们有了一个138分钟的圣丹斯剪辑版。

在圣丹斯电影节的首映式上，所有发行商都来了，包括哈维·维恩斯坦。业界的评价热烈且慎重。《综艺》杂志的首席影评人托德·麦卡锡（Todd McCarthy）称其为“完成度简直惊人的导演首秀”以及“群戏多样而且出彩”，但他仍指出电影“缓慢的步调”能够赢得“影评人和认真的观影人的赞美，但限制了自身的商业价值”。

福克斯探照灯和米拉麦克斯同时出价100万美元，但随后，米拉麦克斯又加价10万美元。尽管那时哈维已经有了“剪刀手”的美名，但我手中的定剪版是让托德和米拉麦克斯都满意的，并在合约中明文约定了这一点。于是，我们选择了哈维。

在电影节之后，托德自信地认为目前的版本已经是最好的版本了。这并不是出于他的傲慢，而是因为他了解所有素材，他了解如何运用这些素材。所以当米拉麦克斯为了把片长控制在两个小时之内，要求将影片剪掉20分钟时，托德确定这样剪下去是不会剪出一部更好的电影的。我们一共找出了三处可以剪掉的镜头，但加起来也只有两分钟而已。

从1月到3月，托德都在和米拉麦克斯公司派来的剪辑师一起工作，剪出了一个较短的版本。托德意识到，这就是米拉麦克斯的公司文化。如果我们希望他们能在发行时大力推广我们的电影，我们就必须乖乖合作。托德辛辛苦苦地终于剪完了一个较短的版本。他做到了，但这个版本也只是“更短”而已，并没有更好。米拉麦克斯用这个版本试映了一下，但是表现并不好。试映会上得到的评价也变差了。米拉麦克斯的团队认为托德故意将电影剪得更差。于是，他们要求自己来进行剪辑。而后几个月过去了，我们什么消息都没有听到。

终于，在8月的某一天，我们接到了米拉麦克斯公司内部一个支持我们的人打来的神秘电话。他说哈维当晚会在索霍区的默塞酒店和几个朋友吃饭，托德应该去那里和哈维见面。唯一的问题是，托德当时在洛杉矶。但什么都不能阻止托德保护他的电影。于是他跳上了最近一班飞纽约的飞机，然后直接从机场赶去那家餐厅。当然了，托德在默塞酒店“偶遇”了哈维。

最终，他们谈了一个条件，就是把电影拿给哈维的朋友马丁·斯科塞斯看，然后听听他是怎么想的。我们迟迟没有得到马丁确切的意见，但马丁的剪辑师特尔玛·休恩梅克（Thelma

Schoonmaker）打电话告诉我说，马丁挺喜欢这部电影的，但他仍有一些建议。她说她第二天会再给我打个电话，但她的电话一直都没有来。我反复给她打了好几次电话，但都没有回音。

然后，我们又接到了一个意外的电话：哈维想亲自和我们见面。当我们到达他的办公室时，我们发现他坐在两台录像机中间。录像机里分别放着不同版本的影片。我们把每个版本都一帧一帧地仔细看了一遍，然后对各个版本进行评价。虽然当时的气氛十分紧张和令人窒息，但哈维最终还是松口表示托德的版本才是这部电影最好的版本。

顺便说一下，电影的名字叫“在卧房里”[①]并非米拉麦克斯的宣传策略，虽然听起来很像是这么回事。托德将故事发生的背景从我的家乡马萨诸塞州和新罕布什尔州的交界处转移到了中部沿海的缅因州。而缅因州可是因为龙虾而闻名的。“卧房”其实指的是一种诱捕龙虾等甲壳类动物的装置。通常，如果将两只龙虾关在一个笼子里，它们就会攻击对方。

哈维是个讲信用的人，他从没试图强制我们要怎样做，或是按他自己的意图来剪辑电影。他希望的是电影能获得最好的成绩，所以他只是不确定我们的剪辑版本真的恰恰正是那个会取得佳绩的版本。最后，出于对电影的喜爱，哈维确定我们的版本会是最受观众喜爱的了。而那天晚上托德终于意识到，我们确实必须把电影卖给一个愿意推广它的发行商。当我们最终把电影卖给米拉麦克斯时，

---

① 本片的片名为*In the Bedroom*，可直译为“在卧房里”。——编者注

我告诉托德说，我们都很了解米拉麦克斯的公司文化，但这是我们可以忍受的。这不是一个非胜即败的比拼。我们应该确定的是这个发行商是否仍愿意发行和推广这部电影。这才是最终的目标。这也是为什么托德愿意和米拉麦克斯的人坐在一起，并和他们经历了这整个过程。对于一个在片场上那么争强好胜、脾气暴躁的人来说，托德意外地将他和哈维·维恩斯坦的关系处理得很好。

但《意外边缘》的成功还差最后一块拼图。

在历经千辛万苦终于确定了终剪版之后，我们还要解决配乐的问题。我们本来采用的是克罗诺斯四重奏。后来托德跟我们说，他认识一个人愿意免费帮我们配乐。那时我们已经超支了，所以这件事听起来简直好得不像是真的。然而，事实确实如此。虽然奥斯卡提名作曲家托马斯·纽曼（Thomas Newman，《美国丽人》[*American Beauty*]）单纯因为喜欢这部电影而愿意免费为电影配乐，但其实仍然需要很大一笔开销，因为你需要找乐手来现场演奏，并且在他指定的地方录音和混音。但是每个人都喜欢这个点子。能有获得过大奖的音乐家来配乐可以提升电影在海外买家眼中的地位，并使其成为奥斯卡奖的有力竞争者。但是，我们去哪儿弄钱来做配乐呢？格林街公司最后也同意这是个好主意，于是又投资了30万美元来实现它。你可能会说这只是使电影达到它的水准的一个因素而已。但问题是，与米拉麦克斯在圣丹斯成交之后，我们估算的净亏损已经有30万美元了。如果我们再多花钱的话，是不是搬起石头砸自己的脚了呢？

大卫·林德是我们在好机器的第三位合伙人，也是构建海外销售业务的负责人。他提议，等到电影在美国发行后再去销售余下的海外版权。格林街公司同意了。于是我们一直没有把电影往国际市场推广，因为我们认为如果我们等到米拉麦克斯秋天在美国市场进行推广之后，海外销售会非常出色。人们通常认为电影是一种易坏的商品。你不会想要把它拿在手里太久，不然它就会开始腐坏。所以格林街的决定在很多人看来是一场愚蠢的赌博。

这种策略本身也是极其罕见的。通常来说，一部电影在其甫一上市时的价值最高。想想那些我们享受过的电影节首映过后的报价大战就知道了。但这回，我们决定要等。果然，哈维·维恩斯坦在他100万美元买下的影片上花了2000万做发行推广，使得电影一共获得了3200万美元的票房。而且电影的海外票房也在成倍地增长。当电影获得了五项奥斯卡提名之后，它的价值又上了一个台阶。那些原本看起来像是赌博的危险行为最终成了天才之举。

《意外边缘》有六个大老板（托德·菲尔德、格雷厄姆·利德、罗斯·卡兹、格林街公司和米拉麦克斯公司），他们赋予我权利去继续下去，努力实现托德的想法。但他们有时并不能给予我我所期望的支持，因为当我们深陷其中时，事情总是变得不可开交。每个人都在互相对抗。我认为我有必要掌控好每个人的个性。如果没有像我这样一个制片人来化解所有的问题，任何小冲突都有可能爆发。这样一来，这部电影可能就没法成为现在看到的最终模样了。

可以肯定的是，托德可不是一个随和的工作伙伴。老实说，导演不必那么随和，如果他们有什么想说的就尽管说出来好了。而且，当你遇到一个视野独到并在努力完成一部你想要的电影的人时，你很容易忽略他们的缺点。我还是会犯这个显而易见的错误。这几年来，我和那些难搞的导演有过许多痛苦的经历。但我觉得，如果你想要把每一部电影都做得出色，这样的经历是不可避免的。

我现在再看《意外边缘》时，我能看到托德在电影方方面面倾注的大量的努力和周到的考虑。我觉得正是这样一种意志支撑着他的工作。我在他之后的那部影片《身为人母》（*Little Children*）中也看到了这样的意志。但我猜测，这也成了他继续下一部电影的阻碍。你会认为其他导演也会同样努力，但执行起来是如此困难，大多数人都只能作罢。要把那么多精力和思考投入到那么多的决策当中真的需要极大的韧性和勤勉。托德做到了，而许多导演甚至从未尝试。

要做一部好电影真的很难。我甚至不确定为了拍这样一部电影所遭受的痛苦是否都值得，特别是当你的酬劳只有3.5万美元时(这就是我制作《意外边缘》的酬劳)。但《意外边缘》对于我个人来说十分重要。我用它来向安德烈·杜布斯致敬，也向我的父亲致敬。杜布斯的短篇小说《杀戮》（也就是电影的原著小说）是以一片墓地开篇的。那就是我父亲和我继父所安葬的地方。安德烈也在那里安睡。所以这部电影是他的纪念碑，也是他们的纪念碑，是所有我们遭遇的生离死别的纪念碑。

我开始从事电影这一行是因为我觉得电影可以改变世界。我觉得《意外边缘》做到了，也许是从某种程度上。它深入探寻了复仇、责任、内疚、悲恸这些问题，在发行后便成为了文化对话的一部分。而那时，正是紧接着2001年9月11日之后的几个月。

7 创新

米歇尔·贡德里想要活的苍蝇。

米歇尔是一位高产的法国音乐录影带导演，以其充满丰富想象力的视觉感著称，他最著名的作品当属为冰岛歌手比约克（Bjork）拍摄的音乐录影带《我的军团》（*Arm of Me*）和《单身女子》（*Bechelorette*）。参与制作米歇尔的第一部故事片《人性》就像是亲眼见证了一位真正富有创意的艺术家的工作。米歇尔的思维是如此与众不同——他构建电影空间和探索视觉效果的方式与任何我遇见过的人截然不同。然而不同凡响的思维常常伴随着不同凡响的举止，因此米歇尔提出的要求和行事的过程也与我所经历过的大不相同。

在拍某个场景时，他要求演员里斯·伊万斯（Rhys Ifans）的周围飞舞着活的苍蝇。里斯·伊万斯饰演的是一个被猩猩养大的人，因而他觉得自己也是一只猩猩。米歇尔不想在后期把苍蝇加上去。

他想要活的苍蝇。但由于苍蝇显然是一种生物，根据当时的规定，如果你需要订购苍蝇，你必须联系美国防止虐待动物协会。他们会要求苍蝇在整个过程中不能受到任何损伤，并在事后回归到之前的栖息地。这是显然是我们付不起的，也是想都不敢想的。所以这条路行不通。

在提出苍蝇这个问题不久之后的某一天，长期担任米歇尔执行制片人的方美梅（Julie Fong）筋疲力尽地来到片场。“朱莉[1]，你怎么了？”我问道。原来，她整晚都没睡觉，一直在抓苍蝇。朱莉是如此地忠于她的导演并且全情投入，以至于她放了好几块腐坏的生肉，一晚上抓了27只苍蝇。但到了拍摄的时候，这也行不通。因为你无法控制苍蝇不乱飞。你一把它们放到镜头里，它们就飞走了。这是个不可能完成的任务。最终，我们只好把苍蝇的主意给忘了。但米歇尔身边的人都被他的这种决心和创意给启发了。他一直在重塑电影方式和电影语言，提升整个团队作品的层次。我觉得没有人能在一部800万美元成本的电影里有如此多新颖的巧思了。

我和詹姆斯是通过音乐录影带行家斯派克·琼斯（Spike Jonze）认识米歇尔的。斯派克·琼斯和李安用的是同一个经纪人。斯派克那时正在和野兽男孩（Beastie Boys）合作，打算拍摄一部关于一位从不为人所知的伟大电影导演的伪纪录片（这个项目并未成形），但同时，他手里还有几部查利·考夫曼的剧本想要拍成电影。斯派克于是导演了他的长片处女作、著名的《成为约翰·马尔科维奇》

① 方美梅的英文名。——编者注

（*Being John Malkovich*）。但同时，考夫曼的剧本可以说是因为它们“拍不出来”而臭名昭著。剧本确实很棒，但根据当时的行业能力来看，这样的剧本是没法拍成电影的。

有一天，斯派克打电话给我说，他和查利希望我能和米歇尔见一面。虽然斯派克和查利都还没拍过一部长片，但他们已经开始共同制作米歇尔的导演处女作《人性》了。他们希望我能来帮忙。我看了几部米歇尔拍的音乐录影带，它们是如此伶俐和大胆。于是我想：“我无论如何都要制作这个家伙的电影。”

米歇尔·贡德里显然对于视觉和音乐，以及如何将二者结合起来颇具天赋。但美国投资人对于投资一部由一位擅长将戏剧性的画面用数字特效分割为测试图像的导演执导的故事片没什么兴趣。（米歇尔1999年为化学兄弟［Chemical Brothers］拍摄的《化为永恒》［*Let Forever Be*］已成为传世经典。）他“怪异化”的能力是大多数人无法匹敌的。从米歇尔的眼中，我们往往能看到一个全新的世界。于是，好机器国际的大卫·林德做出了一个正确的决定，如果要拍这部电影，我们只能找欧洲的公司来投资。讽刺的是，我们说服欧洲公司来投资这个项目最好的方法之一就是让他们觉得这个机会是从美国竞争对手手里抢过来的。这样他们就会迫不及待地加入了。

后来，演员帕特丽夏·阿奎特（Patricia Arquette）加入了我们。我们决定在戛纳电影节的市场上公布这部电影的计划。在几周前，我们带着这个项目去拜访了一家法国大公司Canal Plus，并让他们相信如果他们不在当时当地投资这部电影，那么在电影节市场激烈的竞争中他们很可能会失去这个机会。于是Canal Plus投资了800万。当我们在他们位于卡尔顿酒店的奢华套房内各个房间之间忙碌地走来走去并最终敲定合约时，他们甚至答应把最终剪辑权给米歇尔。这可是相应的美国公司对于一位首次执导长片的导演从来不会考虑的事情。于是，我们签约了。两个月之后，在有了良好的海外预售、可观的预算水平以及所有我们希望过的东西，米歇尔打电话来说，他至少在一年之内是没法拍这部电影了，他的女友得了白血病，他要去照顾她。作为视人情重于金钱的制片人，我们决定暂停影片的制作。

作为制片人，你常常会担心如果你不在有钱的时候把钱花掉，这笔钱可能会溜走。但Canal Plus也同意等一等。而且这样一来，米歇尔有足够的时间来仔细考虑和计划整部电影。到我们终于要开拍的时候，他已经在剧本纸张的背面画好了详细的分镜，有的只有邮票那么大。不过，虽然他把自己的想法画在了纸上，但我们有时仍会不知该如何解读。

在拍摄的某一天，我朝米歇尔那儿看了一眼，发现他正气得冒烟。

“帽子去哪儿了？”他用一种生气的法国口音说道。

“你在说什么？”我回答。

“我准备是为了什么？如果没有人在意的话我为什么要做这么多准备工作？这儿，看看我画的分镜。”他指着剧本上的涂鸦说。

我看到上面有只比针头大一点的寥寥数笔。

“这儿，”他说，“这是个帽子。”

米歇尔常常执着于那些看起来似乎微不足道的东西，但那些东西对米歇尔很重要，因而对这部电影也很重要。

当我们真正开拍后，我们很快发现米歇尔的思维是那么的独特。他对于电影是可塑的这件事理解得非常透彻，所以他认为可以将其用各种方法弯曲折叠。举例来说，对米歇尔来说，镜头不只是镜头而已。我们通常用10-100mm的变焦镜头来将画面从近景拉伸到远景。而米歇尔会用10-250mm的镜头来呈现一个极大的景深错觉。因此，他将两个镜头并排放置拍摄，然后在后期制作时将两个镜头叠加。他用这种方式在一个连续镜头中呈现出从近景到极远景的变焦。

米歇尔还会把镜子摆在某些镜头里来扩大空间。不过，虽然他有那么多视觉诡计，但他仍是实物拍摄爱好者。他并不喜欢用电脑合成（CGI）来达到他要的效果。他喜欢手工创造，而且有时甚至会用些小伎俩。比如，有一个镜头拍的是森林，但其实我们是用微距拍了一颗西兰花。在一些场景中，阿奎特的身上长满了毛发，从头到脚都是。于是，我们每天都要把真实的毛发粘到她身上。这不是用特效做的，这完全是特效化妆师手工完成的。同样的，蒂姆·罗宾斯（Tim Robbins）用来训练使用刀叉的那些老鼠也是真的，不过当然还是用了一些电脑特效来表现它们拿起了餐具。米歇尔的想象力让片场看起来是那么眼花缭乱。我们甚至觉得电影的魔力复活了。当你看到种种规则被打破重建时，每个人都活力十足，试图去尝试一些平常不会做的事，比如，方美梅的大冒险——苍蝇捕捉之夜。虽然这件事看起来是她给自己布置的任务，但我认为所有演员和剧组成员都因为导演的启发而做出了类似的贡献。米歇尔的想象力是我们所有人的榜样。

作为制片人，我的职责就是让每个人发挥出无边无际的想象力。就算有些想法在当时看起来是那么不可思议，我和好机器的同事总能想出朴实的方法来实现它。而最重要的是和Canal Plus把合约谈妥，让米歇尔在他想拍并且有足够资金拍的时候拍成他想要的电影。

我们同样还允许米歇尔与那些工作起来很愉快的人们共事，虽然他们在电影方面并没有什么经验。方美梅和剪辑师罗素·艾克（Russell Icke）此前只做过米歇尔的音乐录影带。美术总监K. K. 巴雷特（K. K. Barrett）虽然之后因参与索菲娅·科波拉（Sofia Coppola）和斯派克·琼斯的电影而饱受赞誉，但当时他只参与过一部电影——《成为约翰·马尔科维奇》（而且还没有人看过这部电影）。美术指导彼得·安德勒斯（Peter Andrus）也是如此。但为新手导演创造一个信任和自信的工作环境会对他们产生深远的积极影响。这是你可以为新手导演做的事情之一，而要做到这件事通常就是从招募他们熟悉的人开始的。

不过，这仍然是一个困难重重的项目，因为我们努力在做的东西是那么独特。虽然我们的资金还算充足，但所有的事情都仿佛被逼到了极限。800万美元的预算让我们有钱去摄影棚拍摄，但那个弥漫着灰尘的摄影棚之前是个飞机库。我们可以想象出并且实现一些疯狂的场景，但我们的时间很紧张，资金也并不是那么充裕。我和安东尼·贝格曼，还有他的妻子一起住在远离城市繁华地带的玛丽安德尔湾，所有的东西只是过得去而已，根本没法有所改善。这才不是什么寿司级别的预算，这是巴贾鲜食级别的预算。巴贾就是我们住处路对面那家墨西哥快餐店，我们简直已光顾过无数次了。

米歇尔不仅面临制作他的第一部故事长片的压力，要了解电影的拍摄日程与广告、音乐录音带紧凑拍摄日程的不同，他还肩负着在拍摄第一周就要拍出演示样片（sizzle reel）来推销电影的重任。我们目前还没有美国本土的发行商，而尽快找到美国发行商能大大提升影片在世界市场上的价值。所以米歇尔的压力非常大。然而最大的问题是，他正好卡在了“有足够资金来放胆拍”和“资金不够不得不妥协”之间，让他进退两难。

在拍摄的第一天，米歇尔就显得很不开心，因为他对拍摄成果不太满意。但安东尼和我都跟他说要赶紧接着拍。米歇尔觉得很难堪，他认为我们侵犯了他在片场的权威。但在让他了解了时间的紧迫性后，他就理解了我们，并愿意继续拍下去。

拍电影绝不只是把你面前的那个镜头、那句台词拍下来那么简单。拍电影是要将一切塑造成一种形态来讲述整个故事。一部电影需要被创作为一个整体，而不是独立的各个部分。除此之外，你还需要创造出奇妙的瞬间。人们常常需要在满足目前得到的和追求更出色的东西之间仔细掂量。我所有合作过的，在之后获得巨大成功的导演们都在实用和伟大之间巧妙地做出了平衡。而制片人与导演的关系能够帮助维持这种平衡。作为制片人，你往往要做一个一直说“不”的人（因为预算限制），但你同样应该做一个不止会说“是”，还会说“我们他妈的一定要这么干”的人（来凝聚整个团队，鼓励导演和团队去追求卓越）。

通常，如果你们还在找拍摄的感觉的话，你最好先安排那些对整个故事来说完全不重要的镜头来拍。但从另一方面来讲，特别是你想要在电影完成之前就把它卖出去的话，你得为演示样片拍一些吸引眼球的镜头。这就是拍电影无奈的悖论之一。

找一家美国本土发行商能够极大地提升一部电影在全球市场上的价值。而且，由于《人性》是由外国公司投资的，所以我们的任务之一就是要尽快找到一家美国发行商。因此，我们必须给米歇尔一点压力。

我特别迷信电影一定要在周三开拍，因为这样你就有3天时间来发现问题。每个人都需要适应一下，然后找到自己的工作节奏。不过，不可避免的是，你会需要在周末开除一些人，这样也就有了时间来找替代者。

幸运的是，在拍《人性》的时候，不仅是米歇尔很清楚如何把每个镜头、每个场景拍得生动，做音乐录影带出身的剪辑师也表现得十分出色。所以在前3天结束之后，我们有了一个绝妙的演示样片。也正因为这个样片，我们把美国本土的发行版权卖给了佳线公司。这笔买卖反过来促进了海外版权的销售。这简直是双赢。虽然这部影片于2002年上映时在美国本土的票房并不理想，但它对于好机器、Canal Plus以及所有（那些参与了该片崛起的）主要创作伙伴来说可谓是一颗摇钱树，因为它在海外市场的销售非常火爆。

许多从音乐录影带或是从广告转型来拍电影的导演常常有这样一个问题：他们很难把握90分钟长度的整体感，而且各个独立片段通常会比整部电影来得精彩。《人性》中就有许多出彩的段落，比如里斯从树上掉下来，被训练成文明人；蒂姆和帕特丽夏约会；让老鼠学习餐桌礼仪等。米歇尔拍出的这些段落精彩得让我们赞叹不已，但却让我们只见树木不见森林。不过，我认为米歇尔意识到了这个问题，吸取了教训，并在他绝妙的下一部电影《美丽心灵的永恒阳光》（*Eternal Sunshine of the Spotless Mind*）中绝不只是改正了过来而已。这部电影是由我们好机器的同事安东尼·贝格曼和史蒂夫·戈林（Steve Golin）共同制片的。就算《人性》并不像《美丽心灵的永恒阳光》那么为人所熟知，我仍然很高兴能够制作一部那么有创意、那么鲜活的电影。我觉得这也是在面对真实的自己。

尽管业界的其他人并不真的欢迎这种风格，但我一直认为“独特”更胜一筹。它能让你在茫茫市场中独树一帜，成为你让别人记住的招牌并且引发讨论。但实际一点来说，如果你想要以拍电影谋生，缺点之一就是你必须要保证很高的产量。据我估计，我每年至少需要完成两部电影才够养孩子和还房贷。而保证高产的缺点之一就是你常年忙里忙外的时候很难保证作品能够一直与众不同。我制作的电影越多，我就越容易沉浸在这样一种想法里：“天呐！我又要做一部和其他人一样的电影吗？”这种恐惧和欲望推着我去寻找那些真正独特的故事。创新就是在你发现规则之后，再用别的方法来打破常规。事实表明，大多数成功的独立电影都是因为它们在某个方面颇具个性，或是怪异，或是与众不同（参见《低俗小说》《女巫布莱尔》[*The Blair Witch Project*]、《记忆碎片》[*Memento*]）。如果好莱坞是以常规模式取胜的话，独立电影的胜利则是独创性的战果。

很可能正是因为如此，当HBO电影在《人性》之后带着一部颇具挑战性的项目来找我们的时候，我们毫不保留地表示欢迎。这家有线电视公司买下了莫伊塞斯·考夫曼（Moisés Kaufman）长达三个半小时的话剧《真相拼图》（*The Laramie Project*）的电影版权。它讲的是美国拉勒米的一位年轻的同性恋男子被残忍杀害的故事以及邻居们对此的反应。由于其中有许多当地居民的访谈，所以剧中的人物众多，而且为了搜集居民的看法，剧团成员亲自前去访问并记录。所以，这部剧作层次丰富、内容复杂，需要严肃认真地对待。那时，曾制作过《天雷勾动地火》和《意外边缘》的罗斯·卡兹和在好机器负责项目开发的安妮·凯瑞都希望能参与制作。我们认为这两个人一定可以好好地把话剧削减成90分钟的电影，处理好几十个有台词的角色，并最终呈现出一部好电影。

在21世纪的头几年，我们对电视有一些不屑。我们是拍电影故事片的，可不是做电视的。但尽管如此，我们毕竟还没把《真相拼图》拍成电影。剧中没有明星演员，有的只是自我反思和对剧团行为以及整个事件的纪实。它的确可以成为舞台剧的序曲。如果你在好莱坞或者独立电影圈走上一圈，提议说“我要拍一部关于一个剧团在拉勒米采访的电影”，根本没有人会听。更重要的是，从来没有导演过电影的莫伊塞斯打算动用这么多演员在外景地拍摄，而预算只有400万美元。而且预算大致也只有这么多，上下浮动的余地并不大。

但大家都愿意参与这部电影，因为这个故事意义重大，而且我们一直希望与这家媒体合作一些有创意的东西，并进一步传递这部电影的意义。正因如此，我们得以以我们仅有的资金（每个人都以最低基本薪酬出演）召集了那么多优秀的演员（劳拉·林妮、史蒂夫·布谢米［Steve Buscemi］、克里斯蒂娜·里奇［Christina Ricci］、简恩·加罗法洛［Janeane Garofalo］等）。HBO还将等同于演员薪酬的资金捐献给了三家慈善机构（马修·谢泼德基金会［Matthew Shepard Foundation］、南方贫困法律中心［Southern Poverty Law Center］和大赦国际［Amnesty International］）。并没有多少机构会愿意捐献它们原本并不需要捐献的资金。但这也正是我们要拍这样一部电影的原因。

在开始计划拍摄日程后，我们估计每天必须得拍40个镜头。一个理智一点的团队通常一天拍20～25个镜头。好莱坞电影每天拍摄的量通常只有这个数量的一半而已。这并非不可能，但着实很困难。刚开拍莫伊塞斯就觉得有些不堪重负了。他觉得我们把他催得太急，走得太快了。他并不确定他是不是拍到了他想要的样子。毕竟这是他的第一部故事片。但我们只能允许他每个镜头拍2～3条，然后就要赶紧拍下一个了。剧场导演素来注重表演，但现在，每一条之间并不允许有太多变化。

而到了另一个莫伊塞斯陌生的地方——剪辑室，摆在他面前的任务就是要把所有精彩的表演编织成一幅经历丰富的挂毯。在这个过程之中，我们突然决定干脆放手大胆地做，把那些可能会让人想换台的拍摄小花絮也剪进电影中。于是，我们对于手中的素材开始了随心所欲的剪辑。当莫伊塞斯意识到我们并不是单纯地把原剧拍成电影版时，他变得自由了起来。整个项目也以一种新的方式鲜活了起来。

《真相拼图》成了2002年圣丹斯电影节的开幕影片。HBO并不需要把电影搬到影院放映，不过他们还是做了40份拷贝，在全国各地放映。在这之后，人们可以通过HBO电视台观看这部电影。这么一来，观影人数远比传统影院发行渠道来得多。电影同时还促进了它的同名戏剧的欢迎程度，使其超越《我们的小镇》（*Our Town*）成为在全国中学和大学校园演出最多次的戏剧作品。这样一部集社会评论、文化报道、创新激励于一体的作品可以让老师和学生进一步探索棘手的问题，了解复杂事物的全貌。

当罗斯和安妮在拉勒米忙得天翻地覆的时候，我回到纽约开始努力实现我多年来梦想着要制作的一个几乎不可能的项目。在20世纪80年代刚刚搬到纽约时，我爱上了地下漫画，于是我常常光顾漫画书店和市中心的大书店。我正是在那发现了哈维·佩卡尔（Harvey Pekar）的系列漫画《美国荣耀》（*American Splendor*）。

哈维的漫画讲述了用创作对抗抑郁并通过与他人分享找到了生命价值的故事。整个故事让我惊叹不已，因为它的想法非常奇特：一个在退伍军人医院工作的普通人用漫画的方式记录自己的生活。你一定以为这本漫画书的作者就是绘制书中漫画的人，但其实，哈维都是找其他漫画家来画书中的插图的。这给了他们二次解读的机会。我曾经设想过，如果找不同的导演来执导不同的故事，这会是一部出色的合集电影。我还想到，吉姆·贾木许和哈维一样都来自克利夫兰，或许他可以来导演其中的一部分。

后来，在纽约的一个冰冷的冬夜，我正在为我刚出生的儿子换尿布。我发现窗外有两个戴着滑雪面罩的男子正在接吻。两人越吻越激烈。这种冰天雪地中的浓情蜜意让我忘了手头正在做的事。这时，电话响了。是佩卡尔的妻子乔伊斯·布拉伯纳（Joyce Brabner）打来的。她是从迪恩·哈皮斯皮尔（Dean Hapspiel）那里得知我的号码的。而迪恩则是我们在做《冰风暴》时的办公室秘书。独立电影圈就是这么小。

她告诉我说，哈维的生活和工作皆几经败绩失据，他们需要用钱，不过他们要求的不多。他们听说我有兴趣买下哈维的漫画的优先改编权。由于我通常不会放过那些意外的惊喜，所以我当即和乔伊斯达成了一笔交易——虽然我完全不知道这部电影会是什么样子。但我很清楚，它将会不同于市面上的那些电影。我觉得我们不必安于把它拍成一部传统的电影，而应在电影的形式和内容中反映出佩卡尔本身玩世不恭的特点。我认为可以采用纪录片和虚构情节的融合体，就像哈斯克尔·韦克斯勒（Haskell Wexler）的《冷酷媒体》（*Medium Cool*）和简·奥克森伯格（Jan Oxenberg）的《谢谢，晚安》（*Thank You and Good Night*，这部影片是我的合作伙伴詹姆斯·沙姆斯参与制片的）。诸如此类的混合形式常常给我很大的启发，我一直希望能够自己尝试一下。

于是，哈维写了一份初稿。他完全是用手写的，并且每写完一页就立刻传真给我们一页。但他是用平铺直叙的记叙体写的，我觉得这不是我们想要的。于是，我和导演克里斯·史密斯（Chris Smith）去了克利夫兰拜访哈维和他一家人。克里斯拍过的《美国工作》（*American Job*）和《美国电影》（*American Movie*）正有那种我想要的纪录片和虚构情节混合的味道。我之前的助理，现已成为一名制片人的安东尼·贝格曼也和我们一起去了。我和克里斯、安东尼一起拍了些哈维和他家庭的简短录像，希望可以从中找到些电影的灵感。但我们发现的则是，哈维和克里斯不太合得来。

我离开克利夫兰的时候已经了解了一些关键的信息：我们的故事要关注哈维的整个家庭。哈维的小说常常讲述的只有他是怎样和漫画结缘的。但他是一个从来没有想过自己能够拥有家庭的人；他觉得自己是一个抗拒者，没有办法维持一段感情，甚至早年间还去做了结扎手术。但通过他的漫画，他建立了一个家庭。对我来说，这是我们要捕捉的何其美好的事物。这才是我们要说的故事。不是关于一个人如何创作艺术，而是一个人如何用意想不到的方式创造并维系了人类情感。

我了解的另一件事是，哈维这个角色，没人能比哈维自己来演更好。除此之外，他的漫画归根结底说的是人们的解读，是关于人们如何用不同的方式解读哈维的。如果没有什么标准来对比衡量的话，观众又将如何发现这一点呢？所以，哈维必须出现在电影中，哪怕只能出现一小会儿。他的个性如此鲜明，整部电影的风格只有做到像他那样个性鲜明才算是给了他一个合理的交代。

我们办公室里的每个人都有一个哈维的故事，有的关于哈维是多么令人讨厌，有的则是关于他们有多喜欢哈维。在前期制作期间，哈维不知从哪儿弄来了我们所有人的电话号码。有一天，他打了个电话给格伦·巴斯纳（Glen Basner）。格伦现在已经成了一个厉害的销售代理，但那时，他还在摸索，不确定自己今后的发展方向。哈维打电话给他，对着他大骂纽约巨人队糟糕的表现——也可能是其他的纽约球队。格伦还以为这只是办公室里的某个人为了开他玩笑，故意装成哈维的样子打来的。这就是这部电影要捕捉的东西——哈维激进、但又可爱的个性。这让我有信心用一种不同寻常的方法来讲述这个故事，因为这样才真正反映了哈维的人生。

于是，我决定这部电影必须将纪实的素材和动画结合起来，成为一部新颖的传记电影。最理想的导演最好能够既懂得人际关系的本质，又了解这些关系带来的挑战。乍看之下，这个要求显得难上加难，可能是我要求太高了。但就在莎里·斯宾厄·伯曼（Shari Springer Berman）和鲍勃·帕西尼（Bob Pulcini）这一对纪录片导演夫妇出现在我们办公室的那一天，警报解除了。他们简直是完美的人选。他们是夫妻，所以了解故事中的家庭元素。而且他们对非虚构类作品有着独到的见解，可以为这部传记电影提供不一样的视角。

由于这部影片和我们之前提过的《真相拼图》同样不寻常，我们几乎没有费什么大力气就说服了HBO来投资这个项目。来自布鲁克林的导演吉姆·麦凯（Jim McKay）介绍我和HBO负责人莫德·纳德勒（Maud Nadler）认识。我们都很喜欢讲述“市井小民”（everyday people）的生活（这也是后来吉姆为HBO拍摄的其中一部影片的名称）。显然，那种想要把劳动阶级在生活中的挣扎表达出来的愿望将我们两人联系在了一起。鲍勃和莎里马上就要出发去洛杉矶参加另一个项目的种种会议了。于是，我催促莫德赶紧见他们一面。莫德在开完会后的第一时间就打电话给我，说HBO决定投资这部电影。而在莫德给我打电话的同时，我还能听到那两位导演在背景音里说着再见。当时连剧本都还没有，鲍勃和莎里在我们见面之前也没看过这部漫画。不管怎样，我已经规划好了要将哪些故事放到电影里。鲍勃和莎里则在极短的时间里将剧本打磨一新。

莫德和我们一样喜欢这个剧本。《美国荣耀》的第一版剧本就已经通过了，最后投入拍摄使用的也不过是第二版剧本——正是获得奥斯卡奖提名的剧本。说起剧本开发，每个人都有说不完的可怕经历。但有时，剧本其实打从一开始就已经存在，而你要学会忠于那个版本、不篡改它的小技巧。你得知道什么时候该把它原封不动地留下来。这将会是制片人最有用的本领。

莫德·纳德勒和HBO电影的总裁科林·卡伦德（Colin Callender）给这部电影批了不多于250万美元的预算。但在看过拍摄初期的剪辑片段后，他们甚至决定增加预算。这样一来，我们就有资金做我们想做的动画了。和大多数电影拍摄时需要提前安排好所有的工作不同的是，这次我们可以奢侈地让过程决定结果。这种自由至关重要，并不仅仅因为它能让我们根据已经拍摄完的那些哈维和其他演员的素材来决定我们需要怎样的动画，从而帮助电影成功。而且，这正是我所理解的创作任何电影的方式中至关重要的部分。拍电影不是，也不应该是一项严格以结果为导向的工作。我一向是重过程轻结果的。这种信念来源于我的小学时代。因为那时我发现，只要一考完试，我就不再学习了。这样完全是在为了考高分而学习，并不是为了接受教育。当艺术家们勇于尝试时，当他们不在大网束缚下工作时，他们的作品就会变得更鲜活。这样的方法更能让观众以更高的层次融入艺术之中，因为这也是检验作者是否真正能创做出伟大作品的标准。

HBO的团队还同意给我们提供更多资金来使用哈维最初挑选的那些音乐源。要买这些音乐可不便宜，其中有马文·盖伊（Marvin Gaye）、迪兹·吉莱斯皮（Dizzy Gillespie）和约翰·科尔特兰（John Coltrane）的曲目。但HBO认识到这些音乐能给这部电影带来更多真实感，于是就拨给我们几十万美元。投资人愿意多花钱来把事情做到位这种事情并不多见。通常情况是，他们总是要求制片人到处节省预算。即使有了充足的预算，我们并没有花太多。但HBO给予我们的金额远远超出了我们当初的预想。

HBO为何会如此慷慨大方呢？当然，一切都要从哈维说起。首先，是他的创意启发了我。然后，我将这种热情传染给了鲍勃和莎里，而他们则激励剧组成员出色完成任务。比如我们的摄影师特里·斯泰西（Terry Stacey，后来与我合作了《冒险乐园》[*Adventureland*]）、美术总监特蕾泽·德普雷（Therese DePrez，她辉煌的履历中有《马格瑞姆的玩具店》[*Mr.Magorium's Wonder Emporium*] 和《黑天鹅》[*Black Swan*]）和服装设计师迈克尔·威尔金森（Michael Wilkinson，后来为好莱坞工作，参与了电影《斯巴达三百壮士》[*300*]、《守望者》[*Watchmen*] 和《美国骗局》

[*American Hustle*]）。我觉得是《美国荣耀》激励了我们所有人，让我们迸发出了积蓄在体内的能量。而我们所有人也同样激励了科林和莫德。于是，他们给予我们拍摄电影所需要的自由和资源。所以，当你在看这部电影时，从它所有的困难和瑕疵中，你会看到情结和困局，也会看到自信、温暖和真爱。而这些，就是哈维和他的漫画中蕴含的真意。

我觉得这种启发也是我们对于开始笼罩在独立电影圈的疲惫感和倦怠感的一种反应。独立电影圈似乎变得满是陈词滥调和自我重复，比如那些对昆汀电影的效仿之作，以及古怪的浪漫喜剧等。故事情节毫无新意，如同步了好莱坞的后尘。我们中的大多数人进入电影这一行都怀抱着做出伟大作品的愿望，都想要升华艺术，甚至改变世界。但那些完成电影的过程，那些你常常需要打交道的人，以及你面对的维持生计的困境常常会让你做出日后会后悔的让步。我们需要时不时地来一剂真正的创意来激励自己继续向前。

当然，还有其他原因。

就在我们开始前期准备《美国荣耀》的几周之前，我们很有希望能为刚刚在特柳赖德电影节首映的妮科尔·霍洛芬瑟的新片《美丽与动人》谈定一笔500万美元的大买卖。对我来说，这就像是一夜暴富一般。最终，我期待已久的付款日终于到了。这部电影的成本只有100万美元，所以这笔交易对我们来说就是一场完胜。我们都在准备要庆祝了。我们已经拿到了福克斯探照灯一位主管的书面报价，但必须要他上级的签名才能生效。我们觉得被耍了，但他们又反复向我们保证，说这是必须要走的流程。我们从夜晚等到白天，一天一天地等了一周。大老板始终没有出现。就在那一瞬间，我很害怕我永远都没办法一夜暴富了。但这并不是我选择拍电影的原因，只是当机会来临时，你很难不去梦想那些能让你少挣扎一些的东西。

在特柳赖德电影节之后，我们需要赶去多伦多国际电影节放映《美丽与动人》，来为电影注入新的活力并再一次努力将它销售出去。在电影盛大首映的当天早晨，我决定什么都不去想，去看了米拉·奈尔的《季风婚宴》(***Monsoon Wedding***)。当我坐在电影院内后，我的手机开始震动。而后，它一直不停地震动。我最终只能离开电影院去看看到底发生什么事了。然后，我看到了“9·11”事件的新闻。

在我十几岁的时候，我总会有那种世界末日的摇滚梦——楼房轰然倒塌，城市在烈火中灰飞烟灭。现在我走进多伦多酒店，看到我的朋友们都聚在一起。我在电视上看到了我曾经臆想过的画面，意识到在现实世界中这会是多么恐怖。而在这之前，我从没想过我的那些幻想有多么幼稚。

身处多伦多的我们并不清楚纽约那边的恐怖事件到底是怎么回事，但我们感受到了彼此之间前所未有的团结。无论是在酒店大堂、餐厅还是酒吧，我们都围坐在一起，花了很长时间来消化发生的事情。我对于丢掉了《美丽与动人》的大合约以及失去了在多伦多的放映计划（因为放映取消了）而感到沮丧和气愤。但很快，这样的情绪就显得那么微不足道了。就像我儿时的幻想一样，我的生意和金钱在当前局势面前显得同样幼稚。于是，我的重心开始发生变化了。

我和几个朋友租了一辆小面包车，经加拿大彩虹大桥开回了纽约州并开进了市里。我和我的家人当时住在纽约西村。我的儿子还没到一岁。因为到处都是烟雾，我妻子带着他逃到了哈德逊河的对岸。悲剧发生的第二天，当太阳升起的时候，我带着儿子出门散步，我们远远地望向烟火色未退的下曼哈顿区，我完全不确定我的人生该何去何从。

好机器的办公室位于市中心的运河街，而且透过窗户可以看到世贸双塔。许多“9·11”事件当天在办公室工作的同事们都受到了惊吓。有的人决定要离开电影圈，将生命投入更有意义的事情中。我不确定该怎么做。由于灾难发生时我并没有在我儿子身边，这使得我在短期内再也不想出远门了。我不想去拍电影，也不想去参加电影节。

但《美国荣耀》是一个不可多得的理想项目，我无法放弃它。于是在“9·11”事件发生的两个月后，我们在克利夫兰开拍了。正是这部电影让我们继续像一个团队一样一起工作，让我们再次认识到创造独一无二的作品的重要性。我们虽不是在拯救这个世界，但《美国荣耀》在观众心中产生了回响。人们觉得自己十分贴近电影中的人物，他们因此开始理解那些与自己不同的人。这也同样有意义。

完成《美国荣耀》之后，我仍旧有着那种想要创作独树一帜的电影的欲望。我很喜欢2000年一部叫《爱情是狗娘》（*Amores Perros*）的墨西哥电影，其中的创新正是独立电影应有的发展方向。它是那么大胆，那么有活力，非单一主人公，可谓是挑战之作。我还记得我向好机器的同事玛丽·简·斯卡尔斯基抱怨说，除了《爱情是狗娘》的导演亚历杭德罗·冈萨雷斯·伊尼亚里图（Alejandro Gonzalez Inarritu）之外，没有一位导演让我有想要合作的欲望。但是，别说是合作了，我要怎么才能见到这位墨西哥导演呢？就在说完这话的第二天，我接到了亚历杭德罗打来的电话。我从来都不相信什么上天的干预或是宇宙能够造就混乱以外的东西，但这件事真的太奇怪了。就像鲍勃和莎里走进我的办公室，而他们恰好是我要找的《美国荣耀》导演的完美人选一样，亚历杭德罗就在我希望他出现的时刻出现了。但这并不是因为上帝伟大的旨意，而是因为阿方索·卡隆（Alfonso Cuarón）。这位墨西哥导演曾与好机器国际合作过《你妈妈也一样》（*Y Tu Mamá También*，阿方索·卡隆后来拍出了哈利·波特系列电影中最好的一部以及3D巨制《地心引力》[*Gravity*]）。在知道亚历杭德罗要为他的下一部影片找一位说英语的制片人后，阿方索向他推荐了我。

在屡次约见未果后，我终于在洛杉矶的“咖啡豆和茶叶”店（这里可以说是独立电影工作者的聚集地）里见到了亚历杭德罗。他一开始走向了同样坐在咖啡馆里的制片人阿尔伯特·伯杰（Albert Berger，《阳光小美女》[*Little Miss Sunshine*] 的制片人），以为那就是我——我把这件事当作是夸奖。亚历杭德罗终于找到了我，我们在开创全新的电影形式方面相谈甚欢。我们讨论到，电影虽然已有百年历史，但我们仍以同样的方式在制作电影。在“9·11”事件之后，我感到如果我还要继续拍电影的话，一定要是有意义的电影。而且，如果电影理应是最能呈现我们活在当今世界意义的艺术形式，我们面对的挑战就是如何创作那些新颖的、反映当下的作品。那时，我还没有看到《21克》（*21 Grams*）的剧本，但我知道亚历杭德罗要拍和自由意志有关的题材，这听起来很有意思。

亚历杭德罗和他的编剧吉列尔莫·阿里加（Guillermo Arriaga）用非线性的方式来写了一个故事，从而巧妙地表达了许多复杂的概念。但有趣的是，这两个人是从截然相反的角度得到这一概念的。我们多少次希望我们的合作伙伴可以和我们的思路一致。但亚历杭德罗和吉列尔莫证明了，有时，有一个能让你绞尽脑汁、会逼你冒险的合作伙伴未尝不是一件好事。亚历杭德罗是一个信徒，他信仰的宗教对他来说很重要。而吉列尔莫是一个无神论者。然而，这两个人要用一种独一无二的叙事方式来轻扣命运这个主题。《21克》复杂的结构看起来可能稍显混乱，因为它在时间线上巧妙地来回切换（这恰巧反映出吉列尔莫的作用），但这种对非线性形式的把控体现出了导演的功力。为了强调自由意志，影片最终，也许是无意间，却反而反映出了神圣秩序的存在。或者用更进一步用创作上的说法来说，也许故事结构越复杂，越能体现编剧和导演的掌控。剧本中有许多激烈的对话。亚历杭德罗和吉列尔莫和我一起改了没几稿。我们拖了整整六周，大概只把剧本改进了5%而已。但他们希望剧本能够尽可能完美，这样一来，投资人和电影公司主管就没办法挑刺了。

选角方面，亚历杭德罗找来了经验丰富的选角导演弗朗辛·迈斯勒（Francine Maisler，参与过《蜘蛛侠》[*Spider-Man*]、《战略高手》[*Out of Sight*] 等大制作电影）。但亚历杭德罗要求我们在银幕上看到的应该是他的人物，而不是明星。作为一部2 300万美元预算的电影，这可不是一部小成本电影。而亚历杭德罗也不愿意把电影拍得廉价。所以我们需要货真价实的演员。演员本尼西奥·德尔托罗（Benecio Del Toro）并不是十分理想的选择，因为他对于自己的角色十分挑剔。也正因如此，他个人的特质会影响亚历杭德罗对于这个角色的定位。但导演担心的是，西恩·潘（Sean Penn）是个大明星。于是准备让他戴上假鼻子来让观众认不出他。

那时，娜奥米·沃茨（Naomi Watts）还不是一个名人。她已经拍完大卫·林奇的《穆赫兰道》(*Mulholland Drive*)，但这部她的处女佳作还未问世。她刚刚入选了20世纪福克斯改编自约翰·格里森姆（John Grisham）小说的电影《失控的陪审团》(*Runaway Jury*)。但亚历杭德罗强烈地感觉到她不应该接拍福克斯的那部电影，她应该在观众面前保持新鲜感。于是，我们询问了娜奥米的经纪人和经理，看她是否能够退出那部电影。对我们来说，这是一个非常大胆的举动。但这个提议对于娜奥米来说风险更大。设想一下，如果你是她的话：她在洛杉矶的战壕里摸爬滚打了很久，当她终于成为幸运儿时，我们让她放弃这个机会——最后，她真的这么做了。这一步需要极大的勇气和诚实。最终，我想她收获了对她事业最好的奖赏——她因为《21克》获得了奥斯卡最佳女主角的提名。但是当然了，这是一开始我们谁都没想到的。

在前期制作期间的某一晚，我和亚历杭德罗、西恩·潘和本尼西奥·德尔托罗在马尔蒙庄园共进晚餐。这可不是我在洛杉矶常常出没的地方。席间，小罗伯特·唐尼（Robert Downey Jr.）和托比·马奎尔还来串门了。夜晚的凉风吹得中庭的蜡烛微微颤动，我有了一种奇怪的感受。现在，在我身边的可是我最喜欢的演员和可以说是我遇到过的最出色的导演，但我感觉就像是格劳乔·马克斯的笑话中说的那样“我可不愿意加入任何愿意接纳我的团体”。[①]这群人恰恰就是他们各自领域最顶尖的人了——他们就是我一直想要合作的人。但与此同时，我害怕我会就此堕落，再也看不到我寻觅已久的变革。

但最终，我的担心是多余的。虽然我和《21克》的团队并不相熟，但我们合作十分融洽，因为我们觉得大家都是在为一部伟大的作品而努力。不论是吉尔摩大胆的剧本，还是娜奥米做出牺牲的表演，这个团队给人一种共同的感受：这群充满创意的人想要有跳出束缚的机会，想要尝试新鲜的事物，而这样的机会实在是太难得了。而这种感受是有其意义和价值的，也是《21克》得以完成的方式之一。我想要强调的是，不只是导演想要创新、想要冒险，演员们也一样，不论是业已成名的明星，还是等待走红的新人。

《21克》的完成同样归功于我和我的合作伙伴们极为仔细地筹划好了一切。由于这个项目是如此地具有挑战性，我们必须要尽可能地将其视觉化地呈现在最终的投资人面前。我们常常把电影称为

---

① 格劳乔·马克斯（Groucho Marx），美国著名喜剧演员。“我可不愿意加入任何愿意接纳我的团体”为其名言。——编者注

充满“已知的未知”的一门生意。所以，我们一直忙于消灭那些“已知的未知”。当人们在看剧本的时候，他们通常不会想象出房子的样子，更别说是一条街或是一座城的样子了。我们想在孟菲斯拍摄，于是我们勘察了外景，搜集了孟菲斯的图片，用于今后与潜在投资人的讨论。我们同样列出了一个详细的列表，写满了演员、剧组、预算和商业计划。我们想要让人无法拒绝这个项目。我们希望任何可能的合作伙伴可以“看”到我们想要制作的这部电影，并且出于对我们的信任，可以给我们绝对的自由权去制作这部电影。每个细节，就连影片的问世时间都已被仔细规划好了。

我们决定冒险将这部电影留到戛纳电影节之后再进行销售，因为当年市场看起来有些低迷，而我们猜测各大公司的购买预算还留有一些额度。于是，亚历杭德罗在好莱坞的经纪人约翰·莱舍想出了一个策略，就是在同一个公司一人分饰两角相互较劲。当时，我们刚刚把好机器卖给了环球。我的搭档詹姆斯·沙姆斯和大卫·林德正为环球的新子公司焦点影业奔忙。他们非常了解这个项目。这部电影有着国际制作班底，也有国际发行的潜力，可以让焦点影业打响一声完美的开门炮，因此他们非常觊觎这部电影。但同时，莱舍向环球的高层斯泰茜·斯奈德（Stacey Snyder）建议说，她应该见一见亚历杭德罗并争取买下他的电影。最终，两家公司都想买这部电影，并获得作为发行方的署名，但詹姆斯和大卫的资金并不十分充裕。好在有了斯泰茜，她愿意加入，并参与到一个复杂的销售合约中来。所以，环球和焦点同意了这个独特的合约结构：我方保留电影在墨西哥和西班牙地区的发行权以及在这些地区的收益，他们两家公司拥有除这两个地区以外其他地区的发行权。我们必须在合约中明文规定，这样我们才能达成这个既让亚历杭德罗满意，又让我们有利可图的合约。

现在，当有大财团介入的时候，每个人都只能妥协。而妥协正是野心和创意的对立面。即使公司高层暗中是信任各自的合作伙伴的，但这种结构本身很容易出现相互干涉的情况。最终的结果很可能不像你期望的那样，除非你用合约的方式来保全电影的完整性。所以，不管是在我们为亚历杭德罗的《21克》、迈克尔的《人性》，还是为HBO和导演就《真相拼图》和《美国荣耀》所签的合约中，我们获得了比业界惯例更大的自由度。资金本身会强迫你妥协，但我们仍然做到了保留导演们的创意和意愿。就像著名的娱乐纠纷律师约翰·斯洛斯常常引用的那句罗伯特·弗罗斯特[①]名言所说的那样——“篱笆筑得牢，邻居处得好。”

---

① 罗伯特·弗罗斯特（Robert Frost），美国诗人，曾多次获得普利策奖。——编者注

8 时间

我们就快没时间了。

电影业一直在变化。我们可以将原有的方式保持数年，但我猜想，我们很快就会撞墙了。

李安的《卧虎藏龙》对我、我的搭档詹姆斯·沙姆斯、大卫·林德和好机器的影响非常大，大到我们在2000年考虑把公司卖给巴里·迪勒（Barry Diller）的USA电影公司，并与其约定在此之后他会将我们公司转卖给环球。这件事最后的步骤之一是要去迪勒那里坐坐。那是一次让人胆战的会面。他可是个让人闻之色变的媒体大亨，当我们走进他那间空旷的会议室时，只有他一个人坐在那张巨大的会议桌前。詹姆斯知道这次见面只不过是走个形式，所以在我们坐电梯上楼的时候，他对大卫和我说，他想要问迪勒一个问题。

在会议的中段，詹姆斯终于能看着迪勒的眼睛，然后说："我们想问你一个问题，就一个。"迪勒答应了。但他毕竟是一个滴水不漏的生意人，所以他坚持也要问我们一个问题——不过让我们先问。于是，詹姆斯问道："你为什么要来做艺术电影的生意？"迪勒的回答大致是："电影远不止是生意。我喜欢电影的艺术，而且其中确实深藏着伟大的文化和不错的生意。"（你可以从之后他对艺术电影界的所作所为看出他在多大程度上遵照这句话来行事。那就是：完全没有。）

不过，接下来就是迪勒提问的时间了："你们几个怎么可能靠《卧虎藏龙》只赚了那么一点点钱？"

答案是，这寻根究底，要归因于独立电影的模式。

许多年来，大概有九家不同的公司试图出价收购好机器。第八家是英国大亨奈杰尔·辛克莱（Nigel Sinclair）的公司Intermedia。我们几乎快要和他们敲定合约了，但我们的谈判最终还是谈崩了。Intermedia当时是新成立的德国媒体证券交易所的上市公司，所以他们希望所有业务都能以盈利为导向。也就是说，如果我们的项目无法产生高额利润的话，我们就会失去对这些项目的控制权。这个新兴的证券交易市场在当时看起来似乎日渐式微。所以，我们以为会得到的金额并不一定和我们真正得到的金额一致。而且，由于这个金额是基于股价计算的，所以没有可能也没有办法准确地确定金额。于是，在双方好不容易完成对对方的尽职调查、准备签约的最后一小时里，我们决定放弃这个合约。

但我们与环球的协议之所以可以达成，特别是可以如此之快地达成，还倒是多亏了Intermedia和其他想要收购我们的公司让我们已经整理好了所有的财务和法务报表。所以，当迪勒和环球来敲门的时候，我们已经准备就绪了。我们的会计账目井井有条，詹姆斯和大卫也已经迫不及待地想要跨入大公司的行列，而过去适用于那些富有野心的独立电影的模式在没有美国本土发行商的前提下变得不再可行。对我来说最重要的是，我已经准备好去专注于一个全新的电影至上的模式了。虽然商业模式能够提携电影，但电影仍是靠每个人的热情来推动的。我认为我有办法来支撑一个更能持续、更创新的独立电影产业（事实证明，这并不容易）。

幸运的是，虽然世界变化很快，但事实上，融资、拍电影、发行电影的旧模式仍会存在一段时间，并且比我估计的还要久一些。而在这中间的过渡时期，我们仍有许多出色的电影可拍。但我们都很清楚，独立电影的传统工作方式将要走向终结。

当好机器要被收购一事终于变得板上钉钉之后，我的许多同事都向我表示他们还是希望能一起工作，比如我们的商务专员戴安娜·维克特（Diana Victor），现在经常从事制片的项目开发负责人安妮·凯瑞，还有制片人安东尼·贝格曼。

我永远都不会忘记安东尼拿着安杰利卡电影中心[1]檐幕的照片走进好机器办公室的那一天。当他发现好机器与这家电影中心放映的大多数电影都有着或多或少的关系后，他就想要成为我们公司的一分子。他希望能当我的助理，并且表示他愿意白工作五个月，不拿一分钱工资。就在这时，我当时的助理不小心弄坏了办公室里的卡布奇诺咖啡机，把奶泡溅得到处都是。于是，我对安东尼说："好

---

① 安杰利卡电影中心（Angelika Film Center），以放映外语片和独立影片为主的美国电影院线。——编者注

的，你被录用了。”

安东尼在好机器的第一个大任务就是去科尼岛追讨那个被一个混蛋从我们装运器材的卡车上偷走的Nagra开盘录音机。我们接到那人的电话向我们索要赎金。安东尼不仅胆大到真的去了，而且他不知用了什么方法把器材和我们给他的赎金一并带了回来。我们从那时起就知道，安东尼会成为一位出色的制片人。

我和安东尼、安妮、戴安娜一起讨论了我们要一起做些什么。显然，我们希望做的事情是一样的：我们不想有高额的日常开销，这样我们就不用为了赚钱被迫去接活。我们只想要和我们喜欢的人共事，我们只想要做我们热爱的电影。

我还记得我在20世纪90年代初与米高梅（Metro-Goldwyn-Mayer）创始人之一的儿子、影界名人小塞缪尔·戈尔德温（Samuel Goldwyn Jr.）共进午餐的那次。那时，我们刚把《喜宴》出售给了他的电影发行公司。

他立马问我和詹姆斯：“我想要弄明白一件事。你们俩到底是艺术家，还是生意人？”他就是这样与我们开始那场对话的。

于是，我回答道：“我们不能两者都是吗？”

他想了一下，然后说不能。

在我职业生涯的很长时间里，我都在试图调和这两者之间的关系。我的新电影制片公司“这是那”正是我们为了解决这种矛盾所做出的尝试。相对于一部接着一部电影来制作的模式，它会采用一种财务上更为健全的模式来打造“一揽子”电影（slate of films），为影片进行整体融资并同时进行制作工作。但要为“一揽子”电影进行融资需要大量资金，并且融资到位需要十分漫长的时间。除此之外，电影是易过时的商品。我不可能对一个导演说："你的电影要等到我给我们的'一揽子'电影多筹500万美元了再拍。"如果我已经为一部电影筹到了资金，我是不会再等的——就算等待可能会带来更肥的合约。不等待策略是为某部电影和某个导演做出的决定。它对于艺术来说是个好策略，但不见得是个生意上的好策略。

同样的，当你遇到了那种独一无二的导演后，与这位导演保持合作就算是一个生意上的好策略。在我职业生涯的早期，大约是制作李安的《饮食男女》那段时间，詹姆斯说过我们应该只制作李安的电影。我们已经可以看到李安的大师风范开始崭露头角了。所以，詹姆斯这样问道："我们为什么还要和其他人合作呢？"李安为人友善又极具冒险精神。我们作为制片人还能奢求些什么呢？如果我当作自己已经熟稔一切并且安于现状，那我可能会觉得这样并没有什么不好——但那就不是我了。我很清楚在与不同的导演合作以及使用不同程度的预算来制作电影会让我受益匪浅，我不想放弃这种多样性。正是通过尝试人员和预算的各种不同搭配，参与到那些需要我的（并且是非我不可的）电影中，我才能不断锻炼自己的能力。我不希望把这件事当作单纯地完成一项工作或一部电影；我希望我在过程中的每一步都能不断学习。

所以，我们的新公司就是在这些原则的基础上建立的：精简支出，只与我们热爱的人合作，只参与我们热爱的电影。

但我们还需要想一个名字。

在考虑收购好机器时，不论是USA电影的巴里·迪勒还是环球的罗恩·梅耶（Ron Meyer），每个人都坦言他们十分喜爱我们公司的名字。他们都希望可以保留这个名字，但我却觉得有些许感慨。我不希望好机器变得就像是一个在全国巡演，却除了主唱之外其他人都换了三代的摇滚乐队。詹姆斯和大卫也这么觉得。好机器代表了我们所有人。这个名字代表了我们所有人共同努力的工作成果。没有了我们，它将不再成立。

安妮、安东尼、戴安娜和我都受不了那些冠冕堂皇的名字，比如“最高峰”（即派拉蒙）、顶峰（Summit）、巅峰。拜托，朋友们，这可是娱乐圈啊！当时，我们正好在和英国导演特里·吉列姆（Terry Gilliam）合作电影《妙想天开》（*Brazil*）。他有一个最棒的公司名：粑粑电影（Poo Poo Pictures）。受到这个名字的启发，我们想取一个同样和电影无关的公司名。于是，我们想出了洛可可可可公司（Rococo Cocoa Co.）这个名字。我们觉得这个名字简直天才，甚至很快就设计出了公司的标志：一杯热可可上冒着的热气形成“洛可可”的字样。但当我真的用起这个名字时，情况简直糟透了。我打电话给一个非常厉害的好莱坞律师，开口说道：“我是特德·霍普，来自洛可可可可公司。”然后，前台回答道：“什么？”在我把名字重复了三遍之后，我受够了。于是我说：“我是好机器的特德·霍普。”所以，洛可可可可公司这个名字最终胎死腹中。

但我们还是想起一个有趣的、戏谑这个严肃产业的名字。那时候，我的儿子才刚刚开始学说话。就像所有的父母那样，我觉得他说出的每一个字都充满了智慧。当他说“红车”（Red Car）的时候，我觉得这是个不错的名字。不过，我们发现已经有一家公司叫这个名字了。后来有一次，他说“这是那个”(This is that)，我觉得用这当名字好极了。我们都认为这是个聪明的名字，因为人们常常会说“这是那个剧本”，还有“这是那个合约备忘”。我们还很喜欢这个名字奇怪的缩写“TIT”。不幸的是，人们总是叫错我们的名字，把“这是那”记成了“这和那”，听起来像个饰品小店的名字。不过，我们能怎么办呢？这已经成为我们公司的名字了。既然饭已上桌，不如就好好地吃一顿吧。

最终，“这是那”公司正式成立：我们三位制片人拿出各自的资金，策划为我们喜欢的电影筹集资金，专注于预算在700万美元至2 500万美元的电影。将预算控制在这个区间内，可以同时为我们带来行业允许范围内的最大的制作价值和创作自由。把预算保持在2 500万美元以下，可以让我们在不被大制片厂紧紧盯上的前提下尝试那些主流的题材。而700万美元则是一个历时六周的拍摄所需要的最低预算，其中包括：布置片场，优化服装，强化镜头和照明等这些可以提高影片质量的东西。这样一来，我们就可以精确定位到目标观众，而不是面向大众了。而且，我们可以拍些既有意义又能赚钱的电影了。

但至少在我看来，好机器被USA电影或环球收购这件事意味着独立制片人这个职位已经时日不多了。单靠海外销售和本土发行预期来进行融资将会变得越来越难。所有的东西都需要提前确认到位，而且所有的发行商都很清楚这件事。除此之外，“独立”的概念将不复存在，因为现在大制片厂已经拥有了大部分专业的发行渠道。虽然我之前的合作伙伴们仍然掌管着这些发行公司，但你可以感觉到，基本上人人都在追着钱跑。

虽然有诸多不好的兆头，但我们“这是那”公司还是占据着有利的地位。在好机器时期，我们因为产出了许多高质量同时兼具艺术性的作品以及发掘了许多优质导演而建立了良好的口碑。但发行商仍会对我们有所顾虑，他们担心我们的下一部电影甚至会比这一部电影更好。出于这种顾虑，发行商会和我们达成一种长期的“发行协议”，一次性约定对我们的每一部电影按预算的固定比例进行投资。这正是我们和澳大利亚和新西兰的威秀娱乐（Village Roadshow）、斯堪的纳维亚地区的斯文斯克公司（Svensk）这些公司达成的合约。它们都已确认购买我们所有项目的版权。我们和原好机器合伙人们现所在的新公司焦点影业签订了针对所有区域的第一优先合作协议。第一优先协议意味着焦点影业旗下的国际部门对我们的项目拥有除澳大利亚、新西兰、斯堪的纳维亚以外其他地区的第一优先权利。这个合约让我们更加坚信了我们所有的项目都会有家可归这一信念。所以，只要这些因素都保持不变，我们就感觉到我们的模式是可行的。

我与焦点影业构建的这个合约无疑同样能够促进“这是那”公司的发展。但不幸的是，帮助似乎并不大。大概是在制作《与魔鬼共骑》那段时间，好机器和环球签了第一笔费用合约。这是一笔共计100万美元的大合约，用来支付日常开支、预支詹姆斯和我的制片酬劳，并作为项目基金来购买材料的版权和进行相关的开发工作。但到了我们成立“这是那”的时候，我们每年只有大约35万美元来应付支出。这基本是当时行业的平均水平，根本不足以用作项目基金或预支费用。35万美元确实可以经营公司和招募员工，但如此大小的预算很难让我们在创作上冒任何险。我们负担不起那些有可能无法成形的项目。但当你手中所有的项目都成了那些十拿九稳能够制作完成的电影，比如基本上任何定位为惊悚片、恐怖片和喜剧片的电影，以及任何有正当红的演员参与的电影时，你会发现这些电影并不是你真正的追求。在这之外的那些项目是需要培育呵护的，是需要时间来成全的。而你那么想要制作最惊艳的电影，却往往在为这样的电影忙碌时没有酬劳可得。所以你需要去做一些你坚信可以迅速完成，并有利可图的电影。

但在2004年到金融危机爆发的2008年间，因为我们有着扎实的作品记录，我和我的同事们仍然坚信：只要我们能想出一个有特点、有野心、有真才华的电影，我们就可以为它筹到所需要的资金。而且只要一切就绪，它就能改变世界——或者至少改变一部分人的思想。不过，想要做出一部这样具有颠覆性的电影着实还有一条很长的路要走。但一旦你达到了这个目标，它会带给你无与伦比的激励感。我希望这种感觉永远不会消散。

我们还是挺幸运的。我和同事们仍旧能够依靠海外销售的成果，并且有一套大约给800万美元至1 500万美元这样中等预算的电影的开发模式。此外，在这段时间里，行业中涌入了以对冲基金为主的大量资金。但这些热钱同样带来了许多变化——或好或坏。

在我们刚开始做电影的时候，影片的收入是按照版税来计算的——通常是每收入1美元，赚得20美分。也就是说，导演和投资人只能获得收入的一小部分。而现在，所有的收入都是以整体来计算的。发行商仍然会从你的收入中抽取一部分比例——通常是5%至30%。但毕竟，他们是从你的总收入中抽取提成，而不是从你每一分的净收入中收取费用。不过，谢天谢地，现在的那些生意人意识到这种旧模式是不公平的，并且开始不再采用或是不再长期采用这种方式了。

但接下来发生的变化就不见得都是有利的了。

我们“这是那”公司的一大目标就是要为我们的电影筹集大笔资金。并不只有我们有这样的期望，许多其他制片人在那时也和我们一样，希望能够为“一揽子”电影筹集大量资金。但那些合约的条件常常是我认为对我们，以及对行业整体不利的。投资界发生的三大重要改变把事情弄得一团糟。其一是，投资人一直要求我们制片人参与承担风险，也就是推迟支付制片人在其所有参与的电影中应得酬劳的很大一部分——通常是二分之一。投资人认为，如果制片人在拍摄期间就已经获得了全部的酬劳，那他们就会失去保证电影最终成功的动力。在他们看来，在这样的模式下，制片人对于促成电影的制作一直到最后发行并没有多大的动力。但事实上，所有的独立制片人都是亲身参与到电影的风险中的。只不过，这都是到了后期才会发生的事。如果你在电影制作过程中早早地放弃了一部分酬劳或是利润分成，那到了真正重要的时候，你就没有太多讨价还价的资本了，就像是当你需要就在那些重要的事情上争征得别人同意时，比如增加拍摄天数，争取某位演员，或是在创作方面的主导权等。我会愿意放弃我的既定酬劳的大约四分之一来制作我想要做的电影。但当这样的让步是发生在筹资的初期而不是末期的时候，一开始说好的四分之一通常会难以避免地增多。他们会首先“砍掉”你的手脚，然后一点点地让你失去更多，让你为了电影而妥协，直到你只剩下一缕头发在风中飘动。我们不愿意遵从这些新条约成了“这是那”公司筹资路上的障碍。

其二，华尔街的投资人同样意识到了美国发行商的发行费用过高。通常，发行商会收取总“片租”（flilm rentals）的3%，即除去放映机构的收入部分以外发行商净收入的30%。不论合同是怎样规定的，制片人几乎从来都无法拿到这部分收入中的钱，就好像整个系统是和我们对着干的一样。市场推广的费用仍需偿付，而这笔费用发生和偿付之间通常会有时间间隔，这段时间内的利息也是从片租中支付的。这不是用简单的公式计算出来的，对冲基金经理已经对独立电影经济进行了深入的研究，然后判断出这种情况是需要改变的。如果这些电影通常只能收回成本的10% ～15%，那投资人开始要求发行商降低他们份额的15%来保证投资收益一事并不让人觉得意外。但当发行商的费用极大地缩水后，同样缩水的是发行商的冒险精神，以及他们购买电影的数量。

其三，当对冲基金或其他金融机构为一个电影项目提供资金后，不论电影成功与否，他们有从中获益的期望。就在我们非常渴望能够尽快为一揽子电影筹到资金时，我们听说了一个小道消息，有一位制片人答应从投资人投资第一天就开始计算利息。这就意味着为了使得电影能够投入制作并开始偿还公司债务，这个制片人需要额外偿还一大笔金额，他的制片公司也需要在这个项目上投入更多的资金。这样的投资协议还会迫使公司缩短制作周期，从而减少需要支付的总利息。这样做的结果就是：这个公司要完成一部好电影更难了，而这个制片人想要赚钱更是难上加难。正所谓，心急做不了好电影。那位制片人的公司最终破产，这也更加印证了电影不赚钱的观念（其实只要好好做，电影仍是有利可图的）。

榨取制片人酬劳、降低发行费用、加快利息偿付这三大改变兴许能让投资者获利，但这样的变化无疑会伤害到其他所有人。一些重要的制片公司接受了这几项，但若是这些变化被更多的公司接受，那情况就会变得更糟糕。我们需要用考虑全盘的方式来做电影。我们能做的最有用的事是确保艺术家们和他们的支持者两者都可以因为最终的作品而在经济上受益，而不是只有其中一者。在过去，我们所建立的机制使得中间人——发行商和代理商——比其他人受益更多。但机制必须能够承载整个生态系统。

在这段时间里，“这是那”与许多极具价值的独立电影界新人进行了合作，并且非常急切地想把他们在其他领域学到的东西运用起来。印第安画笔花公司（Indian Paintbrush）的创始人、亿万富翁史蒂文·拉列斯（Steven Rales）在成功经营了许多家公司后，投资了我们的，也是他的第一部电影《毛巾头》(*Towelhead*)。信息存储公司易安信（EMC）的老板投资了电影《寡居的一年》(*Door in the Floor*)。时装界巨头西德尼·基梅尔（Sidney Kimmel）创立的西德尼·基梅尔娱乐公司（Sidney Kimmel Entertainment）投资了我们的电影《冒险乐园》(*Adventureland*)。

从创作的角度来说，当海外销售模式行之有效时，它有利的一面在于你通过向国际发行商进行预售获得的资金已经足够用于支付给相应的工作人员来保障其生活。虽然数额并不大，但导演和制片人通常可以收到六位数的费用。这样一来，他们就能够做出长远的职业规划，梦想着拥有自己的房子或是家庭——这些对他们来说是简单的奢侈。对于艺术电影而非面向大众的电影来说，那时候的演员仍然可以获得演员行会规定的最低收入——金额不确定，取决于影片的预算——最少100美元一天，到50万美元一部电影的酬劳。

在独立电影的预算还能保持在700万美元左右时，我们尚且能够有时间和资源来拍摄一部电影。而现在，不论什么类型的电影，就算是有大明星的年代片，都会要求在25天内拍摄完毕。时间会让所有东西变得更好。你的时间越充裕，你电影中的效果和表演就会越好。这才是合理的工作方式。当预算降低，所有灵光一现的神来之笔也会跟着消失不见，剩下的只有按部就班的刻板表现。为了完成不可能的拍摄日程，你需要事无巨细地计划一切。低预算也抹杀了即兴创作的空间。你将无法从这个过程中有所收获，就连停下来思考都是奢侈的。而当预算水平较高时，你就可以追求颇具野心的作品，可以将作品升华。但现在，你就连改变主意的时间都没有。

2003年，在“这是那”成立的第二年，安东尼带来了米歇尔·贡德里的第二部电影《美丽心灵的永恒阳光》。我认为这部电影可以在那十年的电影中位居排行前列。这并不是在自卖自夸，因为我并没有参与制作这部电影。这部电影最早的制片人是史蒂夫・戈林，而“这是那”公司的安东尼是在焦点影业的敦促下与戈林合作的。安东尼充满了推动影片的动力，而且很清楚戈林是一个很好的合作伙伴。因此，我只需要在适宜的距离静静观察就行了。

我一直认为很重要的一件事是，我只接受那些我能为它贡献出独特的东西的电影。我觉得人们来找我制作一部电影常常只是因为我良好的履历，而不是因为我能够在这部电影中出色地完成工作，或是给它带来些什么。虽然我在制作米歇尔的《人性》时受益良多，并且深受启发，我还是会觉得与陌生的导演合作以及体验不同的经历更让我激动。所以说，我并不见得能够帮助米歇尔和他的团队来把《美丽心灵的永恒阳光》拍得更好。这么多年来，我非常希望能和斯科塞斯、科波拉，还有奥尔特曼[①]合作，但同样的，我可能会因为不确定自己是否能够帮助电影有所提高而拒绝这样的机会——可是他们根本也没打电话来找我！

《美丽心灵的永恒阳光》的剧本是和USA电影的斯科特・格林斯坦（Scott Greenstein）一起开发的。但问题是，USA电影把这部电影看作是4000万美元成本的电影。相比之下，我曾经的搭档，刚创立焦点影业的詹姆斯和大卫明智地认为这部因公司关系接手的项目最多只能花1000万美元。安东尼的加入是为了想方设法为这个项目节约开支的。从某种程度来说，这样一个中等的预算让米歇尔有更大的自由去追求电影的艺术手法，让他能轻松自在地做些天马行空的想象。如果批给这部电影的是一个更大的预算的话，那在

---

① 即罗伯特・奥尔特曼（Robert Altman）。——译者注

拍摄过程中，每个人都得遵守一个比较死板的计划。而在中等预算下，米歇尔就能够即兴创作，而安东尼和史蒂夫则能够配合米歇尔的创意。比如，当米歇尔听说玲玲兄弟与巴纳姆和贝利马戏团（Ringling Bros. and Barnum&Bailey Circus）会让大象沿中城隧道向麦迪逊花园游行时，他想要把这个奇景拍下来为电影所用。就像是《人性》里要拍活苍蝇一样，安东尼花了3个小时才想出一个方案。虽然大象比苍蝇大多了，但还是一样地难拍。

为了想办法拍摄大象的场景，安东尼和执行制片人雷・安杰利克（Ray Angelic）给所有和马戏团有关的人打了电话，包括纽约市警察局和市长办公室。幸运的是，纽约市长办公室电影电视分室的人非常乐于助人，以及成人之美，帮我们完成了心愿。第二天，当那群大象在隧道中行进时，吉姆・凯瑞、米歇尔・贡德里还有《美丽心灵的永恒阳光》剧组便在现场捕捉到了这个神奇的瞬间。

在后期制作期间，我们为特艺公司（Technicolor）的亲友们放映了《美丽心灵的永恒阳光》的粗剪版。在观看这个版本的过程中，我们可以清楚地看到剧本明显的独到之处，但仍有一些关键因素缺失了。其他所有观看了放映的人都为米歇尔呈现出的东西而感到惊叹。显然，这将会是一部杰出的电影，但那时的版本还并不完美。他能做到吗？他要如何做到呢？没有一位观众对这个版本提出批评，但我很清楚，这束“阳光”还没有充分闪耀。我一直觉得，片中男女主角相爱的原因和过程并不明确。其他人都觉得这是理所应当的（毕竟他们两人是电影明星，再加上这是一个爱情故事），但他们之间的互相吸引并没有被合理地呈现出来。当我在试映会上提出这一点时，整个场面的气氛都变了。我的观察结论就像是逆耳的忠言一样。米歇尔对我勃然大怒。他说我毁了他的电影，因为这么一来观众便意识到他们观看的版本其实是尚未完成的电影。于是，他有好一阵子都没有和我说话。

但最终，米歇尔和他的团队还是努力让电影生动出色了起来。他在原来好机器办公室楼下的好剪辑公司（Good Edit，我创立了该公司来进行内部的后期制作）开展剪辑工作。米歇尔为此做出了不懈的努力，他的团队也全力支持他。信任和信心，时间和金钱，没有后两者还是可能做出好电影的，但我认为，没有前两者则是万万不可的。

最后，米歇尔还补拍了一些镜头（虽然金·凯瑞的档期并不能完全配合），从而使得角色之间的爱情故事变得更为真挚。如果你想做真正的原创的艺术——特别是那些表现人类困境的作品——的话，你越发努力靠近它，有时它便会离你越发遥远。而这样的难题似乎没有真正的答案，除了时间。米歇尔花了许多时间来研究角色如何互动，最终找到了一种深刻和动情的方式来将他们相连。

在制作另一部“这是那”公司早期作品《吮拇指的人》（*Thumbsucker*）时，我们同样花了很多时间在剪辑室里。这部电影的导演是另一位从音乐录影带跨界到电影的导演迈克·米尔斯（Mike Mills）。迈克知道这会是一部好电影，只不过他还没把它完全呈现出来。于是，他便一直待在剪辑室里向着这个目标努力。这一回，我们有幸成为新投资方牛眼娱乐（Bull's Eye Entertainment）投资的“一揽子”电影中的第一批。行政制片人凯西·舒尔曼（Cathy

Shulman，后来因为电影《撞车》[*Crash*] 获得了奥斯卡奖）帮助电影在被提交给圣丹斯电影节之前有足够的时间和空间来完善。有时候，当你面临已确定的完成日期或电影节的截止日期时，你很难发现电影中的瑕疵。但幸运的是，迈克都发现了。许多电影最终沦为中庸的一个原因是导演急于求成。我们要在过程中给创作灵感留有充分的时间来碰撞发光。但是，现在的行业结构常常无法保证这一点。

在“这是那”公司成立后不久，为了拓展在洛杉矶的事业，我们和好莱坞大公司联合艺人经纪公司签约了。我们试图寻找扩张和多样化的方式，并希望能够获得更多认可，更多资金。对方希望我们能够参与到好莱坞的竞争中来，并成为那种可以获得毛利分红的制片方——所谓的好莱坞梦。有许多制片厂项目来找我们接洽，但那些项目对我们来说确实不太适合。其中有由约翰·库萨克（John Cusack）和黛安娜·莱恩（Diane Lane）主演的浪漫喜剧《征婚广告》(*Must Love Dogs*)，还有一部关于美人鱼的电影。我自言自语道:“不是吧？”我们通常会做角色开发、情节强化，并注重情感的真实性。但制片厂则说:“不不不，我们只想让你们来确保导演拍出了我们想要的效果。”不用多说，这些项目都没有成形。

于是，我们希望（或者说是我们的经纪公司希望）能够成为美国的Working Title公司（这家英国公司制作了大量成功的优质英伦喜剧片和剧情片，如《四个婚礼和一个葬礼》[*Four Weddings and a Funeral*]、《诺丁山》[*Notting Hill*] 以及《傲慢与偏见》[*Pride & Prejudice*]）。那么问题是，我们该怎么做？

那时，我们听说艾伦·鲍尔（Alan Ball）想要执导他的第一部电影。他曾因为《美国丽人》（*American Beauty*）获得了奥斯卡最佳原创剧本，还是HBO佳剧《六尺之下》（*Six Feet Under*）的创剧人（creator）。他挑选了埃莉西亚·艾瑞安（Alicia Erian）的小说《毛巾头》。小说讲述了一位十三岁美籍黎巴嫩小姑娘以最残酷的方式成年的故事。我们在看过之后很是喜欢，因为它探讨了一些重要的东西，并且势必会冒犯某些人群，但这是我一直以来乐见其成的事。（任何值得一做的电影都至少应该会让有人想要因此杀了你。）于是，我非常激动。我们向艾伦的经纪人表示了我们希望制作这部电影的意向。

由于艾伦在电视圈成绩斐然，所以他有能力花时间来打磨剧本。在这个行业里，许多艺术家为了追求艺术都在苦苦挣扎。艾伦则可以缓步前行。他是为数不多的幸运儿。

现在，我们只需要找到优质的演员阵容，并且确保资金到位就行了。几个月之前，业内的财务顾问哈尔·萨多夫（Hal Sadoff）加入了好莱坞经纪公司ICM，成了一名经纪人。哈尔打电话告诉我说，有一位实业家来到了纽约，并且对参与电影行业很有兴趣，问我想不想见见他。你觉得呢？

制片人工作的一部分就是约见有钱人——或者说至少是那些看起来有钱的人。事实上，很难见到那些大款本人。但史蒂文·拉列斯是个例外。很长一段时间以来，他在洛杉矶约见了许许多多的人，并希望以他的方式进入电影行业，但他还未曾许下任何承诺。于是，人们开始怀疑他是否是认真的了。

在一次又一次的午餐上，我和安妮、安东尼与史蒂文分享了我们的工作理念。比如，在有了好素材、好导演、好演员后，如何在像戛纳这样的市场上推广电影，以及如何靠占预算70%～120%的海外销售和占预算30%～50%的本土销售（在本土大型电影节上）来最终实现盈利。

史蒂文是一个很好的聆听者。许多对这一行并不熟悉的人喜欢滔滔不绝地描述自己将如何把这个行业改变得天翻地覆，但史蒂文不会这样。他聪明、自信、容易沟通，而且不乏随机应变的幽默。如果他真的要涉足电影的话，我知道我会愿意和他打交道的。

我一直认为好莱坞不在乎培养长期的持续投资人。在好莱坞眼中，新来的投资人就是人傻钱多，所以他们常常这样对待新投资人。好莱坞需要有源源不断的无知的有钱人来使整个系统运转起来。这样的一个系统恰恰是伯尼·麦道夫（Bernie Madoff）引以为傲的。

我每次在争取投资人的时候都会有一种偏执的疯狂。我总是害怕电影业很可能会榨干他们，使得他们无法长期存在于这个行业里。我想要让史蒂文成为“这是那”的合作伙伴。所以，我的计划是让史蒂文看到和我们合作会很成功，而且可以和我们长期合作下去。但如果我们想与他合作不止一部电影的话，我得让他离好莱坞远一点。

在我们签订《毛巾头》的合约之后的某天，我们在联合艺人经纪公司的经纪人里奇·克鲁贝克（Rich Klubeck）说他代理的一个人会是我们很好的投资人。那个人就是史蒂文·拉列斯。我完全不知道史蒂文在这一行已经扎根多深。好莱坞可能会有一些秘密，但绝不可能出现有一个没有人知道的投资人这种情况。所以，我们可能还是得把他分享给其他人，但作为他参与的第一部故事片的制片方，我们已经感到很高兴了。他同意投资800万美元，我们也已经准备通过一家顶级国际销售公司赛璐珞之梦（Celluloid Dreams）来预售国际版权了。

我们的经纪人解释道，史蒂文一直都是艺术方面的买手，他也很了解绩优股的价值。他也试图将他在艺术界学到的东西运用到电影经济上。艾伦·鲍尔将要成为这样的一个绩优股。

在我们追逐拉列斯的同时，在纽约工作的好莱坞制片人斯科特·鲁丁（Scott Rudin）同样表达了与艾伦合作的兴趣。鲁丁在业界可谓是名副其实的传奇。他在30岁之前就被任命为福克斯的制片部门的总裁。他还是唯一一名将艾美奖、格莱美奖、奥斯卡奖和托尼奖收入囊中的制片人。当顶尖的导演需要制片人来保护他们免受制片厂的控制时，好莱坞的经纪人就会给他打电话。我当即就想："哦，天呐。我们怎么可能竞争得过斯科特·鲁丁？"不过，当时他还没开始掀起他的高质量电影狂潮，尚且处在"雷蒙·斯尼奇"时期[①]，还未迎来科恩兄弟时期 。但我们仍然认为他是一个很大的威胁。

我不是那种会直接打电话给斯科特·鲁丁，然后把事情解决的人。我倾向于做一个深呼吸，看看事情会如何发展。谢天谢地，他

---

① 指斯科特·鲁丁曾担任电影《雷蒙·斯尼奇的不幸历险》（*A Series of Unfortunate Events*）的行政制片人一职。——编者注

打电话给了我，并提议说："我们合作吧。"这让我们长出了一口气，也给我们带来了巨大的机会。我不得不承认我那时很担心所有人都会把制片的功劳归功给传奇的斯科特·鲁丁，而忽略了我的贡献。但我试着把心态摆正，毕竟我已经完成了许多电影并且拥有很高的声誉。于是，我想："就这样继续吧，看看事情会怎样。"

我们和艾伦见面了。他可不是那种你可以小看的人。首先，他很高，不止一米八。他可能很喜欢笑，但却常常紧皱眉头。他的目光炯炯有神，洞察一切；他的思维飞速运转，快过周遭的一切，无时无刻不在试图解决问题。我常常觉得我在这部电影制作过程中做的所有事情都像是在做一个我不愿意失败的测试。

艾伦是一位充满激情的编剧和导演，他还知道如何度过危机。他可是一个经历过电视行业最艰难时期的人。他参与过的电视剧可以说是从《罗斯安家庭生活》（*Roseanne*）到《黄金女郎》（*The Golden Girls*），见多识广，什么情况都遇到过了。如果要我用一句话来形容艾伦，那就是"一切都会过去的"。当有某一时期出了问题时，你可以在他的脸上看到这一点：那个大写的"慢慢来"表情充分印证了这句话。

为了这部电影，我搬到了洛杉矶。但在洛杉矶，我从来没有过归属感。相对于开车，我更喜欢到处走走。纽约能让你从电影的工作中解脱出来，因为大多数你碰到的人根本不在乎电影。但在洛杉矶拍电影就不一样了，不仅你身边的所有人都是干这行的，而且它会让你开始相信你正在做的是太阳底下最重要的事——其实并不是。我常常有一种怪异的骄傲感，因为我认为除了《人性》和《毛巾头》之外，我从未参与过好莱坞电影。

但洛杉矶的电影群体常常会欺负外人。如果你不常在好莱坞那帮人面前出现，他们很快就会把你忘了。我需要他们把我当一回事，所以我觉得我有必要多花些时间待在洛杉矶。这对于接到我想做的电影以及与我想合作的导演合作很有帮助。

然而，我知道如果我们打算待在洛杉矶拍摄的话，我光找个落脚的地方是不够的，我得找个舒适的住所。对于靠独立电影谋生的人来说，这可不是一件容易的事。但我很幸运，非常非常幸运。迈克尔·曼（Michael Mann）那部著名的洛杉矶警匪片《盗火线》（*Heat*）中有一个让人叹为观止的元素——艾米·布伦尼曼（*Amy Brenneman*）饰演的学校教师住在好莱坞山上一座美丽的玻璃房里。这样的房子是那种独立电影制片人在现实生活中永远买不起的。结果，房子的主人非常喜欢我的电影，于是直接把房租砍了一半。这样，我们终于能够住在那高高的山间。有雄鹰在窗外盘旋，城市的灯光在夜晚闪耀。看来，制作自己喜欢的电影还能有些意外的收获。

一开始，许多经纪人告诉我说，《毛巾头》这个项目特别适合他们的大明星客户来演，比如马特·达蒙（Matt Damon）、娜奥米·沃茨等。每个角色都有大明星候选。这是一个热门的主题，故事生动悲痛，角色颇具特色。这还是一个很有野心的项目。但最重要的是，这是艾伦·鲍尔的项目。这个人刚刚因为一部毫不妥协的电影剧本获得了奥斯卡奖。他在其中刻画出了时代精神。

但说起来，这毕竟还是一部讲述十几岁女孩被自己信任的人强暴了的故事。这样一个女孩会得到观众十分的同情。

这部电影的挑战之处在于，影片的主人公是一个小姑娘，也就是说，主角并不是明星。而那些明星们试镜的成人角色只不过是配角而已。而且，即使斯科特·鲁丁给所有大牌明星的代理人都打了电话，他们还是无法看到这部电影的真实意义。它是那么大胆和精彩，但没有一位大明星会说他们要参与这部电影来重振或是重塑自己的事业。这个项目从头到脚都写着“风险”两个字。

马特·达蒙看来是不会来参演了，但阿龙·埃卡尔特（Aaron Eckhart）仍是这个角色不错的人选，并且贡献了出色的表演。托妮·科莱特（Toni Collette）、玛利亚·贝洛（Maria Bello）、彼得·马克迪塞（Peter Macdissi）也是如此。我们在全国范围内为小女孩这个角色进行甄选，很幸运可以找到莎莫·比施尔（Summer Bishil）这样一个方法派的女演员。她在片场的大部分时间里看起来都像是一个天真的小女孩，但事实却让我们大吃一惊。在拍摄的最后一天，她穿着红裙告诉我们说，她其实已经是一个深谙世故的年轻女人了。

我们招募剧组人员的工作是在艾伦的房子里进行的。这里是雷电华公司（Radio-Keith-Orpheum）的旧址。我们面前有一批顶尖的摄影师、美术总监和服装设计师想要加入艾伦这个独特的项目。摄影指导牛顿·托马斯·西格尔（Newton Thomas Sigel）的价码远远超出了我们的预算，但他不仅主动自降身价，甚至还免费带来了他的极品高清摄像机Genesis。这是他自己亲自与厂商一起开发的，因此他比其他任何人都熟悉这个装备。美术总监詹姆斯·钦伦

(James Chinlund) 有想法、有同情心，而且善解人意，因此我们当场就雇了他。我们之前在托德·索伦兹的《两个故事一个启示》里已经有过合作。他后来还参与了《复仇者联盟》(*The Avengers*)。我们的服装设计师丹尼·格里利克尔（Danny Glicker）因为准备了一份我们见过最详尽的研究报告而加入了剧组。虽然当时他只能算是个新手，但他那时表现出的细心和决心为他铺就了一条成功之路。我还找来了一位顶级的执行制片人佩吉·拉伊斯基（Peggy Rajski）。她曾因执导的短片获得过奥斯卡奖。众所周知，独立电影能够成就演员，但每年同样有许多获得奥斯卡奖提名的工作人员是来自独立电影这个分支的。如果电影界忘记独立电影是如何成就这些绝佳的创作人才的话，那它简直就是在搬起石头砸自己的脚。

《毛巾头》是一段很幸运的经历。我们每走一步都能遇到贵人——演员、剧组成员、投资人。依靠800万美元的预算，若要完全在摄影棚拍摄还是有些困难。但这笔投资已经是一个不小的数目了。不过，我们最终还是决定在摄影棚拍摄，因为莎莫当时刚满18岁，并没有太多表演经验。在外景地拍摄那些带有性挑逗意味的场景会让她无法工作。我们要保护她，这一点成了我们在规划整个拍摄过程的主要决定因素。如果我们是在为公司工作的话，公司可能会把节约开支放在首位，而因此牺牲了对人的尊重。但由于我们是独立电影，我们可以自己决定什么是对电影的成功最重要的，而我们知道演员的优秀表现是一切的基础。

同理来说，要是不在洛杉矶拍的话，拍摄经费也能省不少。但我们选择在洛杉矶拍摄的其中一个原因是，这样女主角可以离她家人更近，而且整个拍摄过程也能更专业些。(相对来说，如果在外景地拍摄，整个场面有时会变成一个荒唐的夏令营或是酒店的通宵派对。) 如果我们不是独立拍片而是为大公司拍片的话，拍摄的地点和方式最终都会由钱来决定。

电影业一向以自我膨胀著称。艾伦已经获得过奥斯卡奖，并创作过极为成功的电视剧集。他本应该受到这类的影响。但他总是保持着一个新人导演会有的那种兴奋和能量，让人很喜欢与他合作。他不会把有机会拍电影这件事当作理所应当。他在工作时能够意识到自己是团队的领头人，并至少和其他任何人一样努力。而且，他的经验广泛而丰富。作为成年人，他很清楚成功所需付出的努力，并懂得感谢其他人做出的额外贡献。他还会聆听并接受他人的建议。你很少会在同一个导演身上看到这两个不同的方面：新手的乐趣和纯真，老手的成熟和尊重。

我不得不承认的是，和大多数导演一样，他有时也会崩溃。许多导演都会大发脾气，让你再也不想和他们合作了。不过有那么一些人，你可以理解他们为什么会崩溃。拍电影是一件压力很大的事。导演需要做很多决定，而且这些决定背后的代价常常会很大。我喜欢和艾伦这样会征求他人意见的导演合作。但他人的评价就像质疑一样，会让你难以承受。我们通常会坐在监视器后方，观看拍摄到的场景。艾伦喜欢了解他人的看法，除了他不想了解的时候，但你常常很难分清他到底是不是想了解。弄清楚什么时候该向导演提议、什么时候该把嘴闭上是一种复杂的艺术。是该在第三条或第四条之后说呢，还是再等等看导演自己会不会发现？我认为我差不多已经掌握了这个微妙的平衡，但仍有好多次，我提了一些艾伦不想听的建议。这会让他生气，会影响他集中注意力。

比如，我们在拍摄玛利亚·贝洛饰演的母亲给莎莫饰演的女儿梳头发这个微妙的场景那次。当时，时间有些不够了。在差不多拍到第六条的时候，我决定上前提出我的建议。但其实我并不应该插手。事实证明，我并不清楚艾伦和演员之间已经建立的互动。他已经巧妙地处理好了这个场景，而当他靠近我和佩吉，听到了我的评价之后，他大发雷霆。但他很快就恢复了平静，然后继续投入到拍摄中去了。这个场景最终成了银幕上美好的一瞬间，不仅观感好，演员的表演也很到位。但对于拍摄来说，无法拍摄到真正完美的场景的恐惧压得每个人都喘不过气来。

但我们都向艾伦道了歉，这件事也就过去了。艾伦知道如何将自己的不满表达出来并不让他人误解，而且他对于合作伙伴的忠诚也让彼此之间能有更直接、有效地沟通。

后来我们发现我们还需要几十万美元来进行3天额外的拍摄，以及在摄影棚搭两个主要的布景。于是，史蒂文就把钱送来了。当然了，我们还是需要有充分的理由并且考虑其他方案。但在我们向他解释为什么要多拍3天来让电影变得更好，以及这并不意味着我们没有严格控制预算后，他便信服了。我当时并没有意识到这样一个无条件支持的投资人是多么难能可贵。而这样的投资人可谓是可遇不可求的了。但当我回过头来看时，我才发现史蒂文这样的支持在业界显得那么奇特。摆在我们面前的是短短七周的密集拍摄，但相比现在标准的操作流程来说，这已经一点都不可怕了。

在后期制作期间，我们在帕萨迪纳举行了几场试映会来看看电影在观众中的反响如何。人们对电影表现出了很大的热情，而且在放映过程中，你会听到人们开怀大笑，而后又变得闷闷不乐。但从我们分发出去的问卷来看，40岁以上的男士很讨厌这部电影。这在我们看来很奇怪，因为在一开始，这一批人总是笑得最大声的。不过，你会发现后来他们真的因为电影开始生气，可能是因为电影中和他们相似的人物后来变成了强奸犯，也可能是因为对影片中不温不火的性爱镜头感到失望。部分参加试映的观众很喜欢这部电影，但仍有一部分人觉得电影有些冗长。虽然我们听到了大众对电影的批评，但我们仍然非常自信，因为我们已经将影片完成得十分细腻、丰富和多元，所以我们不需要听从这样的试映反馈。要是我们是为大制片厂工作的话，我们就不得不听从观众的意见了。

我们为了在2007年多伦多国际电影节进行首映，在这之前就把电影制作完毕了。由于原著的标题颇具争议，我们不希望因此吓退买家，所以我们从一开始就在研究更改片名。我们于是用了《无处藏私》（*Nothing Is Private*）这个名字。我一直很喜欢这个名字，因为它表现出了人们对彼此的占有欲。我还很喜欢这个陈述性语气，而且这句话正是片中某个角色的一句台词。一方面来说，当你根据小说进行改编时，若你想要忠于原著，那丢弃原标题就会显得不太真诚。但从另一方面来说，你毕竟不会把书名打在大银幕上。“毛巾头”是一个带有恶意的词语，我们害怕观众会很容易忽视了它的嘲讽意味。但再一想，我们知道会有另一群人指责我们放弃了这个题目并谴责我们胆小怕事。我们反复思考了很多次，我觉得应该没有人能完全站在其中一个方案那边，大家都有些犹豫不决。在这种情况下，你怎么能知道怎样才是对的呢?

在电影节上，我们电影的反响不错，成了一个许多人都会去讨论的敏感话题。但买家并不多。我开始有些慌了。如果你的电影在首映后的24个小时之内没有接到报价的话，那这部电影的估值就会下降。所以那晚在多伦多，我数着每个流逝的钟点，开始紧张得流汗了。

终于，华纳独立影业（Warner Independent）——华纳兄弟的独立电影部门带着合约出现了。哈利路亚！他们的出价大概是预算的30%～35%。这是一个可以接受的价码。于是，我们当晚就与华纳谈定了合约。

但等到真的要发行电影的时候，起初所有的兴奋感都已经消失殆尽。因为不幸的是，这种旧式独立电影节销售模式并没有办法将首映时造成的轰动兑现成票房。它能帮你销售电影，却无法帮你发行电影。虽然这部电影在多伦多电影节期间引发了现场观众和评论界在线上的讨论，但这毕竟只是很小一部分人。大部分美国观众在六个月之后才能看到这部电影，因此无法参与到当时的讨论中。说句马后炮的话，我可以说这类涉及敏感话题的电影不应该发行得这么迟，这不是一个合理的策略。我们应该趁着电影节首映的热潮立即在院线发行这部电影。讽刺地来说，电影产业通过电影节这个系统强化了电影销售这个环节，使得小部分电影能更早地获得最大收偿，但最终使得大部分电影的收益减少了。这可以说是一件仔细思考就能有所改善的事情。

为了制造一些争议话题，我们用回了原著的标题《毛巾头》作为电影名。这个名字有些极端，或许是太极端了些。我觉得不管电影讲的是什么，应该没有人会真的想看一部名字带有种族诽谤意味的电影，因为那会显得观众在苟同这样的诽谤。不过，我的看法微不足道。虽然我是电影的制片人，但这并不只是我一个人的电影，特别是在我们把它卖给了华纳之后。

这个电影名同样没有帮到我们的发行商。华纳独立影业正在经历一系列变动。当时，整个细分电影发行业正在发生巨变。华纳独立影业当年发行《帝企鹅日记》(*March of the Penguins*）这部讲述北极小动物的纪录片时创造了令人惊叹的7740万美元的全美票房成绩，他们掌握着这个行业的话语权。但它的母公司的重心开始发生了偏移，使得华纳独立影业和其他一些部门一起被打包送进了垃圾堆（那里还有新线影业、佳线影业、影屋［Picturehouse］和派拉蒙经典［Paramount Classics］)。结果，《毛巾头》成了华纳独立影业购买的最后一部电影。不过，华纳独立影业并不是被我们的电影毁掉的，它自己早已濒临崩溃的边缘。事实上，当《毛巾头》在影院上映时，华纳独立只剩下一名员工了——市场主管劳拉·金（Laura Kim)。她从一开始就十分支持这部电影，而当我们好不容易接近他们的大门时，我一直在想象里面的样子。办公室宽敞开放，里面堆满了海报、DVD样片、电影拷贝等，然后只有劳拉一个人。我还做过这样的噩梦：因为人人都想要我们的电影，所以电话一直响个不停，然后可怜的劳拉一个人根本没法应付所有的电话。但在现实中，那真的是一个寂静无声的地方。

尽管整个格局正在发生变化，但机遇仍然存在。所以对于格雷格·莫托拉（Greg Mottola）的《冒险乐园》来说，我们仍有时间来把它做好。

我最初听说格雷格是在20世纪90年代初我在制作妮科尔·霍洛芬瑟的第一部电影《良缘知己》的时候。她很担心这个项目会流产，并这样说道："我们为什么要做这个？这是行不通的。你应该去见见那个叫格雷格·莫托拉的人。"

格雷格·莫托拉那时已经完成了一部成功的短片《在画室里摇摆》（*Swingin' in the Painter's Room*）。这部短片讲的是一对情人在一场疯狂的派对上分手的故事，基本上以一镜到底的方式拍摄。在1995年，他进而完成了《短途旅行者》（*The Daytripper*）这部堪称是小成本完美典范的影片：剧情缜密、阵容强大、聪明有趣。我很喜欢格雷格，但他那时已经有一位制片人了，而我也一直不热衷于与他人抢项目。

我到现在仍有这样一个习惯，如果有一位导演带着项目来找我，我就会询问他之前的制片伙伴是谁。然后，我会给之前的制片人打电话表明我会参与接下来这个项目。但当我在《短途旅行者》的八年后遇上格雷格时，情况却有所不同。他花了很长时间为米拉麦克斯完成了一部电影，还投身于电视了一段时间，但他当时则心痒痒地要回到电影的行列里来。对我来说最重要的是，他已经结束了和之前制片人的合作关系。

他带着《冒险乐园》来找我们。我和安妮在看完剧本之后当场就答应制作这部电影。我们觉得这是一部极为新鲜的剧本，但当我们开始为其接洽各个经纪人和负责人时，我们发现了一件我们经纪人没有告诉我们的事情。原来这个剧本之前被到处兜售，这就会使得把它拍成电影更难了。但这样一个乍看之下已经成熟的剧本其实是需要被重新塑造的。于是，当我们和格雷格一起坐下来深挖剧本时，我们立即发现了许多让它变得更丰富的方法。

《冒险乐园》是一部有年代感的片子，但片中的年代特点一开始并不能让人产生共鸣。它的背景设置在20世纪80年代。那是罗纳德·里根（Ronald Reagan）、伊朗门、公司裁员、艾滋爆发的年代，也是年轻一代感受到无法继续信任政府的年代，这些都很重要。虽然时代背景只占到了片长的几分钟而已，但我们仍然觉得这是必要的，并且努力了很长时间好好地完成了这个部分。格雷格一向追求真情实感，但对于一部以片中主角和他们的内心戏为主，并且剧情不会破坏观众对这个年代的信心的电影来说，拍起来着实不易。但这种在人物和剧情之间达到恰好的平衡的电影正是我的最爱。

我们费尽心力将剧本打磨到最佳状态。这花了我们很长时间，但最终我们还是做到了。那时，我们差不多该把剧本拿给各个经纪人来锁定一部分的演员了。但某一天，格雷格打电话给我说，他在电视界认识的一个人要制作一部由几位不知名演员演出的喜剧长片，现在还差一个导演。由于这个项目已经完全融资到位可以马上开拍了，所以格雷格去接这个项目确实合情合理。他以为这部影片会直接以碟片的方式发行。我们都觉得这次机会就像是为下一部我们要拍的“真正的”电影做的练习。事实证明，这个项目对格雷格来说真的是大有收获。这部由贾德·阿巴图（Judd Apatow）制片，乔纳·希尔（Jonah Hill）和迈克尔·塞拉（Michael Cera）这两位无名新秀主演的电影《太坏了》（*Superbad*）最终收获了超过1亿美元的全美票房。

在《太坏了》之后，格雷格声名鹊起。他的走红不仅使得影片的估计预算暴涨了300万美元，而且执导《太坏了》前后的这些时间让他对《冒险乐园》的剧本有了全新的认识。在结束《太坏了》的工作之后，他又花了五到六个月去琢磨那个其他所有人都觉得已经完成了的剧本。（在你完成一部电影的时候，你往往处在最佳状态。你所有的错误和成功都被放大，而你也更了解下一次如何避免这样的错误或如何达到这样的成功。能够做到高产是一项宝贵的天赋，因为它会产生一种因果循环：优秀的作品常常会带来更优秀的作品。）

到了7月中旬，我们的剧本终于完工了。现在，我们的工作就是要找投资、找演员。虽然我们有瑞恩·雷诺兹（Ryan Reynolds）作为片中的“明星”，不过负责片中感情戏的两位新人杰西·埃森伯格（Jesse Eisenberg，后来主演了《社交网络》[*Social Network*]）和克丽丝滕·斯图尔特（Kristen Stewart，后来主演了《暮光之城》[*Twilight*]）后来竟然成了响当当的大明星。在确定了有这几位演员以及几位配角的确切方案之后，我们开始寻找资金了。

在我们真正开始兜售这个项目之前，虽然我们还没正式带着这个项目去找他们，但我们听说后维恩斯坦时期的米拉麦克斯已经否决了这个项目。不过，我并不觉得讶异，因为一个好的负责人就应该去追逐那些炙手可热的项目，而你必须要先把剧本分发出去才能开始物色演员。提前分发剧本在喧嚣的市场中可以算是先人一步的举动，有时可以成为你的优势。但这一回，它却好像在我们还未行动之前就将了我们一军。

在安吉丽娜·朱莉主演的，关于丹尼尔·珀尔（Daniel Pearl）的电影《坚强的心》（*A Mighty Heart*）的首映礼上，我遇到了米拉麦克斯的总裁、英国人丹尼尔·巴特塞克（Daniel Battsek）。这场典礼是在第五大道一家老式社交会所进行的。室内全都采用大理石装饰，现场供应顶级酒品、寿司和羊排。服务生戴着手套，嘉宾们身着最高档的华服。在我正数着布拉德和安吉丽娜被多少名流包围时，丹尼尔走上前来，和我打了个招呼。

“我都还没机会去找你谈这个项目你就已经否决我的剧本了，”我说道，“你效率也太高了。”

“好吧，”他说，“来跟我说说这个项目。”

原来，米拉麦克斯看的是很早之前的一版剧本——在我们重写之前、在《太坏了》之前的版本。经纪人、代理人和公司常常会把各种版本的剧本加入收藏。有时，他们会肯定错误的版本——还记得妮科尔的《良缘知己》吗？但更多的情况是，如果在他们手上的是剧本初稿的话，我们可能就完蛋了。丹尼尔答应我他会去看一遍正确的版本，并在那之后邀请我去他办公室坐一坐。

当我去和丹尼尔面谈的时候，我很清楚要重新介绍这个项目挑战很大。丹尼尔表示剧本很出色，但要在市场上推广并不容易。但我对此早有准备。一个好的制片人总是会想出15种方法来推销他们的电影。这样做有时真的能启发营销团队。除此之外，真正的营销能手是绝对不希望被电影制片人给比下去的。所以他们会更加努力来证明自己比制片人更加胜任这个工作。

第二天，丹尼尔的团队在看过新版本的剧本后表示他们愿意参与这部电影。但他们对于投资800万美元仍有些不安。不过这对于任何一家公司来说都具有相当大的风险，特别是一部以两位新人为主演（就像杰西和克丽丝滕）的电影。但只要能找到共同出资方，我们还是有机会的。所以在我们接洽米拉麦克斯的同时，我和安妮一直在到处分发剧本，使得剧本得到了很大的关注度。融资其实和物色演员、组建剧组非常相像：你需要有一个互相来电的团队，而制片人的任务就是找到这样一个团队。虽然新米拉麦克斯公司和西德尼·基梅尔娱乐公司未曾合作过，但我们认为两家公司十分适合。从高层领导到办实事的工作人员，两家公司都表现出了对这部电影真心的喜爱。

你可能以为在电影公司里工作的人都是那些热爱电影的人，但事实并非都是如此。幸运的是，米拉麦克斯拥有巴特塞克、凯莉·帕特南（Keri Putnam，后来成了圣丹斯电影节的执行总监），以及优秀的初级主管迈克·法尔博（Mike Falbo）。而西德尼·基梅尔则拥有制片部门主管威廉·霍伯特（William Horbert），我之前的同事、负责市场工作的宾厄姆·雷，还有一位厉害的初级主管约迪·伊尔德布兰多（Jodi Hildebrand）。以上这些所谓的生意人关心的并不只是那些易推广、收益高的电影，他们一直在追求真正的好电影。

当时已是夏末，而我们希望《冒险乐园》能够加入暑期档。毕竟影片的背景是在一座游乐场里。但没有一家主题公园愿意让我们在劳动节之前拍摄，因为他们不想牺牲暑期旺季的生意。在确认了米拉麦克斯和西德尼·基梅尔的投资之后，我们只有七到八周的时间来做前期制作。虽然这个时间有些短，但我们计划拍摄35天。这就为片场的拍摄留足了时间。

在片场的每一天都需要做成千上万个决定，而《冒险乐园》场景的规模使其拍起来比普通独立电影都难。不过，充裕的拍摄计划帮了我们很大的忙。我们有时间来组织上百位临时演员，设计复杂的前景和后景的走位。我们有时间来确保演员之间的互动，因此他们之间的化学反应十分强烈。我们拥有一个十分扎实的喜剧演员阵容，不论是杰西·埃森伯格，还是同样参与过《周六夜现场》的克丽丝滕·威格（Kristen Wiig）和比尔·黑德（Bill Hader），一个个都是很有天赋的即兴表演家，能在片场有很好的临场反应并且演得十分真实。瑞恩·雷诺兹甚至贡献了出色的喜剧表演，并在表现自然这一点上游刃有余。我们花给片场的时间给了我们足够的空间来发挥。

从很多方面来讲，时间才是导演最重要的武器：格雷格能有时间来寻找外景地中适宜拍摄的点，设计整个场景，并进行调整；摄影师特里·斯泰西（Terry Stacey）能够进行布光，包括先进行总体打光，然而进行微调。电影变得不仅限于剧本了。我们的剧本已经很棒了，但电影应该比剧本更胜一筹；而这一次，我们都很清楚自己可以做到这一点。拍杰西的角色在一场盛大的烟火表演中亲吻他心仪对象这场重头戏时，我们花了很长时间一直在找节奏和步调。不过，格雷格和他的团队成功地完成了这场戏。还有一场戏是杰西和玛加丽塔·莱维耶夫瓦（Margarita Levieva）的角色在破旧的旋转咖啡杯里吸毒了。我们同样花了很长时间来找准甜蜜感和人性之间的平衡，不过这场戏也成功地完成了。在以上的两个例子中，虽然格雷格周遭要处理的事情非常多——不管是要卡准空中烟花迸发的时机还是太阳落山影响到了拍摄的光线，但他能够一直专注在演员和角色身上。在拍摄过程中，我们在片场的整个团队，包括所有演职人员，都已经到达了一种境界：我们对于自己正在做的事情充满信心，并感觉自己不只是在工作，而是在创造奇妙的东西。我们找到了一个理想的状态。

我们还预定了所有演员在拍摄时间内的档期，所以在这期间他们都在一起，从而培养了深厚的手足之情，就像是真的在游乐场工作那样。演员们会一起去游戏厅，一起开派对，彼此成了朋友。而在我看来，这些都反映到了银幕上。这样一来，格雷格也能知道，如果他想让一位演员出镜，就算剧本里没有这样写，那个人通常是可以随叫随到的。

拍摄并不只是一个把剧本转化到镜头前的过程，你还需要营造出一个拍摄环境和一种群体感。你需要激励大家来信任别人并相信自己能够做到更出色。而当每个人都在追求卓越时，片场便充满了令人陶醉的气氛。这已经不再是一项工作了。每个人各司其职、互相感染、互相激励。

人才、态度、时间、金钱是许多好电影的关键要素。而在《冒险乐园》中，我们全部都拥有了。我们充足的预算让我们在后期制作的时候也能大展拳脚。格雷格在剧本中列明了大量歌曲，我觉得大概有45首左右。想要抓住那个时代的感觉就需要一首首具有年代感的歌曲来表现。但是即使米拉麦克斯也希望这么做，预算确实仍不太够。

幸运的是，那时我们会有10%的备用金。这就是说，我们预留了预算中的一成来应付可能会出现的问题。于是，我们就把这笔备用金用在了格雷格的歌曲心愿单上，包括卢·里德（Lou Reed）、替代乐队（The Replacements）和滚石乐队（The Rolling Stones）的歌曲。

几年之后，制片公司和投资人开始一点点削减备用金的比例，从8%降到5%之后，又一路降到了3.5%。这已经是一个非常小的失误范围了。因此，老练的执行制片人会增加其他方面的成本，或是把这部分支出隐藏在不易被察觉的地方，因此预算中仍有一部分虚报的费用。而投资人就开始花钱雇人来把这部分开支找出来。所以说，投资人本身变得十分矛盾，他们通过多花钱来避免多花钱。

由于各种严格的资金管控，现在制作电影已经和之前大不相同了。随着备用金和虚报费用被削减一空，你基本上没有了转圜的余地。但在2008年之前，情况还不至于如此，最终产出的电影也因此获益。时至今日，如果一位尚未成名的导演想要拍摄一部电影，特别是片中主角还是新人的话，除非这个项目的方方面面都已经事先考虑周全了，不然这个项目是不可能获得批准的。但对于《冒险乐园》来说，我们能够边拍边考虑，还能在即兴的瞬间捕捉到令人意外的神奇表现。

在《冒险乐园》之后，我愚蠢地认为我的地位是自己努力得来的——我做出了够多够好的努力来保持这样的工作方式。我理所当然地认为，我们不断推动电影发展的方法是：招募最好的工作人员和一流的演员；设计电影的呈现效果；避免将大量投资方拼凑在一起，专注一家与你目标一致、不求立即得到投资回报的投资方。

我一直认为独立电影就等同于努力做最好的电影，仅此而已。但当预算越来越紧后，独立电影的目标就变成了利用有限的资源完成一部电影。时间（和金钱）能够成就更好的电影。每部电影的背后都意味着成千上万个决策，而这整个过程着实快到让你根本没法考虑你所做出的选择的后果，所以你需要喘息的机会。如果时间并不容许你这样做的话，你能做的就只是把剧本上的东西逐字拍出来而已——这可以说是最低标准了。而在出现问题的时候（问题是一定会出现的），你可能就只能牺牲一些说不定会很出彩的东西了。而这样是无法成就一部好电影的。

我仍然热爱我在2008年金融危机之后制作的所有电影，但我的工作已经不再是制作佳片了，因为投资人没法提供足够的资金来完成一部电影。而且，在发行商买下一部电影后，他们不会再往里面投入足够的宣发费用了。因此，当影片终于上映后，它就无法引起足够的关注和讨论。那时，21世纪的第一个十年已经快要结束了，我清楚地知道一个时代即将终结。是时候改变了。

9 群体

从某种意义上来说，若你真的以独立电影为生，你会渐渐意识到，原来整个独立电影行业是如此脆弱。若是你忽视了行业的现状，你将会付出很大的代价。而很多事情是你无法独自完成的。

虽然从字面上来看，“独立”一词带有一种孤立感，但事实上，越独立越需要团结。20世纪90年代初，在参与纪录片导演吉尔·戈德米洛（Jill Godmilow）的项目时，我第一次强烈地感受到了这一点。她一直是伍斯特剧团（Wooster Group）的忠实粉丝。伍斯特是纽约的一家实验剧团，其中最著名的团员有威廉·达福和斯波尔丁·格雷（Spalding Gray）。这个剧团中还有一名优秀的演员，名叫罗恩·沃特（Ron Vawter）。他因为身患艾滋将不久于人世。他自己有一出单人剧目，叫作《罗伊·科恩／杰克·史密斯》（*Roy Cohn/Jack Smith*），内容是两位同名同性恋人物的独白。罗伊·科恩是麦卡锡时期的律师，人人都知道他是同性恋，但他却满口恐同的言论；而杰克·史密斯则是一名耀眼的行为艺术先锋。罗恩希望在死前可以把这出表演以电影的方式呈现出来，所以他请吉尔来帮他完成这部电影。我之前错过了吉尔那部改编自雷蒙德·卡佛（Raymond Carver）小说的《当我们谈论爱情的时候我们在谈论什么》（*What We Talk About When We Talk About Love*），[1]而正是它让我和詹姆斯·沙姆斯走到一起成为制片伙伴的。所以，我绝对不会错过这次机会。

当吉尔来找我帮忙融资的时候，我估计了一下大概10万美元应该就足够了。我们会让罗恩在舞台上表演，用多机位拍摄，大概拍3～4天就够了。我们觉得这个预算并不多，再加上罗恩很受欢迎，人们都愿意支持他以及支持这部艺术片。所以我们要找到200个愿意拿出一点小钱的人应该不难。我开始给人打电话寻求帮助，慢慢积累了1万美元，然后到了2万美元，再到2.5万美元，但要完成我们的目标仍然十分艰难。后来有一天，R.E.M.乐队的灵魂人物迈克尔·斯蒂普（Michael Stipe）给我打了电话。他从他的合作伙伴、导演吉姆·麦凯（Jim McKay）那里听说了这个项目，决定拿出一大笔钱来。乐队的其他成员也同样慷慨解囊。然后，我不打招呼就直接给史蒂文·索德伯格（Steven Soderbergh）打了电话，因为罗恩曾参演了他的电影《性、谎言和录像带》（*Sex, Lies and Videotape*）。史蒂文同样愿意拿出一笔钱给这个项目。很快，我们离目标越来越近了。虽然并没有200人那么多，但至少有大约100人参与。当然，这次融资是在众筹网站Kickstarter 出现之前进行的，不过这部电影

① 吉尔·戈德米洛的这部剧本未能被拍成影片。——编者注

绝对算得上是一部众筹的电影了。这次经历告诉我，能有一位合作伙伴、一支团队、一个群体在背后支持你、鼓励你是一件多么重要的事情。如果没有他们，一切都会变得不可能。

起初，制片人担心的只是自己能不能完成电影制作。然后，你会开始思考："我能否真的靠这个来维持生活呢？"紧接着，在你频繁地制作电影后，你会考虑到底怎样才能让观众看到你的电影、欣赏你的电影。再后来，你需要在尽可能做好电影和单纯为了赚钱之间做出选择。最终，你的目光将不再局限于你自己，你环顾四周，开始努力创造一个更好的工作环境从而惠及每一个在你身边工作的人。除非你选择不这样做，大多数人都是如此。但我的故事并没有这么顺利。

2003年的我正处于准备开始着眼未来的时期。那时距离我结束前一段婚姻已经18个月了，我终于准备寻觅下一段感情。但就在这时，独立电影行业遭受了一次巨大危机。这突如其来的危机让我不得不把我的重心从个人感情转移到行业需求上来。当年9月，MPAA禁止好莱坞各制片厂及其独立电影部门向电影艺术与科学学院成员、影评人和各大行会寄送推广版影片录像带或光碟。这一举动是一场声势浩大的反盗版行动的一部分——至少MPAA是这么声称的。

不管怎样，这一纸禁令是对独立电影公然的冒犯，因为独立电影都是依靠在年底颁奖季寄送光碟来积累它们应得的评价、关注和荣誉。独立制片人还能通过这些推广版拷贝以一种迂回的方式达成费用协议，并以此来应付日常开销和开发费用，因为寄送这些拷贝可以让我们的电影接触到那些有影响力的人。我的电影大部分都不会进行大规模放映，也无法挤进票房排行前十，但当它们出现在了评论家和学院成员的邮箱里时，这些能够影响舆论导向的人就能看到这些电影的质量和艺术性。要不是因为这些推广版，我许多获得奥斯卡奖提名的影片可能原本根本没有在被考虑之列。而比这一禁令更让人觉得不公平的是，甚至没有一个MPAA的人与独立电影圈的人商量过要颁布禁令这件事。这件事不仅是欠考虑的、麻木不仁的，更像是一记响亮的耳光。我们怎么可能不做出回应呢？

于是，我开始参与组织众多导演进行联名申诉，包括罗伯特·奥尔特曼在内的许多著名导演都发出了他们的声音。主要办公室位于洛杉矶和纽约的全国性组织IFP组织了比尔·康顿（Bill Condon）和西恩·潘等人与MPAA的长期会长杰克·瓦伦蒂（Jack Valenti）的对话会议。后者承诺会采取行动，但在会后却无任何动作。我觉得我们像是被耍了。

于是，我动手写了一份要点备忘录，列明了这一禁令会对独立电影工作者造成伤害的原因，并将这份备忘录广泛传播开来。我写得完全无懈可击，但大多数独立电影界的人并不情愿加入到这场抗争中来，因为他们都身居MPAA的成员公司的子公司中。我们大多数在制片厂艺术电影部门工作的朋友——比如索尼经典的迈克尔·巴克（Michael Baker）和汤姆·伯纳德（Tom Bernard），还有我过去好机器的同事、现在就职于环球旗下焦点影业的詹姆斯·沙姆斯和大卫·林德——都对这次对抗禁令的行动惺惺相惜，但他们迫于母公司的压力无法发声。而且由于其他所有人都依赖于这些大公司的经费和发行合约，所以他们都不敢抗争，害怕这样会大大影响他们的人脉和事业。虽然我们名义上是“独立”的，但事实上，我们都需要依靠大制片厂生存。在这之后，独立电影界唯一够胆的大亨加入了我们。他就是哈维·维恩斯坦。而他的公司米拉麦克斯当时隶属于MPAA的签约成员迪士尼。尽管如此，他虽然没有出面，但仍以书面的形式表示了对我们的支持。

在整件事情发生的同时，我正在制作约翰·沃特斯的电影《不知羞耻》。而我花在往返纽约和巴尔的摩火车上的时间让我能够好好思考和计划。我们努力去解决的一个问题是东部IFP和西部IFP的分歧。由于西部IFP和好莱坞关系密切，所以它并不愿意出具统一的声明来对抗这个禁令。东西部双方表现出了很大的差别。这很可能正是这个组织最后分裂为两个完全不同的实体——位于洛杉矶的独立电影组织（Film Independent, 简称FI）和位于纽约的IFP——的原因之一。

我很快意识到，要想取得任何进展，我们必须要起诉MPAA。没有人想要诉诸法律，但独立电影界的利益不断被人忽视。制片人杰弗里·利维-辛特（Jeffrey Levy-Hinte）和我一样有着强烈的群体意识以及政治意愿，而且他有更多资金的来源。我们通过他雇用了一家可以说是精英级别的、德高望重的律师事务所，让好莱坞不得不严肃对待这件事。杰弗里的朋友格雷格·柯特那（Greg Curtner）是一名成功的反垄断律师。他曾从事于汽车行业，现在是美国全国大学生体育协会的代理律师。这样一来，我们应该有戏了。

从法律的角度来说，我们显然是有理的一方。我们的论点是，任何行业组织，在这里指的是MPAA，无权将其政策强加于其成员。二者之间的关系应该是反着来才对。而这个主论点让我们有了信心。但当我知道这起诉讼会耗费多少人力，会耗费多少精力、时间、对话和诉讼费用时，我开始怀疑组织机构是否真的能够成为这个行业需要的变革力量。

电影业总会吸引许多特立独行的人——我并不觉得我们是一群爱好抱团的人。所以虽然我是IFP的成员，但我总在怀疑像这样支持独立电影的组织是否就是推动变革和构建群体的最有效方式。就拿我们的案子来说，为了让事情简单一些，我和杰弗里出任主要原告，从而避免让相对较大的组织卷入诉讼之中。在庭审的准备阶段，我们的律师向我们反复灌输了反垄断法，因为我们的陈述能力将决定我们能否赢下这个案子。

在听证会上，我仔细地看了看场内涌动的旁观人群。在人群中，我发现了一位很有吸引力的、打扮职业的女士。（在纽约独立电影圈里，只要你穿的不是一件黑T恤，你就算是穿得很职业了。）对于已经在同一个电影圈子了摸爬滚打了25年的人来说，我觉得差不多每个人我都认识。但由于我从未见过这位女士，我便认为她应该是被告那边的人了。于是，我便开始想象与MPAA的律师展开一场炽热的恋爱了。

在进行陈述的时候，我发现我们律师抛出的质疑让我无法摆出在反垄断法方面的重要观点。于是，我做了一件我从演员们那里学到的事情。我扔掉剧本开始自由发挥，讲述了这个禁令对我个人会产生什么影响。虽然这一招弄得我们的律师有些措手不及，但法官理解了我的意图。当他的提问出发点开始偏向我方时，我意识到我们要赢了。我信心倍增，整个人都雀跃了起来。然后，我心想："这么一来，我们不仅能告赢了MPAA，我还能吸引那位美女的注意，她会对我印象深刻，没准我就能有机会和她在一起……"

在我讲完了证词之后，我走到杰弗里身边。我很意外地发现，那位女士正站在他身边。原来，她是杰弗里在他的解药电影（Antidote Films）的同事。而且，她其实只是为了来旁听杰弗里的证词才刚刚进场的，所以她完全没有听到我前面说的任何一句话。当时我就觉得完了。我要怎么才能让她对我印象深刻呢？我马上提议大家一起在庭审后去唐人街的和合餐馆共进午餐。

在追求了她几个月之后，我们终于开始交往了。之后我们坠入爱河，并在几年之后结了婚。她现在成了瓦妮莎·霍普，是我在每件事上的搭档。（感谢MPAA，感谢独立电影群体。）

我和瓦妮莎是在2009年3月结婚的。差不多就是在那个时候，社交媒体革命开始兴起。我在这几个月之前才刚刚注册了脸书（Facebook）。它对我来说就像是个外星球。我在2008年新年夜的前一天注册了推特的账户。社交媒体很快改变了我的生活和习惯，而且都是往好的方面发展。终于，我拥有了一种更有效的方式来实施变革。有了它，我们不需要借助任何官方组织或机构便能达到自己的目的。

当时我已经注意到，不论是从创作角度还是商业角度来说，娱乐业都在经历一场巨大的转变。好电影无人问津；好电影无从发行。然而，就算能够发行，他们能从发行商那边分得的收益也只有之前的一小部分而已。再想想美国独立电影的普通许可费，已经从二十年前的五成和十年前的三成降低到只有电影成本的一成了。大概只有少数导演还能奢望自己不会因此入不敷出了。

虽然并没有人真正这样指出，但这个转变的时期正在成为两种模式之间的战争：高艺术价值与低入门门槛、资本密集与成本低廉、消费者的冲动消费与成熟选择，以及创作个体的集中力量与大公司的庞大体量。

和这个国家的许多政治问题一样，这样的斗争通常存在于两种政治路线之间，比如资本主义和共产主义，或者说现在的情况更像是法西斯主义和无政府主义。就我们所知，未来的娱乐业要么会成为一个由媒体的进一步整合和免费开放的互联网所形成的系统，要么陷入疯狂的盗版和知识产权偷窃的混乱之中。但仍然和这个国家的政治一样，事情还有第三种情况。那就是将这两种可能性的最优之处结合起来，产生更为强大的第三种可能性——但这第三种可能性从未得到足够的重视。

一开始，我并不情愿将自己放上网。我很难不被所有可能出现的问题淹没。就像我之前说的那样，制片人工作的一部分就是要考虑到所有可能出错的环节。适当的妄想症会对我们的工作有所帮助。如果你无法在每个档口快速地在脑海中模拟出问题的情形，那你就无法阻止这些问题的产生。而当你开始思考社交媒体这个问题时，大多数30岁以上的人害怕的事情是失控。他们担心人们可能会找到他们、批评他们，并对他们说："你算哪门子专家？"

2008年9月底，我受邀为非营利机构独立电影组织在某个导演论坛上作主旨演讲。发行总监马克·吉尔（Mark Gill）在不久之前刚刚发表了一个号称"天要塌了"的演说，将独立电影行业描述得十分绝望。（他著名的言论有："如果你明天打算自己拍一部预算低于1000万美元的电影，那么你失败的概率是99.9%。"）我想要对这种讽刺唱点反调。马克曾是之前"推广版禁令"这个反垄断案件MPAA一方的主要证人，所以我再一次站在他的对立面也显得再恰当不过了。马克说的只是电影圈里做生意的那帮人，那帮老旧不堪的守门人。但我开始从电影创作者的角度来思考，思考我们怎样才能构建统一的战线。我很清楚的是，社交媒体可以帮我们很大的忙。

社交媒体使广泛地传播成为可能，帮助我们挖掘人才，构建沟通网络，宣传优质艺术作品。这种人与人之间互动的新形式使得我们与观众之间能够进行持续不断的沟通。这从某种程度来说和许多音乐人的做法类似。他们会定期与歌迷互动、合作，歌迷已不再是他们遥远的伙伴，而成了他们亲密的家人了。我们终于可以建立一种新的方式，来发掘新的观众、新的模式和新的收入来源。这些想法正是我演讲的主要内容，我将其命名为"一千次涅槃"。所以我不能光说不练，我应该去学习他们在社交媒体平台上所做的事情。但我猜想要学会这件事应该并没有那么容易。

我在好几次投资人峰会上都提出过独立电影界是否需要《音叉》（*Pitchfork Media*）这样的媒体这个问题。这是一家位于芝加哥的每日更新网络刊物，专注于独立音乐界的鉴赏、评论、歌手采访以及新闻等。当时，它在音乐爱好者中的影响力是最大的，甚至超过了《滚石》（*Rolling Stone*）杂志。最初，它是由几个有态度的威斯康星大学的学生创立的。这家公司给了我很大启发。虽然它现在已经成为主流，但在创立伊始时，它完全是由一群自命不凡的新人组成的，作为旁观者发声。电影界同样需要类似的东西来帮助观众发现电影中的精品。如果说美国每年有7000部独立电影的话，而只有30部会在院线发行，这就说明绝大多数独立电影都是被埋没的。

2008年，在制片人迈克·瑞恩（Mike Ryan，他最早在电影《冰风暴》里负责选景工作）、导演迈克尔·塔利（Michael Tully）以及一位有风投资金背景并且热爱独立电影的朋友科尔宾·戴（Corbin Day）的帮助下，我们在圣丹斯小范围启动了一家叫“一锤定音”（HammerToNail.com）的网站。这家网站的目的是挖掘那些在纷乱的电影节中被人忽视的优秀电影，并帮助核心观众群进行电影筛选，向他们介绍那些制作成本低于100万美元的美国电影。这个网站将是导演们为热爱电影的人们书写电影故事的地方。因而我也便拥有了这样一个发掘有才华的导演的全新方式。

在那之前，我一直觉得每年只有三到四位新人导演能够去拍摄真正有意义的作品。但就在那一年，作品让我印象深刻的导演有18位。这可是一个极大的转变。可能他们其实一直存在，但从来没有一个合适的筛选机制来发掘他们。又或者说，独立电影正在进入一个崭新的阶段。正因为我们的网站，我们清楚地意识到，其实仍有数量巨大的优秀导演存在，而他们拍的电影值得受到大家的关注。我更意识到，我们现在做得太少，还有很多工作要做。同样的，当前体系和支持组织并没有很好地为创作群体或者独立电影观众服务。

网络中立性的问题在当时也变得十分热门，而我觉得一个开放的互联网给了导演们交付出真正的独立电影的最好机会。艺术家们有了按自己意愿取舍的自由权，而正因如此，他们就像是个能直接与他们观众对话的创业家，而观众将用手中的金钱来决定他们要支持哪一种文化。因此，我常常给别人发邮件探讨网络中立性的问题(同时还和有小孩的朋友探讨带孩子这件事)。人们一直对我说的是："你应该把这些信息收集起来，然后做些实事。"在争辩了一年"到底要不要开始写博客"后，我终于开了我的第一个博客——"信息需要自由"(Info Wants to Be Free)。这里free一词的意思是自由（而不是免费)。

与此同时，我还在思考那些让独立电影事业能够自给自足的新模式，并想出了一个词来定义它们：真正自由（truly free)。社交媒体为我们提供了不被大众市场左右的机会，让我们能够触及许多小众市场。美国是一个百分之百市场经济的国家，美国独立电影大概是世界上受审查最少的电影产业之一了。但不知是否是有意为之，我们独立电影的创作者们却在进行着自我审查。我们为了市场而创作，为了票房成绩而创作。正因如此，时至今日，我们在电影主题、形式、技巧上作茧自缚。网络能够帮助我们挣脱为大众市场创作的牢笼，让我们可以根据任何主题以任何形式来创作内容。只要内容的价格点在保证利润的同时不会因为太高而吓走消费者，我们的产业就能在商业的层面顺利运行下去。就这样，“真正自由的电影”（Truly Free Film）就成了我的第二个博客。

那个时候，我儿子差不多六岁了，但我们都因为网上没有什么有趣好玩的东西而觉得沮丧。于是，我们根据我画的一幅惹他发笑的图画想出了一个名字“一碗鼻子”（Bowl of Noses），然后开始想故事写博客。然后，就像是在一瞬间，我已经有了三个博客——“信息需要自由”“真正自由的电影”和“一碗鼻子”。但我还没开始摆弄脸书、推特或者其他能辅助、加强讨论和参与的工具。

与陌生人沟通是一个可怕的念头，通常这件事想起来比做起来更可怕。我挣扎着想要克服这种恐惧，因为这种让所有我不认识的人都能了解我的念头着实令我害怕。我先去找了我的朋友——同为独立制片人的克里斯蒂娜·瓦尚，问了问她对脸书的看法。我已经有堆积如山的邮件，真不知道要是人们有了另一种联系我的渠道会是什么样可怕的景象。我有一位助理，名叫埃莉·伯罗斯（Ellie Burrows），来自西北大学，而西北大学正是最早开通脸书的学校之一。我还记得，当她告诉我她已经有3 000位好友时，我震惊不已。但对于脸书（以及后来的推特），我想到的第一件事并非它们本身的社交属性。我认为它们是一个传播平台。这是一种可以直接接触3 000人，甚至更多人的方式。他们也许本来并不关注你，但你几乎是用一根网线就直接连通了他们的家，他们的电话，以及他们的大脑。

我询问了另一位已投身新媒体的电影工作者兰斯·威勒（Lance Weiler），看看他对推特及其用途是什么看法。而他和之前的克里斯蒂娜·瓦尚一样，鼓励我加入这个行列。尽管这些沟通平台对我来说完全陌生，让我望而生畏，但我愿意遵循我在电影制片时遵循的核心信念：你所做的每件事都应激励他人并获得信任和自信。向大众透露你这个人以及你的思想并没有什么坏处，也没什么危险。毕竟，你透露的并不是你早餐吃了什么，或者你都在与谁交往。你向大众透露的，是你对某些事物真实的热情。

和在现实生活中一样，我希望在网上也能不局限于“如何拍一部好电影”的讨论，而能延伸到其他各个方面：政治、文化以及其他崇高的事业。这些电影以外的讨论能帮助人们判断他们是否愿意听信我所说的话，我也希望与此同时，人们能够让我了解更多他们认为我可能会感兴趣的事。因此，我开了一个叫“下一个金点子”(The Next Good Idea）的博客。我已经写了一篇名叫“赚大钱的100多种方式”(Over 100 Ways to Make a Lot of Money）的文章，可以作为“下一个金点子”博客里的干货。

于是，在几个月后，我同时要更新六个博客：“真正自由的电影”(专注电影实践)、“来拍好电影”(Let's Make Better Films，专注电影美学，后归入“一锤定音”)、“信息需要自由”(现更名为“问题与对策”[Issues and Actions]，专注电影行业的政治和其他问题)、“下一个金点子”(专注分享好点子)，以及“一碗鼻子”(对象为各年龄段聪明好学的儿童)。我妻子瓦妮莎终于忍不住向我指出，要是弗洛伊德（Freud）现在仍在写作的话，他估计也会指出同时更新六个博客简直就是疯了。他的外甥爱德华·伯奈斯(Edward Bernays) 则会说，同时更新六个博客，而且是六个并不会提升你品牌效益的博客这件事真的是吃力不讨好。我听从了瓦妮莎的建议，将这几个博客并为一个博客“希望为电影”（Hope for Film），我同时还将其用作本书的标题。这样一来，那两位弗洛伊德家的人应该也会满意了。

我从这种突然兴起的互联网行为中收获了什么呢？显然，我的人脉变广了。这也是最重要的一点。当你在网上结识他人并有机会在现实生活中与他们见面时，我们常常会遇到这样一种有趣的情形，那就是你在他们自我介绍之前就认出他们来了。这种亲近感让人无比释然。当你在某个活动中讲话时，你面对的不再是一屋子的陌生人了。当我身处在2010年纽约DIY Days的会场时，我记得那种感觉就好像大家是一个团结的群体一般。不论是那些我认识30年尚未见过面的人，还是那些与我素昧平生的人，每个人都如此步调一致。

接下来，你会开始发现网络协助下的集体解决的问题方式——想法层出不穷，人们毫无保留地交流思想。其实，随着年纪的增长，人们往往开始拒绝这样的开放讨论了。年长一些的人只想要实证——你只要拿出你进行中的项目的节点和最终结果就行了——不管是什么项目。但我从来都不觉得这是个有效的方法。我通常找合作伙伴的一个原因是为了有想法的时候能和别人进行探讨。让我失望的是，我发现随着公司的不断成熟，大家头脑风暴的热情也逐渐减弱，就好像维持公司的运行把他们的精力都耗尽了一样。而我一跃而入社交媒体，带着头脑风暴杀了回来。现在，我的合作伙伴——一起头脑风暴的同志们并不见得都是我在公司的搭档了。没有了财务问题的羁绊，我们终于能够大胆设想，文思泉涌，融入多样元素，从而共同创造更好的作品。这让我觉得颇为爽快和振奋。相比之前的独自思考或是在压力之下被迫决策，我现在能完成的事情比以前简直多太多了。

正是由于公司的层级制度，以及人们对地位和成就的过度看重，大多数业内专家都会以一种精英的姿态工作，使交流变得学究而又闭塞。他们根本不欢迎自由讨论，交流完全成了一场以自我为中心的独角戏和自我辩白。这种态度就像是一道竖起的高墙。而当我开始丢弃这种态度，把许多东西抛到人群中去供人评价和讨论，并追求他人的想法而不是征得答案时，整个交流方式都发生了改变。这世上有太多的自命不凡和自以为是。但如果我们希望保护自己推销自己，我们就需要放眼整个群体。如果创作者不愿意互相帮助的话，几年之后他们在各自领域将不再谈论各自的作品，而只是随便谈谈喜好了。我在演讲的时候常常拜托人们去做一件事——一件很简单的事——而我认为这件小事能够改变我们的世界。那就是至少去做一件帮助或提携另一个人及其作品的事，这样的支持链对于一个持续发展的多样文化至关重要。我们必须摈弃我们给自己强加的层级枷锁。在许多公开活动中，我常常惊讶地发现，许多观众在提问时并不会进行自我介绍：这样才能把大家摆在共同的立场上。

电影工作者经常会犯这样一个共同的错误，那就是错以为彼此之间是竞争的关系。这并非是个零和游戏。在我刚开始工作时，我花了很长时间才意识到，找工作（助理导演或执行制片人）的时候，我并不是要为这个工作去和其他人争得头破血流，而是要找到最适合自己的工作。现在，我开始试着分享我从别人那里了解的东西，而他们给予我的反馈同样能帮助我找准定位。这样一来，当我的朋友取得进步时，我的机会也会有所增加。我还试着把一些人介绍给那些我知道会对他们有所帮助的人。有时，他们的成功甚至使我相形见绌，但这不失为一件美妙的事。我确实十分享受给人指导帮助，然后看着我的助理比如安东尼·贝格曼、格伦·巴斯纳等人不断前进，并为他人的作品贡献一己之力。群体的构建是有利于所有人的。帮助别人是不太可能损害到任何人，特别是你自己的。

正因为我对一个更为开放的文化抱有积极的态度，现在我周围环绕着高度合作的氛围。我博客常常有人评论。我也并没有试图做一个掌控者，其实我更像是一个引导者。我通常只是起个头，然后任由其他人发挥。老实说，我确实需要其他人来帮助我解决问题。由于我几乎同时要处理成千上万的事情，所以网络为我提供了一种集体解决问题的新方法。

现在，我解决问题完全是依靠整个群体来进行的。我会把问题发布在推特上，这样就能有很多人看到。然后，我会把它转发到我的脸书页面和Google+上，这样一来我就能在脸书上获得一些有深度见解的反馈。接下来，我会把这次交流连同我收到的评论写成一篇博文。博文发布后，我会在推特上发布博文链接，再转发到脸书上，引发新一轮讨论。这样的反馈循环能够加深大家的理解。这是一次集体的努力，所以虽然我可能是发起者，但每个人都做出了贡献。要是有朋友或者粉丝发现这本书里的一些语句似曾相识的话，我可不会觉得意外，因为我在写这本书的过程中常常会把一些语句贴在网上来寻找灵感和收集反馈。

在2009年3月，网络、社交媒体以及我作为独立制片人的人生产生了一次最激动人心也最不可思议的交集。这也印证了之前6个月里我对公众，以及对朋友同事所说的一切。某天晚上浏览网页时，我碰巧看到了一些现实生活中的超级英雄的故事。故事中的普通人有的像义警一样伸张正义，有的只是为卧病在床的人送去一些食品杂货，或是帮老人把跑上树的猫咪抓下来。这些英雄并没有什么超能力，也没有酷炫的外衣。我心想："这还挺有趣的。"

我特别注意到当时的超级英雄常常脱离了人本身，成了流行文化中男子气概的代表。人们常常抱怨年轻女孩的头像几乎被超模霸占了，那人们又会如何看待这种不仅有发达的、硬邦邦的肌肉，还有超能力的男子呢？这怎么能让普通男人不觉得相形见绌呢？我越发相信，在这之中可以大有作为。

我在《滚石》杂志上看到一篇讲现实生活中的超级英雄的文章，然后又发现一个专门记录这些现实生活中的超级英雄的网站。而当我试图取得这篇文章的电影版权时，我发现它已经被委托改编成电影了。这么看来，版权是没戏了。

我一直很想制作一部能够取名为《穿弹力衣的出租车司机》（*Taxi Driver in Spandex*）的电影，而拿《滚石》杂志上那篇平民英雄的文章来拍简直再合适不过了？我还思考过，要怎么把一个穿紧身衣的人的故事讲得真挚感人呢。现在，我们的文化痴迷于漫画和英雄，因此一部关于平民英雄的电影既像是遵循了这种对文化的痴迷，又同时是对这种现象的评价。我虽然拿不到这篇文章的版权，但仍有好几本书的策划也是关于这个主题的。我深知时间不等人。这个点子并非是我独创的，很快就会有人尝试去拍这种我梦寐以求的电影类型。如果我想要第一个拍出这个题材的电影的话，我必须要快点行动了。

我大概是在《守望者》（*Watchmen*）这部漫改电影上映的时候生发出这些想法的，但我认为这部电影的预算使得电影与原著漫画的审美和主旨背道而驰。在电影这一行，很少会有什么中间平衡点。一旦你要做大制作，你就必须要能够吸引广大的观众群。因此，电影中删去了许多成就《守望者》原著漫画的惊人桥段。你往往没有办法在一部上亿美元预算的电影里加入令人咋舌的情节，因为你要拍的是一部能够阖家观看的电影。对比来说，平民英雄很清楚他们处境的荒诞。尽管他们希望自己是“超级”的，但他们也会制造笑料。

我听说了一则小道消息，说导演兼编剧詹姆斯·冈恩（James Gunn）在五年前就写好了一本关于平民超级英雄现象的剧本。剧本写得十分有趣，而且毫无保留（也就是说，这个剧本要拍成电影可能有些太大胆了）。詹姆斯·冈恩因早期与特罗马影业（Troma Entertainment）合作拍摄的恶搞电影而闻名，如《傻密欧与茱丽叶》（*Tromeo and Juliet*）。而后，他创作了《史酷比》（*Scooby-Doo*）的剧本，并自编自导了电影《撕裂人》（*Slither*）。也许，他的剧本会是我的答案。

3天后，我无意间看到演员雷恩·威尔森（Rainn Wilson）的推文。他可以说是关注者最多的人之一了。所以，管它呢，既然大家都在关注他，我为什么不呢？他是个有趣的人，有时甚至可以在140个字符内显得深刻。而在2009年3月21日晚上，他在推特上写道："要带着@James_gunn（詹姆斯·冈恩）超赞的"新"老剧本去见独立制片人了。这片就像是个酷炫低成本版的《守望者》。走着瞧吧……"

于是我自言自语道："我的天呐，这就是那个项目。"我很清楚我想要制作这部片子。我打电话给了雷恩的经纪人，向她表示了我希望看一下剧本的意愿，并询问了现在是否已经在接洽制片人了。他们把剧本寄来了，但虽然詹姆斯和雷恩目前还没有和任何制片人开始合作，不过他们尚不确定他们是否需要一名制片人。我花了很大工夫才赢得了他们的信任。我认识詹姆斯的一个兄弟，以及他交往对象的兄弟。所以我找他们帮忙，让詹姆斯给我回个电话。终于，我和詹姆斯见了一面并且达成了共识。我们都认为这部电影若要成功就不能拍得精致，要表现出这种题材必须具有粗糙的美感。而其中的关键则是要把握真情实感，它是那种大胆对抗的独立作品，往往与其预期预算规模不相匹配。

我当时还不清楚詹姆斯在网上拥有的所谓的超级影响力。他在Spike TV上的一部网络剧拥有上千万的点击量，那就是《PG级黄片》（*PG Porn*）："黄片里你喜欢的东西这里都有，除了性。"他的一篇博文《你最想和哪一位超级英雄发生关系，为什么？》（Which superhero would you like to have sex with and why?）拥有上百万的点击量。显然，他的影响力不容小觑。（他还爱好怪异的动物以及寿司——说不定这会成为他的下一部电影。）

要完成一部我们脑海中的低成本独立电影其实有许多直截了当的方法。这可没有航天科技那么复杂：你只需要把拥有国内外票房号召力的主角和一些具有新鲜感的配角打包起来就行了。然后，你再将这一整套东西拿给海外销售公司看，他们就会预测他们能实现的海外销售数额。最后，你把预测销售额打个折扣，拿着个去找私人股权投资。至少从理论上来说，这个方法是万无一失的。

但海外销售模式在设计的时候就是有问题的。通常，不管海外销售代理最终是否达到他们预测的金额，他们收取的佣金比例是固定的。即使他们估计的数字并不准确，他们也不需要因此支付赔偿金。所以说，假如你拍了一部成本为500万美元的电影，而海外销售代理预测的海外销售收入为600万美元。代理的佣金是销售金额的五分之一，也就是120万美元。这样留给投资人的净收入只比500万美元少那么一点而已。但是，要是海外收入只有500万美元呢？这样一来，销售代理仍然会有100万美元的佣金，但投资人能得到的就只有400万美元——根本不够为电影的成本付账。这样的佣金模式刺激海外销售代理不断推高销售预期，因为这样不仅是在销售电影，而且有可能为自己带来更高的收益。但是，现实当然不会总是这么美好。另外，负责美国本土销售的制片人代表也是一样。他们销售收入也是采用佣金的方式来计算的，这也同样刺激他们把预测做得更高。不管他们能否达到销售目标，海内外的销售代理都会这样告诉投资人：影片预算越高，销售收入也会越高。销售代理这样做并不需要付出任何代价，但若是电影的预算越高，他们能实现的销售收入很可能也会越高，这样一来，他们获得的佣金收入就会越高。所以，不管电影成功与否，海内外的销售代理并不需要承担任何风险。冒险的只有投资人。导演拍完了电影，销售代理赚到了佣金，发行商拿到了电影，投资人则输得血本无归。

当海外电视台开始减少购买美国电影时，海外买家无法保障能回收他们预付的那部分资金，于是他们的出价越来越低——这使得销售代理无法达到他们之前预测的金额。而一些地区则在电影发行之前就被盗版占领了，因此电影在这些地方根本卖不动。到2009年，这种销售模式只剩一息尚存。但我们的平民超级英雄电影（我们简单得将它命名为《超级英雄》[*Super*]）还是通过这种方式完成了。

把《超级英雄》打包完毕后，我就去找了一家英国销售公司汉威（HanWay）。这家公司正在寻觅一部大胆、新鲜、发人深省的独特的喜剧片。当你把项目提交给销售公司时，你最好能想办法让他们有紧迫感。如果销售公司的代表了解到现在有一个新项目，这个新项目还挺不错的，而且很快就会到市场上公开销售时，他们通常会迅速阅读项目提案，甚至立马就会出价。幸运的是，汉威购买电影的负责人马修·贝克（Matthew Baker）来到我的办公室，并向我表达了他们公司的需求。那时，我们恰好锁定了艾伦·佩吉（因为她在《朱诺》中的表演，买家会认为她是当红的明星）出演。多伦多国际电影节这片启动新项目的沃土也即将举行。看起来，我们占尽了天时地利人和。

但事情绝不会这么容易。我常常提醒自己，“一叶之落，地转为之”这一禅宗公案同样适用于制作电影这件事。光是完成一部电影就需要在启动前，以及在整个过程中做大量的、完善的准备工作。若还要完成一部好电影，那就更是如此了。

美国的电影行业完完全全是市场驱动的，明星则是我们的核心资产。在2009年，美国市场上故事片的销售情况似乎跌到了历史最低点。这样一来，《超级英雄》的估价不可避免地将受到其海外价值的左右。当我和业界同行提到这个项目时，他们都认为我们完蛋了。雷恩和艾伦似乎并没有什么海外票房号召力。但我们是幸运的，因为我们的伙伴汉威公司眼光十分长远。即使雷恩可能当下不能带来很高的海外销售价值，但汉威的人知道他是推特上关注者最多的50人之一。这对于公司来说可不是无足轻重的。他们也知道詹姆斯的网络剧拥有上百万的点击量，这同样也是不容小觑的。社交媒体就这样成就了我们的电影。

在电影的前期制作和拍摄阶段，我们说服演员们和团队成员们去注册推特。大约有50人加入了《超级英雄》的推特列表，方便其他人关注。在拍摄期间，大约有350人关注了这个列表。这个数字并不大，但这只是一个基数，而这些人还有各自的关系网。电影界内外似乎都因为这样的列表而受到了启发。虽然关注我们的人只有几百人，但算起来，这50个人每人都有至少350名关注者了。而他们每一个人又有自己的朋友、家人和关注者。透明、分享、合作——每一项社交媒体的特质都极大地促进了电影在人群中的渗透。关注度并不是一定要花钱才能买到的，我们同样可以创造出来。这可以说是电影营销方式的一次巨变。当你开始意识到积累观众的重要性，你就离在这个行业中慢慢兴起的新商业模式不远了。

设想一下，如果世界变成了导演敢去对大制片厂这样说：“我的团队有500万关注者。虽然还没有开拍，但我们通过众筹已经完成了25 000份影碟的预售。我希望可以与你们在电影的制作和营销上合作。”这听起来怎么能不诱人呢？况且，我们已经快要做到这件事了。这就是第三种方式，而你已经可以看到它从地平线上冉冉升起。每天，它都在变得更大、更好，也许对某些人来说更可怕。

你已经看到有人在考虑如何调动自己的关注者和朋友了。好莱坞的制片厂倒觉得社交媒体以及它们带来的透明度非常可怕，因为这其中蕴含着为他们投资重金的作品带来负面消息的风险。但我却认为开放是一件好事。当我们感觉到自己处在这个圈子之内，而不是在外旁观时，我们就会加强自我监督，甚至比之前外界施加的更为严格。试着让别人融入进来，而他们往往会因此给予你褒奖。

没错，网络散客会逐渐成为目标群体，但这也会促使人们为各自珍视的东西投入更多。人们理应为他们想要的世界投票和呐喊。我认为这种行为是值得鼓励的。我们作为沉默不语的人群已经太久了。而所有这些网上讨论都能帮我们改变这一切。

社交媒体的热度能转化为真正的观众人群吗？在制作《超级英雄》的过程中，我总会感觉到这部电影的票房并不会达到爆炸的程度。有人可能会在一旁幸灾乐祸，因为虽然我们在社交媒体上动作很大，但真要把人吸引电影院还是有很多困难。但我们电影的社交媒体动作始终集中在首要的核心目标范围内——首先是为了能够完成电影，而后重心转移到了如何通过向发行商销售版权、收回投资人的投资。而最终，我们真的做到了。我们以100万美元（75万为美国版权，25万为加拿大版权）的价格将电影版权卖给了IFC电影（IFC Films），期限为10年。我们还保留了DVD和官网供下载数字版本的版权。

但在完成这些发行合约后，我们止步不前了。正式发行前的营销忽略了社交活动，仅仅停留在传统的广告和新闻宣传方式。我们应该在电影即将上映的城市到处张贴电影海报，并举办若干有人穿着超级英雄服装的快闪活动。我们应该在电影上映前后制造一系列事件，但人们似乎并未感受到影片即将上映的紧张感。我们没能创造出这种参与感和合作感来表达对观众的感谢。

社交媒体这种方式是否只适用于超级粉丝和痴迷于政治的人，还是也能在普通大众中做到广泛地传播的呢？人们信任他们最亲近的人。这是近几年来美国令影评人噤声所犯下的一宗罪。本土观众信任本土影评人。而经过几年的磨合，影评人已经和观众形成了良好的关系，观众们也很清楚什么时候该对影片人的建议持保留态度，什么时候该像好朋友一样对他们言听计从。影评人可能会写博客，但当他们掌握了本土电影群体的发言权时，他们的影响力可不只是局限于博客了。时至今日，我们得找到影评人之外的选择。谁是我们的把关人？谁是我们的策展人？我们又该怎样帮助那些后起之秀呢？我个人认为策展对于创造和参与电影文化至关重要；但很少有人会这样认为。如果我们不行动起来，这个已然紧迫的问题可能会愈演愈烈。

我知道，相对于给一群陌生人进行一场放映，给自己的亲友进行放映能够得到更多积极的反馈。由此可见，我的朋友、亲人、关注者人数越多，我的作品能得到的积极反馈也会越多，除非我并不把我的作品当回事。但我要是真的不把自己的作品当回事，那我就活该被扔出这个圈子。我不介意由群众监督精英。如果这会是构建一张亲近的关系网络的代价，那我完全支持这种自下而上的社交媒体形态。

有史以来，我们第一次可以把那些依靠各自作品为生的创作个体团结为一个广泛的阶层，与特定的观众群为伍，并与他们合作。这样一来，他们行事就不必被大众市场和操控者们局限了。我们终于有希望迎来一个有着更好、更多样的作品的世界。而在这个世界里，这样的作品触手可及，这样的合作无处不在，人人都能参与。有了社交媒体，我们能前所未有地把人们聚集在一起。有了人际交往的新焦点，观众同样能够汇聚成一个群体。

我们——作为创作者、企业家和观众——需要选择我们希望能接触到的文化类型和艺术类型。我们希望自己来决定一件艺术作品的价值，还是任由各个公司来决定呢？我们的群体在哪里，而我们又该如何找到彼此呢？我们都需要选择一种为这个新体系做出最大贡献的方式。而当我们进行选择之后，我们还得让他人来决定他们想要的东西。这样一来，我们都成了策展人。我们都能够推进我们喜爱的文化，并且联系、调动彼此。我们不再冲动行事，而是被彼此分享的学问和经验给调动起来。同时，我们必须认识到，参与分享知识的人越多，我们越能有所成就：比如文化，比如商业，还有我们参与其中的乐趣。我们正在迈向新的领域，而只有合作起来，我们才能大有所为。

当然，我们仍需要做好打持久战的准备。这场征途最好的准备方式就是深刻地了解这是并非一朝一夕就能完成的事。我记得好几次，我因为确信某些变化即将到来而兴奋起来。有的确实到来了，有的则没有。社交媒体并非是我最初设想中的那种推进平等的工具，一如独立电影的海外销售模式并非如我最初希望的那样能够长期造福于更多的导演。最重要的是，我们应该学习如何保持斗志。这样一来，某一天，那面我们不断冲击的砖墙才会奇迹般地打开大门，并且欢迎我们的到来。如果我们不再是独自奋斗，而是集结在一起共同努力，那么这扇大门就会更早打开。正因为有了推特、脸书和我的博客，我才能够注意到他人的挣扎，特别是那些新人。他们遭受的磨难和解决问题的方法给了我莫大的力量，让我知道，即使一种方法并未成功，即使一种尝试并未见效，我仍有毅力坚持下去。正如那句著名的口号呼喊的那样："人们，只要团结起来，就永远不会被打败。"

10 改变

我曾经以为，我今后都会待在纽约市制作独立电影了。自从我搬来这里后，我就一直把独立电影当作我的事业，而在一个我热爱的城市从事电影行业对我来说是莫大的荣幸。但在2010年开年后，电影基本上成了我的业余爱好。我开始用许多其他活动来填满我的时间。不论是公开演讲、撰写博客、发发推特、与人交流，还是负责戴菊莺放映室（Goldcrest Screening Room）或是林肯中心电影协会独立电影之夜（Indie Nights at the Film Society of Lincoln Center）的策展工作，这些“其他活动”给我带来了极大的满足感。但我通常在这些事情上赚不到钱，即使能赚到一些钱，那也是无法与制作电影的报酬相提并论的。

我并不是有意在追求这样的变化，但我从不认为制片工作应该仅仅局限在创作电影上。我一直认为，制片人还应该促进电影群体的可持续发展。而我对这些“非正业”的热爱同样帮了我很大的忙。即使我眼睁睁地看着我的收入在最近四五年里不断下滑，但我还是觉得我并不需要来一个180度的大转变。毕竟，我仍然在制作好电影，虽然不可否认的是，这些电影的观众越来越少，影响力越来越小，让我觉得越来越不满足了。我也开始感觉到，我没有认清楚这个行业即将发生的变化，或者说，也许我没有发现这些变化已经发生了。

我热爱独立电影世界并且乐于发掘新导演的原因之一是我热爱变化。我热爱全新的体验。在不同预算水平、不同拍摄地点、不同影片主题之间来回切换为我充满了电。但我意识到，我自己已经很久没有改变了。我一直在原地踏步。而现在，独立电影制片的许多方面甚至让我十分恼火。整个行业基于的许多核心商业观念十分陈旧，比如通过集中发行控制内容，聚焦大众观众市场，依赖交易型冲动消费，并寄希望于观众只专注于单一目标。而且，我们并没能利用好近年来所有的创新发展，不论是创作和直接锁定观众群成本极大的降低，掌握观众参与度的确切数据的能力，还是全世界范围内广泛的联系与合作。

要不是因为我感觉到有那么多导演和电影界专业人士通常只是为了自己才加入这一行的，我兴许还能忍气吞声。但几乎没有人会去思考除了他们自己的电影以外的事了。我从没收到过这样内容的邮件：“特德，我可以帮你的忙”，或是“我们来合作解决这个问题吧。”我非圣贤，但我试着时常给予别人这样的帮助。我为人介绍和引荐。我提供建议和咨询。我撰写了大量博客文章来提高这些事的透明度。我这么做是因为我需要这么做。我们都需要互助小组。

而另一个原因是，这才是合理的商业模式。身处电影圈的我们都在同一条船上。我的成功是以他人的成功为基础的。我的学识来自我自己和他人的成功，以及我们分享的失败经验。

在成立“这是那”公司时，我们对于每年有两部预算在700万美元至2500万美元之间的电影拿到美国发行机会很有信心。从很多方面来讲，这都是一个理想的预算，至少这样的预算水平提供给你的酬劳足以让你维系一家公司的运转。通常，制片人的酬劳差不多是预算的3% ～5%（虽然常常会有上限来限制你的总收入），但人们常常会把这笔酬劳误以为是年薪。事实是，一个项目往往要花上3～5年的时间，有时甚至更久。在公司刚成立那时，700万美元至2 500万美元预算的电影仍然被行业主流群体看作是低成本电影。但这样的预算水平其实可以算是中等了——不至于太高而限制创作上的冒险创新，不至于太低而导致在成片后无缘角逐奥斯卡奖。然后，随着一批发行商的退出，市场营销的费用不断上升，得以发行的电影越来越少，留给中等成本的外部影片的发行名额从一年一部减少到了两年一部。时至今日，我敢说独立电影制片人在3～5年的时间里最多只能完成一部成本在700万美元至2 500万美元之间的电影。如果我们不做大成本的电影，那我们连制作小成本电影的机会都很难有了，因为我们获得的酬劳都不够支付公司的日常开销。

我们成立“这是那”公司很大程度上是基于协同努力的理念。在处理日常开销方面，我们通常会直接租下一间较大的办公场所，再转租给其他制片人。这样做不仅有利于我们挑选良好的地理位置，还提供了一个协同工作的氛围。但在经济危机之后，租客纷纷退租。突然间，我们无法负担这样一间大办公场所的租金了。

我们试验了一阵子的“虚拟办公室”。我们在咖啡馆和酒吧开会，在厨房吧台工作。但就在安妮·凯瑞制片的《美国人》（*The American*）拿到了美国票房冠军、詹姆斯·冈恩的《超级英雄》成了公司在多伦多国际电影节上卖出的第一部电影后，我们关停了“这是那”公司。尽管我们获得了这些成绩，但我们清楚地意识到，这个公司的存在已经失去意义了。就算《美国人》票房成绩骄人，但它可是安妮花了12年时间，砍掉了三分之二的公司制片酬劳才得以完成的。

所以说，如果我没有找到追逐大制作电影的商业模式，那么即使世界正在变化，我认为我还是会专注在小成本电影上，然后再看看我们能到达什么地步。但情况并没有好转。这样的衰颓持续了3年多，而独立电影界并没有向好的趋势。相反，要为独立电影融资或是把这些电影销售出去变得越来越难了。不过，要制作预算越来越小的、有意思的电影倒是越来越容易了，至少在技术层面是这样的。

我内心乐观的那一部分坚信独立电影文化和独立电影经济都会好转，坚信这次波动是由经济危机造成的，坚信人们（以及这个行业）会重新渴求那些高质量的好故事的。于是，我给自己设定了一个3年目标：在这3年里不论预算大小完成五部电影，但其中至少有两部电影的预算不少于300万美元，这样才足够养活我自己和一个助理。我完成了这个目标。《超级英雄》和《黑马》达到了“大”制作的要求，另外还有《同流合污》（*Collaborator*）以及两部预算低于100

万美元的评论界心头好《双面玛莎》(*Martha Marcy May Marlene*)和《待绽蔷薇》(*Starlet*)。我们其实也为第六部电影——《副作用》(*The Side Effect*)筹到了资金，但这部电影并没有投拍（这是我从没想过我会经历的事，也是我不想再经历一次的事）。但制作这些微小成本的电影的挑战在于如何以此维持生活，因为这样的电影往往无法向制片人预支酬劳。这时，我意识到，我已经让人生走上了一条我无法负担的道路了。我有家庭，有房子和贷款。我还需要支付医疗保险。没错，我仍然在制作好电影，但这真的足够吗?

不幸的是，这些低成本电影让我在情绪上、创作上、专业上、经济上都感到不满足了。这不像制作《冰风暴》或《21克》那样拥有一个可以充分表达见解的预算水平的作品；甚至不如《冒险乐园》和《萨维奇一家》。虽然这些电影的预算在当时看起来并不宽裕，但我们终究无须有所妥协，它们背后的预算水平仍能有力地支撑它们。这也不像《爱我就让我快乐》和《意外边缘》那样，多亏了当时评论的影响力，这些影片达到了这类预算水平的电影所远远没有预想到的文化渗透程度。毕竟，能产生影响力正是我喜爱制作电影的原因之一。于是，当我回首过去3年时，我这样想："等等，这样并没有让我觉得高兴。我投入的精力应该有更多的回报。我要从中收获更多。"

我同样还需要忍受自己仅仅是在帮忙完成好电影的失落感。我想要制作伟大的电影，制作那些人们无法忽视的电影。于是，我开始怀疑，要是我不亲身参与到这样的电影的日常制作中，我是否还能创造出更多、更有意思的电影呢?

早在2010年，我在我的博客上发表了一篇文章，列出了我认为电影产业自我完善需要做的7件事（这一清单已经过不断更新和扩充，参见附录），但收效甚微。我曾经希望我的文章能够在其他电影工作者中激起一阵火花。我不应该是业内唯一一个意识到现在一切都糟透了，但通过共同努力我们能让一切变好的人。

但我并没有看到这样的共同努力来解决那些问题，我们需要找到方法来让导演保留对其电影的许可权，以及因此带来的收益（如果有的话，如果无法向导演预付酬劳，那应该形成一种惯例至少让他们对在未来取得这笔收益存在合理的期望）；以更深刻更持续的方式与观众建立联系；最终达到一个更加高效多产的水平。（而现在在这几个问题上仍旧没有任何动静。虽然我希望情况有一天能改变，但现在还是没能实现信息共享和协同合作。）我和另一位电影工作者乔恩·赖斯（Jon Reiss）一起设计了一种新的模式，用来建立观众群、与观众互动，再加上企业行为一起整合到电影工作者的工具包里。但可惜，我们的成果并未得到多少关注。纽约IFP接受了这个做法的一小部分，从那时起，乔恩就在运营着这个小型实验室，并得到了积极的成果。但这并不是我们所期待的那种巨变。

要是缺少了适应这个时代的商业模式——一种让电影工作者赖以生存、让投资人收获与风险相当的回报的模式，那么电影的预算会持续缩水，这将会对电影内容的种类及其呈现方式产生深远的影响。当独立电影大部分都是微小成本电影，而这样的电影对传统发行商并没有多大吸引力时，我们的文化机构必须在观众建立和积累、电影鉴赏、作品营销和发行上采取切实行动，并最终保障艺术家的权利。而这正是我会出任旧金山电影协会（San Francisco Film Society）执行总监一职的原因；正因为此，我才会愿意在一个陌生的城市开始一件从未接触过，或是说从未想过会接触的工作。要是我不来修补这个体系，谁又会来做这件事呢?

这件事是这样开始的：2012年早春的一天，我正要去HBO参加IFP的董事会议。这时，我接到了旧金山电影协会的制片人珍·柴肯（Jen Chaiken）的电话。我以为她想和我谈谈旧金山的电影项目，看看我能帮上什么忙。

但其实她是来问我是否有兴趣去那里工作的。这是个高级职位，因为前任执行总监宾厄姆·雷在2012年圣丹斯电影节上不幸中风过世而导致职位空缺。宾厄姆的优点之一是他对电影有着极大的热情。你可能会以为电影圈里的每个人都有着这种程度的激情，但其实这样的人并不多。他还是一个好事的煽动者，喜欢把事情弄得一团乱——那种好的“乱”。很少有人能有像他那样的摇滚精神，那种眨着眼说“我们来制造点麻烦吧”的态度。宾厄姆给了我很大启发。我同样天生对权威和秩序感到不屑，因此我确确实实感到与他志趣相投，并且认同由我来传承他的衣钵这件事。

我从没想过我的职业生涯会发生如此大的转变。但当转变到来时，我实在无法拒绝这个机会。在我接到这个电话的几周前，我已经计划好了要去西海岸一趟。春假就要到了，我有一场讲座安排在了洛杉矶。于是，我带着我的儿子，开上了太平洋海岸公路。当我们终于驶出大苏尔[1]重重的迷雾和蜿蜒的峭壁，在距离旧金山只有10分钟车程时，我听到我的电话响了。旧金山电影协会的人想知道我能不能前去讨论一下电影的未来，以及像他们这样的组织该做出怎样的贡献。在这之前，我非常习惯接到这样的“咨询”电话，所以我并没有想太多。我很乐意分享我的看法，而且让来电人意外的是，当时我离他们只有20分钟的车程。

在到达旧金山普雷西迪奥后，我停好车，从车里出来。这时，我看到泥坑里躺着一张20美元的纸币。我把它看作是个好兆头，于是我把泥水抹去，把钱揣好，然后前去参加会议。当我和大家一起就座后，我很快发现，这显然不是一次普通的咨询。我身边坐着的是这个协会的遴选委员会（代执行总监梅兰妮·布鲁姆［Melanie Blum］、董事会主席帕特·麦克贝恩［Pat McBaine］、卢卡斯影业［LucasFilm］高管霍华德·罗思曼［Howard Rothman］、互联网企业家马克·罗斯金［Marc Ruskin］以及制片人珍·柴肯）。他们问我，这个组织该怎样做才能更有意义。我并没有好好想过这个问题，所以我的回答都是我直接的看法。我这样告诉他们，若要自称是电影协会，光是在自己的电影节上放映几部电影是不负责任的行为；你们要参与改善整个体制。现有体制改善的空间很大，要改善的机会很多。

和这群人见面也让我开始思考湾区的文化。我觉得他们很像是一个群体，一个十分关心独立电影经济并希望能通过创新的，甚至

① 大苏尔（Big Sur），美国加利福尼亚州州道中的一段，以变化万千的海岸线风景著称。——编者注

是颠覆的方式来加速变革的群体。那天在座的人里面其实只有一位电影工作者，但我感受到他们每个人都对电影有着深切的关怀，并希望能有所作为。他们暗示我说，他们有资金也有人手来帮助改变电影行业及其文化。“哇，”我想，“资金、人手、承诺、群体、使命——更不用说科技和真正的企业家精神了。”这些是我一直在寻找的东西。而在旧金山应有尽有。

但我应当留意到其实并非万事俱备。也许我到底还是不应该捡起那个20美元。当时，我把它当做是个好兆头，但现在我不禁去想，我是否更应该注意到钱上的污泥和脏水，以及这只是20美元而已呢？

在我意识到他们是在向我提供一个职位时，我更加关心这个组织是否真的能够面向时代的需求。于是，我列出了40件我认为亟须完成的事。我和委员会的人说，我不会接受这个职位，除非协会承诺将我列出的清单作为今后的计划。他们表示没问题。但我仍有些担心的是，这个组织有着显著的债务。他们让我不要担心这个问题，并表示:“我们组织一直以来都是以这种方式运行的，董事会每次都能解决这个问题。”他们同样还承诺，只要我证明了自己的价值，他们会为我的项目筹集更多的资金。

但我很快就发现，债务问题成了我们获取必要财务支持以及向前推进的一大障碍。没有现金储备，你常常会考虑是否要遣散员工，因为你连薪水都发不出来了。你不得不为最坏的情况做好准备，而不是朝着最好的目标前进。而且，你没有任何资源来做推进的工作。为什么他们从来没有给这个组织建立财务储备呢？电影协会已有57年的历史，许多人已经加入这个组织的董事会很长时间了。虽然财务储备的维护听起来稀松平常，但在他们看来，问题在我，而不是他们。当我开始向朋友抱怨以及咨询时，每个人都说："欢迎来到非营利的世界。"

我认为世界上有两类制片人：一类制片人就像将军一样执行导演的指令；另一类制片人则像是合作伙伴，和导演一起创造尽可能完美的电影。导演也分为下令型（独裁者）和倾听型（合作者）两类。而在公司文化中，你常常会听到有两类首席执行官：一类是打江山的，他们拥有对未来的远见卓识；一类是守江山的，他们需要为公司查漏补缺。我很快就清楚地认识到，这个组织需要的是一个守江山的人来填补漏洞、夯实基础，而不是一个打江山的人来采取行动，解决那些蚕食这个行业的问题。

电影协会董事会成员希望我能想办法创造显著的收益：一项七位数收益流或多项六位数收益流。组织需要200多万美元才能填满现在的窟窿，进而建立合理的储备。但他们希望我在没有额外资金的情况下进行这些工作，甚至也没有人向我提供实质性的帮助。事实上，他们只是希望我能够继续专注在他们前57年所做的那些项目上，然后，在我的空余时间找到解决现金流问题的方法。但我心中的远大理想是需要专注和投入的。我接受了这些理所应当的职责，但除了提高工作效率和提升现有三个项目（教育、展览、电影创作服务）的水准之外，我想要成立第四个项目：企业创新。我认为这是保留和推进电影文化必要的方式。

我需要人手来实现我的目标。董事会成员告诉我说，他们希望我能带来一支真正“一流的团队”，而且我不需要担心新进人员的薪水问题。但每次我想要招人的时候，我们都因为没有足够的资金支持而作罢。作为非营利世界的新人，我面对的是严酷的现实。尽管他们在我接受这份工作时完全理解我的感受，但我们还是没有资金来发展。而现在的首要任务则是让组织脱离债务的泥沼。

要如何在维系组织特有的保留项目的同时进行创新并承担风险呢？在这个问题上，旧金山电影协会显得很幸运，因为我成功地获得了休利特基金会（Hewlett Foundation）的战略计划拨款。而在我与那些愿意帮助我们的顾问见面时，我总是听到同样的话：“我之前和很多想要这样做的组织合作过，但结局无外乎两种：要么董事会不干了，要么你被开除了。”

在格雷厄姆·莱格特（Graham Leggat，宾厄姆之前的执行总监）的领导下，旧金山电影协会曾迎来过一段轰轰烈烈的发展期。在2011年格雷厄姆过世 、宾厄姆接手后，他发现这种快速的增长和热爱带来了大额债务，并且尚没有明确的解决办法。也许是因为董事会成员太过爱戴格雷厄姆，所以他们没有意识到组织一直在花他们根本没有的钱。当他们猛然醒悟时，他们已经负上100万美元的债了。其中一位董事帮助协会度过了这次危机，然后董事会聘请宾厄姆来指引协会继续前进。但在宾厄姆也过世之后，这个组织拥有的只剩下它建立的那些优秀的项目、高额的债务，以及失去两任总监的伤痛了。

所以，我面临的挑战不仅仅是要空手创造收益，还要与那些为过去感到伤恸的人共事，而他们是如此尊敬并信赖他们的两位执行总监：一位备受爱戴，一位壮志未酬。没人能帮助员工来应对这样的失去。除了这些伤痛以外，宾厄姆和过渡总监梅兰妮·布鲁姆一共解雇了40%的团队成员。这一决定从财务上看来也许是合理的，但这无疑进一步打击了每个人。尽管裁减了员工，但项目并没有相应减少。因此，每个员工的工作量有增无减，而补贴却几乎没有增长。不过可以肯定的是，员工们仍然全身心投入在电影协会的工作中，但他们无疑正经历着严重的创伤后应激障碍。

于是，当我来到旧金山时，我内心十分清楚，要运营一个组织并不仅仅是为电影文化建立一个新的基地。我知道我还得花点时间来做些“家务活”。但我很快发现，我需要把我85%的时间用在清扫陈垢，以及维护那些我认为如果不进行大的变革最终会无以为继的项目上。旧金山电影协会有许多优秀的项目，比如青年教育和驻会艺术家项目、电影工作者拨款以及它在春季的电影节。但要是你想成为一个在全国，而不仅仅是在当地具有影响力的组织，你还需要拥有同样数量的新颖的活动和服务，并且是区别于其他组织的。现如今，几乎每个城市都有一个电影节了。单单是湾区就有80个左右。如果你想要发展观众群并获得经济支持，你就得做一些新的东西。但我一没人手二没资金，如何才能做到呢？

我想想觉得很有意思。因为在我做制片人的时候，我在接手一个项目时资金通常都是还没到位的。对于电影制片来说，我一直认为勤勉工作、强势领导、创新嗅觉、专注慷慨都能推进项目。而在这个非营利的电影协会的世界，情况难道不正是这样吗？不过，对于制片工作来说，好歹你手上的每部电影都是一个全新的项目，它会给你带来极大的兴奋感。而在组织机构中，你被框在了该组织长期以来因之闻名的项目中，这些远没有那些新鲜闪亮的东西来得刺激。

打从一开始起，所有人都告诉我要把注意力放在协会的大活动——旧金山国际电影节上，因为这个活动往往对协会起到了决定性的作用。“踏踏实实做电影节，别搞什么花样！”他们常常这么说。我们确实给电影节做了一些小变化，从而将电影节带进了新的纪元：为了增加网站的流量，将网络购票的票价定得低于现场购票的票价；适当提高票价，并且没有收到抱怨；减少电影总数量；砍掉大笔手册印刷费用。此外，我们在那年的电影节举办了有史以来最为成功的一次教育项目。所有小变化最终带来了积极的影响。但电影节的重中之重是电影节的晚会，因为这是协会最大的筹资活动。

筹备晚会很像是为电影选角，但缺了一项选角的好处——你知道最终会有一部电影作为成果来庆祝。这件事的困难之处是，电影节往往在四五月间举行，而这个时间离颁奖季很远。通常，那些追逐奖项的明星会愿意来参加这类活动，而颁奖季一般是从秋冬季节一直到奥斯卡奖颁奖结束的这段时间。这样看来，旧金山电影节想要吸引明星那真是选错了时候。虽然明星都很享受荣耀，但他们仍会认为与他们电影无关的荣耀有些不合时宜。因此，想要在非颁奖季时段找到有时间来参加活动的明星总是一件很有挑战的事。

幸运的是，在我走马上任不久后，我发现这个有着50多年历史的组织从未嘉奖过我非常喜爱的一位导演——菲利普·考夫曼

(Philip Kaufman)。考夫曼是一位才华横溢、德高望重的导演，曾执导过一系列备受好评（《太空先锋》[*The Right Stuff*]）以及不拘泥于形式（《布拉格之恋》[*The Unbearable Lightness of Being*]）的电影。更重要的是，菲利普一直在湾区生活和工作。2002年HBO的电影《海明威与盖尔霍恩》(*Hemingway & Gellhorn*）虽然把背景设置在了古巴，但就是在湾区拍摄的。是时候将荣誉授予这个城市最爱的导演了。在确定了考夫曼之后，我们又确定了埃里克·罗斯（Eric Roth，《惊爆内幕》[*The Insider*] 和《慕尼黑》[*Munich*] 的编剧）和哈里森·福特（Harrison Ford）分别作为编剧奖和演员奖的受奖者。虽然我十分乐于将荣誉授予这几位电影人才，但我从好莱坞经纪人以及业内其他人那里收到的反馈则不然。他们认为这就是一场毫无意义的秀，是一个当地名流自娱自乐的独角戏。诚然，这场活动让组织蜚声在外，但精致的衣着和高昂的票价还是让它呈现出高端和光鲜的感觉。它缺乏的是一种群体感和使命感。

尽管如此，我们投入的所有资金都收到了良好的效果。电影协会的一大美好之处在于，借助肯尼斯·赖宁基金会（Kenneth Rainin Foundation）的捐款，协会向导演提供的资金和服务总计100多万美元。那天晚上导演瑞恩·库格勒（Ryan Coogler，《弗鲁特韦尔车站》[*Fruitvale Station*]）和奥罗拉·格雷罗（Aurora Guerrero，《小小爱火花》[*Mosquita y Mari*]）讲到正是这笔基金帮助他们完成了电影，并让观众看到了他们的电影，这可以说是当晚最精彩的部分了。人人都爱听印第安纳·琼斯式的故事，而听到如何完成一部高质量的电影常常会给人带来特别的兴奋感。我们在这一次的晚会中加入了展示协会对艺术家人生所产生的影响这个主题，我认为这样会使得晚会内容更加丰富。尽管我增加的这个部分很有价值，但其中一位负责组织活动的董事对于让当时默默无闻的新人导演在主舞台上讲话这件事表示嗤之以鼻——显然，我们两人考虑的重点大不相同。

而整个电影节的撒手锏是史蒂文·索德伯格的到来。这对我来说意义重大，因为虽然我和史蒂文并不熟识，但他之前在我职业生涯的不同阶段都帮助过我。而且，他的讲话并不仅仅是在讨论行业现状，而更像是他的“退休”声明。这也吸引了全世界的注意和讨论。电影评论家A. O. 斯科特（A. O. Scott）还因此在他发表在《纽约时报》上那篇对当年电影的评论文章中坦率地表示，好莱坞不再支持电影艺术，这会从核心极大地震动电影行业。我曾写过很多文章，做过很多努力试图让人们清醒过来。相比之下，索德伯格单靠这个“为什么我不再想拍电影了”的讲话便产生了更大的影响。

他的讲话同样呼应了我正在全情投入的一个项目。在电影节期间，这个名叫“从艺术家到企业家”(Artists to Entrepreneur，简称A2E）的项目在歌舞艺术酒店启动。在这样一个独特的工作坊里，12支电影创作团队，12个成熟的电影发行平台，8家发行顾问，以及15家媒体技术初创公司都在尝试发行电影和培养观众的新方式。自从几年前我和乔恩·赖斯开始推广那些项目起，这类东西正是我长年以来想要推进的。终于，我现在有机会来做了。

A2E项目来源于我对业内人士的沮丧。他们常常变得自卖自夸，行业里缺乏起码的透明度和开放度。我步入社交媒体时的动力是，我觉得只要有像我这样的业内老手开始开诚布公地说话，其他人都会效仿。我在推特上，在博客里，在许多讲座上诚实地发表见解，但似乎并没有什么人加入了我的行列。于是，我想，如果我能集结一群来自整个流程的不同环节的利益相关者，并让大家都愿意分享各自的经验、期望、需求，那么我们就能开发出全新的策略和完善的方案来前进。

A2E项目的重点是将商业理念与叙事艺术相结合，培养艺术家的创业技能并提供其他方面的培训。如果我们能鼓励电影工作者从单纯的“疯狂艺术家”转变为所有者、实干家，这样我们兴许就能鼓励他们肩负起自己作品整个生命周期的责任，不管是从一开始的概念，到院线发行，再到虚拟平台的发行（如视频点播和DVD），还是直到最终得以被编入公司电影的片目。这样一来，我们就能做出新的范例，使得整个过程不再那么艰难可怕。我最终的目标是在A2E项目下进行若干不同的项目，使A2E成为一个包含众多工作坊的持续的、多面的教育课程。我们进行的第一个工作坊是“A2E入门：直接发行”（A2EOnRamp: Direct Distribution）。我们欣喜地看到，许多来自各方各面的人们聚集到一起，公平、坦诚地交流。其中有准备开拍的，有正在做后期的，或是与发行和市场专业人士一起频繁参加电影节的电影工作者。还有的电影工作者正在和著名数字发行平台、B2C平台以及软硬件公司一一谈判，这些平台和公司都是电影发行阶段的重要组成部分。

我很清楚像A2E这样的项目并非我的董事或者员工乐意去做的事。我认为电影协会最重要的角色是变革的领导者，但似乎没有人认同这一点。尽管我很有信心找到赞助商，而且这样的项目一定可以在开展起来后吸引更多的赞助商，但是董事会仍然拒绝给我启动A2E的资金。他们都没有把目光放到远处。因为对于电影协会，以及其他非营利组织，甚至是电影行业本身来说，变革常常显得过于冒险，冒险到会让人丢掉饭碗。

我相信我们这个非营利组织能够成为变革的力量，这也是我当初选择来到旧金山的原因。讽刺的是，我不得不寻求澳大利亚方面的帮助来实现这个梦想。澳大利亚银幕（Screen Australia）有一个十分强大的实习项目，让有经验的制片人能有机会能师从国外资深电影工作者。我联系了该组织，表示我希望能有一位制片人来合作构建独立电影商业的新模式。有一位名叫艾丽西亚·布朗（Alicia Brown）的申请人，她熟悉行业的方方面面，并且有着和我一样探索电影发行新模式的热情。于是，我和澳大利亚银幕决定给她这个机会来旧金山和我一起工作。虽然路途遥远，但要是没有她和澳大利亚银幕的参与，我们是不可能启动A2E项目的，更不用说把这个项目做到如此高的水平了。

最终，A2E吸引了20多家新赞助商，他们大多是科技企业并且是旧金山电影协会从未发展过的。我们还和许多其他著名支持电影的组织结成了联盟，如IFP、FI、圣丹斯、Cinereach，从而吸引了众多电影工作者的参与。A2E甚至还给协会带来了大额利润。而与许多创新努力相同的是，它得到的支持来自协会的外部。我们在审视行业所需要的变革时会认为，这样的变革是很难由内向外进行的。来看看那些对电影业产生了深远影响的公司：Kickstarter、

Indiegogo、YouTube、Vimeo和网飞（Netflix）——它们最初都是来自行业外部的，无一例外。

其中一位我邀请来参加工作坊的导演是亚当·科利斯（Adam Collis）。他在20世纪90年代拍过一部十分优秀的短片《“疯”小子，我会赶走你的忧郁。你是我的》（*'Mad' Boy, I'll Blow Your Blues Away. Be Mine*）。在初尝成功的滋味之后，他拍摄了一部制片厂电影《日落大道》（*Sunset Strip*）。本片的制片人是大名鼎鼎的阿特·林森（Art Linson，《搏击俱乐部》[*Fight Club*] 的制片人）。但在制片厂介入并接手电影后，他十分气馁，离开了电影行业。在这之后，亚当决定去进修工商管理硕士。后来他去了亚利桑那大学任教。我们在几年后恢复联系也是因为他找我去开了电影制片的硕士课程。我知道他一直致力于尝试新鲜事物，同时我的A2E项目需要有一些已经处在开发阶段的电影项目，而他当时正在开发一部关于二手车销售员的电影《狗之车》（*Car Dogs*）。于是，我请亚当介绍了一下他在商学院的论文，论文探讨了为什么独立电影导演应该自己花钱为自己的电影进行市场推广。到了工作坊快结束的时候，我让他运用在A2E中的收获来为大家推荐《狗之车》这部电影。亚当是个精力充沛的人，擅长表现也擅长推销。亚当准备了一个十分精彩的演示文件和一段没有任何实拍镜头，用其他电影片段剪辑而成的预告片。他让现场的所有人都激动了起来。如果他是在推销72年的福特雷鸟的话，他那天肯定卖出不止12辆了。

许多导演想到要去尝试新策略都会觉得困难重重，比如为市场推广和拍摄过程融资，或是从专注单一产品（电影）转变为其他相关产品（需要参与所有与他们产出相关的东西）。大多数导演都不想负责他们自己电影的发行和市场推广，更不用说是构建观众群了，因为大家都还记得那些像《麦克马伦兄弟》这样的电影：成本超低，卖给发行商后获得了巨大的票房收入，开启了爱德华·伯恩斯的事业。我们所获得的骄人成就竟然在日后成为我们自己和其他人的阻碍，这样想来多可笑啊。然而，亚当并非如此。他一直致力于采用这些新方式，他也是在A2E项目中找到信心和和人脉，并进一步努力的诸多导演之一。（他还真的在当年完成了《狗之车》，演员有乔治·洛佩兹［George Lopez］和获得过奥斯卡奖的奥克塔维娅·斯宾瑟［Octavia Spencer］。）当我们坐在歌舞艺术酒店的会议厅里时，我们感觉就像是赶上了性手枪乐队或是地下丝绒乐队（Velvet Underground）的首演那样：虽然观众人数不多，但我们备受鼓舞，意欲发出自己的声音，或是说拍出自己的电影。我们知道我们可能伸手就能触到那些激动人心的东西，那些比我们各自的电影更重要的东西，那些可以对整个社会产生影响的东西。说不定，导演们会开始对自己的作品从一开始的融资到最终的电影发行全权负责，而不只是去参加电影节了。

电影协会董事会成员共有二十六人，其中只有大概四人出席了这次活动。当为数不多的这几个人来到现场，目睹我一直以来挂在嘴边的东西后，他们也开始热情了起来。他们终于明白我在做什么了。这不仅是因为他们看到了A2E吸引的赞助商，赚到的资金以及占据的全国媒体版面，还因为他们意识到，旧金山电影协会可以推动电影文化和经济不断向前发展。而我们的董事会主席帕特·麦克贝恩这样对我说:“特德,现在是时候了。现在你可以提出你的诉求,让董事会更进一步了。”

我们本应在电影节之后马上召开董事会议的。这可是个长达五小时的会议,而我也将第一次在会上作汇报讲话。但电影节结束时已经是5月底了,这时候许多董事已经开始了他们的暑假。于是,董事会议的日期不断推后。当我们猛然惊醒时,那时已经是7月中旬了。这可不是个开会的好时候:距离电影节结束已经过去太久,而要将所有人在A2E工作坊中感受到的动力转化为资本就很难了。

在电影节之后,我做的第一件事就是解决组织的现金流的问题。我们几乎快周转不过来了。显然,要是我们不用忍受每个月都要担心是不是还能发得出工资这件事的话,我们会成为一个更好的组织。有了盈余,我们就能有更多主动性。于是,我提出了这样一个要求:申请25万美元来保障组织的顺畅运行并且渡过难关——并非通过赠予形式,而是通过贷款。这笔钱虽然比我们每个月的开支要少,但已经足够我们来进行完善工作了。但有一位董事坚持要把这个要求看成一个危机的信号。“不,”我说道,“我的意思是,25万美元的贷款可以让我们更加强大。”我听说过一些人人都玩弄权术,使得董事会变成了政治温室的故事。我曾以为在旧金山这里并不会这样,但我错了。在那次的预算会议上,几位重要人物缺席,而在场的几个人中还有几位连现金流问题都搞不懂。就算我和我们的财务总监基斯·考林(Keith Cowling)表明我们能在年底实现正现金流,但潜在的现金流问题成了董事会内部的裂缝——而这些裂缝日后演变成了一场剧烈的地震。

在之后的六个星期里，我所做的任何尝试都屡屡受挫。我们需要招聘一名新员工，但她开出的薪资条件比我们预计的高了1500美元——没能成。因此，我们不得不进一步增加其他员工的工作量，直到我们终于在八个星期之后找到了合适的人选。员工的士气也因为许多事情没有完成而受到了影响。在董事会议将要开始前，我手上堆积了22件停滞不前的事情。许多人都在拿着放大镜看我。我的头快要炸了。

在董事会议上，我用上了职场演说工具——幻灯片来进行我的发言。我说到了电影节的成功，还说到了要在没有额外资金投入的情况下创造利润的挑战，以及我如何通过开展A2E项目切实做到了这一点并最终将会为组织带来最高六位数的利润。我提出在秋季举行一次庆典来解决我们本身的颁奖晚会与行业主要颁奖典礼在时间上脱节的问题，从而提升组织在好莱坞的形象，并吸引重要赞助商。

我还推出了自认为最重要的工作成果，一项融资计划——FIX。这个名字既是电影创新交易（Film Innovation eXchange）的英文字母缩写，又隐含着行业所需要的东西——修复。这项计划是以投资者会费加入以及融资论坛的方式进行，从而充分利用组织最近支持圣丹斯获奖电影《弗鲁特韦尔车站》的成果（以及我历年来的成就）。我在加入电影协会前的一年就开始为这个计划而努力，而现在终于可以推出了。我们已经确定了一位投资人，对方愿意承担项目初期的费用，我也表明这个项目会为电影协会带来数十万美元的收益。协会成员们怎么能不动心呢？除此之外，我筹备了一个公司捐赠项目，并吸引了三位新的私人赞助商的投资。“这些全都太赞了。”我这样想。创新终于进入了电影产业，旧金山将因为它的贡献而为电影世界所瞩目。

但有人告诉我说，当我离开会议室时，人们对我们是不是真的有现金流问题，以及我对电影融资和发行方式的探索是否违背了协会的核心工作而大吵起来。在这之后，一位新董事突然辞职。显然，现在协会里一团糟。

在之后的行政会议上，董事会决议否定了我的大部分提议。在有些事上他们同意了，但后来我发现他们并不是真的同意。我知道非营利组织是依赖董事会生存的，而董事会有一种与生俱来的谨慎。尽管如此，我还是觉得很惊讶。我以为我们证明了自己。我以为我证明了我切切实实地完成了我最初告诉他们的计划。

协会最初来找我来担任这个职务时，我觉得，这个组织虽然不大，但好歹还是和全国电影文化相关的。它有进步的空间。协会的年预算是700万美元，差不多是圣丹斯那样的机构的十分之一。它的员工很少而董事很多。它是可以改变的。旧金山是一座创新之城、资本之城、文化之城，所以说如果电影界会有改变发生，那它就应该发生在湾区。但我发现，当我把修复电影产业当作是自己最大的热情所在时，大多数电影专家、电影协会和电影文化机构并不重视这件事。他们热爱电影，而既然好电影仍在不断出现，那有什么好担心的呢？奇怪的是，我现在的处境让我觉得似曾相识。当我还在制作电影时，我所有的工作都是为了艺术。当我在保护电影艺术的电影协会工作时，我倒更乐意去推动它的经济效益。这让我想起了小塞缪尔·戈尔德温问过的问题—— 你到底是艺术家，还是生意人？这个靠热情推动的行业所固有的矛盾在我脑中不断轰响。

在这之后的几个月里，董事会和我几经周折才达成了一致。我和同事们为那些我想推动的项目做了提案。只有个别董事，其中包括即将出走的董事会主席帕特·麦克贝恩认同了我提出的融资计划——FIX对电影协会有着转变性的作用。但我十分珍视这个融资计划，它的成功与否完全取决于我。要成功我就需要找来许多我过去的投资人。所以，只有组织百分之百支持这个项目，我才会这样做。但即使帕特和新董事会主席大卫·温顿（David Winton）一直在跟我保证他们是支持这个项目的，我并不完全相信，因为协会里反对的声音太多了。

有人曾这样告诉我，如果你的另一半常常因为你不把牙膏盖拧回去而指责你的话，你就知道你们的关系已经走到尽头了。我们都应该对一些小问题视而不见。但董事会的不支持对我造成的影响已经达到难以忽视的地步了。

到了夏末的时候，我回纽约去陪我的儿子。他那时13岁了。这是第一年我没有陪在他的身边，我们各自身处东西海岸。在他出生的时候，作为父亲的责任感告诉我热情和真诚是所有努力必需的品质。他现在已经步入了美好的青春期，就像每个处在这个年纪的人一样，他正体验着独特的难题。他已经知道要热切对待他的艺术，这也让我想到了我自己。我有没有对自己真诚呢？我重点要考虑的事情是什么呢？是要保住我的工作，还是要去完成我来旧金山的目的——推动电影文化呢？

当我中途在多伦多国际电影节停留，而后返回电影协会后，我和董事会开诚布公地谈了谈我在组织内部遇到的阻力。大多数董事都在努力达成他们的目标，但我越来越清楚地看到，我们的重点并不统一。最终，我选择了辞职。帕特和大卫不接受我的辞职，他们让我提出愿意留任的条件。第二天早上，我交给他们一个清单，上面列了27件我觉得组织应该改变的事情。其中一部分是他们可以解决的，但他们不接受把企业创新作为和展览、教育和电影服务同样重要的东西。我很快下定决心要辞职，不过我还是会完成这年的工作并做好与新执行总监的过渡。我很抱歉让团队再次经历重大人事变动，但还好之前的诅咒已经解除了。我并没有像两位前任一样在任职期间过世。但这段经历让我有些失望，让我想起了之前我还在做电影制片人时，努力为人友善，与人合作愉快并且保持乐观，却要面对面遭遇许多虚伪、烦人、固执、卑鄙的人。在经历了这么多失望后，你需要挣扎着才能保持对这个行业最初的热情，但保持昂扬的热情可以说是在这个行业里生存最重要的事情了。我不能就这样放弃。但我现在觉得，要促进变革只有一条路可以走，那就是通过营利性公司或是初创公司。

差不多就是在这个时候，我开始用“彻底的系统重启”这个词来形容电影产业所需要的东西。只有这样，我们才不至于陷入过时而又短视的模式里。在20世纪90年代，独立制片人常用的两招是针对小众观众制作电影以及在市场上将影片与其它作品区别开来。那时，独立电影只是一垒安打而已，而不是全垒打——制片人的目标往往是想用20万的开支换回100万美元的票房。这样的方式让导演能在电影形式和内容上大胆试验、冒险尝试。由于那时有较多报纸电影评论、艺术影院和海外销售，这个方法是可行的。但在这之后，《低俗小说》一炮而红，独立电影不再仅仅服务于小众观众，而变得有利可图了。现在，你的电影需要面向所有的观众了（比如《阳光小美女》《朱诺》《卧虎藏龙》）。而这样的电影所需要的市场推广费用非常高。接着，互联网出现了，这使得我们能够找到各自的受众。于是，我们绕了一圈又回到了原点。现在，我们的受众又成了小众观众了。

而这一点十分重要。因为随着资金越来越少，要是你觉得你还能做面向大众的电影的话，你就大错特错了——除非你做的是低成本惊悚片。《鬼影实录》系列电影的制片人做到了这一点。他们会用不高于300万美元的预算来拍电影，制片厂会用1 000万美元来做宣发，而电影向大众观众传达了一个清晰准确的信息："这部电影会吓到你的。"但对于其他类型的电影来说，我们该做的是考虑追逐那些容易发掘的小众观众，就像新酷儿电影（New Queer Cinema）和黑色新浪潮（Black New Wave）电影寻找目标群体的方式那样。

我们还需要转变行业术语。我们不应该把自己定义为想要采用新技术来发行和推广自己作品的媒体人，而应该把自己看作是想要利用现有媒介来让作品发光的技术人员（或者至少是技术合作伙伴）。这在根本上是两种不同的思路，但这是应着时代的要求产生的。相对于"我有一个好故事，我想吸引人过来"，我们更应该这样想："所有人都聚集在这里，我来给他们提供一个好故事，让大家能一直聚集在一起。"于是，在与我的妻子瓦妮莎合作她的电影

《聚精会神》(*All Eyes And Ears*)时，我采用了新的方式。尽管人们仍旧会认为这是一部纪录片，但我们觉得它更像是一个“故事会”。没错，这是一部故事长片，但它又是由20个短片组成的。我们这样设计是为了让不同的人能在不同的时间以不同的方式投入其中。

我在写故事片项目的脚本的同时还在撰写协同写作平台的提案。这样的平台将围绕同一个主题，拓展叙事思路，提供社会参与机会。我的灵感来自于那部让人眼花缭乱的大作——《〈星球大战〉未删减版》(*Star Wars Uncut*)。该片对《星球大战》(*Star Wars*)进行了逐镜翻拍，而且完完全全是由影迷制作的。这是一个由几千人的团队用袜子人偶和奇形怪状的服装完成的。这部电影可以说是一场文化海啸中的第一丝涟漪。正如我需要一个支持我的投资人，一个优秀的演员阵容和一个优质的剧组团队那样，我还希望每个项目都能够引入富有激情的市场推广搭档或是精明广识的协调人员，最好还能有迫不及待参与这次经历的群体。正因为我们要为自己电影的整个生命周期负责，我们的职责也相应扩大了。

我在旧金山电影协会工作期间，瓦妮莎的电影对我来说变得越来越重要。当我在位于普雷西迪奥的办公室工作了一整天后，我需要去感受那种制作独特新颖的东西的激情。我会去走廊另一头的剪辑室，和瓦妮莎一起观看剪辑效果并重新组织电影。这让我整个人都鲜活了起来，让我觉得有人听到了我的声音。我又一次觉得自己参与了一件重要的事情。

优秀、专业的工作伙伴是很难找到的，在生活中更是如此。从我的切身体会来说，要把这两者合二为一很可能就是一场灾难。但当两者完美融合在一起后，那种感觉会让人心旷神怡。我很幸运这一次我做到了。我和瓦妮莎在合作《聚精会神》时，我目睹了她是如何执着地不安于平庸。这更坚定了我专注在这件要事上的决心。我不打算去找另一份工作了，我甚至不想单单去做一部电影。我得找到办法来完善这个行业，特别是为了那些我关心的人和群体。

我在制作瓦妮莎的电影时所感受到的愉悦更印证了让我挣扎已久的一件事。当我们以制作电影为生时，我们的任务是完成电影。但完成电影常常会显得比完成好电影来得重要，这与我们的人格无关。我们的酬劳往往依靠的是电影的数量而不是质量。我暗下决心，无论我接下去要做什么，我要为我的激情，而不是收入来制片。我需要用一种新的方式来谋生，我需要把拍电影当作我的爱好来对待。

从旧金山电影协会辞职后，我一直在思考要怎样才能达成我的新目标。很巧的是，我在这时收到了Fandor公司请我去担任公司首席执行官的邀约。这是一家位于旧金山的线上艺术电影社区以及订阅点播平台。Fandor虽然已经成立两年，建立了一个良好的艺术电影观看和互动平台，并拥有一支强大的团队，但它仍处在相对初级的阶段。公司的创始人之一兼首席执行官丹·阿伦森（Dan Aronson）是一个热爱电影的技术男。我最初是通过丹·科根（Dan Cogan，纪录片投资公司影响力伙伴公司［Impact Partners］的创始人之一，该公司也是我的FIX融资模型的原型）的介绍和他见面的，我们讨论了Fandor的战略问题：将电影策划、情景分析、电影资源、社会交流等互动功能融合到一个操作简单、设计吸引人的站点中。虽然这不是一件简单的事，可是丹和他的团队已经快要做到了。

在2014年年初，主流电影行业媒体开始意识到市场上的电影早已泛滥。媒体认为发行渠道中的供过于求已经成为一个难题，而由此引发的问题是，虽然电影数量巨大，但我们并没有很好地匹配电影及其相应的受众。像亚马逊、网飞和潘多拉①这样的公司很清楚这一点。过去，人们常常是因为一时兴起才去选择观看某部电影的，并不是因为长期培养的结果。但这种冲动行为模式正在发生变化。而独立电影可以从这种转变中受益。在网飞的初创阶段，公司的首席内容官特德·萨兰多斯（Ted Sarandos）告诉我说，用户使用网飞的时间越长，他的品味就越会向艺术电影转变，而用户在网站上和越多人接触，这种转变就会来得更快。使用率和群体性可以提升用户质量。

丹·阿伦森同样致力于改变Fandor。他想做的是网飞、Hulu 和亚马逊以外的另一个选择，一个能填补它们的空缺、有着强烈策划感和群体感的网站。我很喜欢这个想法。丹意识到创作者无法从它们的作品中得到合理的报酬，于是他想要改变这个现状。他采用了一种利润平均分成模式，将一半的订阅费用按总观看分钟数按比例返还给内容所有者。也就是说，电影的播放次数越多，创作者能赚到的钱也就越多。

我在和丹第一次见面时就答应加入Fandor的咨询委员会了。但

① 潘多拉（Pandora）是一家为用户提供个性化服务的网络电台，与前文中的“德国公司潘多拉”并非同一家。——编者注

加入咨询委员会只是意味着他们可以来向我咨询而已。我还见了克里斯·凯利（Chris Kelly）。他是Fandor的主要投资人，曾经担任过脸书的第一任首席隐私官。他还是独立电影的拥趸。当我搬去旧金山时，Fandor就在我家后院，所以我有很多时间和丹、克里斯待在一块儿。我们常常会谈论十分宏观的话题，比如独立电影到底怎么了，我们要怎么做才能让它变好。

2013年6月，我曾邀请克里斯加入旧金山电影协会的董事会，但他太忙了。但随着我们话题的继续，我越发清楚地看到我们有着共同的目标。我们想要找到解决“选择专制”——电影太多，点播平台太多——的方法并让新媒体世界更有逻辑。系统重启的概念在丹和克里斯心中产生了共鸣（毕竟，他们都是来自科技界的）。我从电影协会辞职后，他们就问我是否愿意与他们共事，并建议我把Fandor当作这次重启的核心。

Fandor是一家初创公司，也是开始这次重启的绝佳选择。我又一次感觉到这是一个我无法拒绝的邀请。而且这个工作的薪酬即使是在旧金山也相当合理，我还能和我喜欢的人共事。而公司的董事会只有3个人，不是26个人。我很兴奋可以与一位首席技术官以及许多热情聪明的工程师共事。我原以为我得自己融资来建立一个新公司，但这里已经配备了人员和工具，只等着前进了。（旧金山电影协会位于美丽的普雷西迪欧，停车区域大，但基本没有什么美食可供选择。Fandor就不一样了，它位于市中心，毗邻泛美金字塔大楼。我可以步行去小意大利和唐人街，尝尝数百家餐馆的美味。就是这样一种简单的幸福。）

我接受了他们的邀请，开始了我人生的又一次重大转变。

早在20世纪90年代中期，我就已经开始思考培养我认为行业所需要采用的商业计划和方式。在1995年秋，我为《电影工作者杂志》（*Filmmaker Magazine*）撰写了一篇文章。在这篇名为《独立电影已死》文章中，我罗列了以下几个问题：行业对畅销概念的依赖；较小发行商不可避免的失败；宁可保密也不共享信息的心态。而从那以后，我几乎每年都会列一些清单。我最关心的问题之一一直没变，那就是电影工作者应当为他们电影的经营负起更大的责任。

而现在，电影工作者能比以往更便捷地利用各种工具。你通过网络就能接触到很多人，尤其如果你是凯蒂·佩里（Katy Perry）这样的人（到目前为止，她在推特上拥有5 000万关注者）。但就算独立电影工作者只能接触到其中的很小一部分——按常理来说，大约3%的电影观众会去看艺术电影——这也已经是不少人了（准确地说有150万）。我们还需要把独立电影最大的优势利用起来：独立电影会迫使观众进行讨论。好电影会在陌生人中引发情感共鸣。所以说，如果能把互联网所能做到的使用率和群体性这两点结合起来，那就可以说是万事俱备了。但目前为止，还没有人设计出这种体现这两个重要元素的高效的场所和平台。

在线观看电影和在电影院观看电影，哪怕和看DVD或是视频点播都有很多不同。你看看停停，你暂停后起身离开，你可能都不会回来继续看完。而电影工作者需要考虑到这样的观影习惯。人们在网上观看的时候还会通过即时评论或是在线讨论的方式来记录和纪念这次观影的经历。电影工作者越是能让观众和电影联系起来，观众的体验就会越深刻。集音乐家、作家、喜剧家、活动家于一身的布茨·赖利（Boots Riley）曾告诉过我，他小时候常常和最棒的那群人去看电影这件事是多么有趣。他们并不是根据放映的电影来决定去哪里看，而是最有意思的那帮人去哪儿他们就去哪儿。与之类似的是，我一直把电影看成是观众和银幕之间的对话。我喜欢讨论电影，甚至比看电影和拍电影还要喜欢。而现在，我们终于到了可以在同一空间内提供情境、接触、参与的时候了。我们要做的就是下一步——行动起来。电影并没有在片尾字幕开始滚动时结束。甚至在你离开影院时，电影也没有结束。电影将人们聚集在一起，在不同群体和文化之间创造长久的共鸣。利用这种能力来给个人和社会带来变革性体验是大众艺术形式的终极目标。

有人可能会觉得这么说显得有些冠冕堂皇，但从另一个角度来说，吸引很多人把电影当作自己的事业的往往就是它所带的光环：明星、荣耀、奥斯卡奖。我必须承认，我很激动能在那些最伟大的明星成名之前就认识了他们，特别是当他们在很久之后还能记得我时。而当我走在戛纳的红地毯上或是有人走上前对我说我的某部电影影响了他的人生时，那种感觉真的让人十分激动。

但如果非要我说出我最激动的时刻，那就应该是制作哈尔·哈特利的《难以置信的事实》，和一群几乎没有经验，但有着无限渴望的人合作的那次了。那是我制作的第一部电影，完全倚靠大家的热情完成的。这次经历决定了许多我之后参与的电影。我们不需要明星效应。我们不需要好莱坞。我们可以创造平民英雄——这不仅是我们电影的主题，也是那些专注努力完成电影的电影工作者的写照。活跃在20世纪80年代的民兵乐队（Minutemen）很好地诠释了这样一种DIY的精神。他们信奉“低碳演出”（We Jam Econo），具有一种不加虚饰的朋克精神。他们从不办什么体育场演唱会，自己给自己当乐队经理，白天各自还有工作。而当他们全身心投入摇滚时，他们追求的并不是荣耀或自我。《难以置信的事实》也是一样。我们是一群毫无背景的普通人，只是想要凑在一起创造一件富有意义的、赏心悦目的东西。当你和一群朋友一起努力完成了一场演出，然后演职人员中有二十多人后来执导了他们自己的电影时，那种感觉着实鼓舞人心。而现在，我就像是回到了那个时候。我虽然身处高科技公司，但我仍然处在初级阶段，尝试去做新鲜和不同的东西。

但我不得不承认，在制作了50部电影之后，拍电影对我来说已经不再有新鲜感了。可能这就是为什么我会投身社交媒体，搬去旧金山，接受电影协会的工作以及后来去了Fandor工作。这种新鲜感又一次让我感受到当初刚刚开始制作电影时的兴奋之情。这是我想要有一个孩子的原因之一：孩子让我能用全新的视角来看世界。这是我爱上瓦妮莎的原因之一：我们都认同在生活中和工作中都要拥抱变化，我们也因此紧紧相连。我们都拥有那种想要把事情做得更好的欲望，不论那是一部电影，一个电影行业，还是一段感情。

当我去读电影时，我也怀抱着远大的梦想。但当我的事业不断发展，不断成熟后，我变得实际了。在很长一段时间里，我不得不将目光放在那些我能轻松完成的电影。到了现在，当我想去制作电影时，我想要远离那些实际的项目，而去追逐那些我梦想中的项目。我想要花5年，甚至7年的时间来开发剧本，直到满意为止。或是干脆拿着初稿就开拍，只要我觉得这个版本拍出的电影效果是最好的。我想要在投资人非要让某个我认为不合适的演员出演时说不。我不想拍一部处处妥协的电影，也不想要急于求成。我想要做那些不容忽视的电影。

过去，我常常需要为了挣钱谋生牺牲自己的梦想。我没法接拍我梦想中的项目，因为，没错，我输不起。现在，因为我有了新的挣钱方式，我希望我能开始更多地专注自己的梦想。我想要循着旧金山伟大制片人索尔·扎恩兹（Saul Zaentz）的脚印前进。他在30年里只制作了十部电影，但每一部电影都折射出他的企图心和创造力，不论是《飞越疯人院》（*One Flew Over the Cuckoo's Nest*）、《莫扎特传》（*Amadeus*）还是《指环王》（*The Lord of the Rings*）。而且其中有三部电影获得了奥斯卡奖最佳电影奖。这些都是我在之后的20多年里想要制作的电影。但这只是我的理想的一部分。

现在我身处旧金山，这座城市常常让我不得不用全新的视角来观察事物。我对此惊讶不止。迷雾散尽，万物显形。当你来到又一座山峰时，你会看到新的地平线。我一直相信这个说法，至今念念不忘。它让我想起我在纽约大学的毕业作品，那时我为了得到导师的支持而最终牺牲了自己的梦想。那部电影的名字就叫《山峰》。当时，我一定不会知道，但几十年后我真的做到了。而这一次，绝不妥协。

附录一　独立电影的 141 个问题与机遇

2010年，我在博客“希望为电影”上发表了一篇文章，讲的是独立电影界面临的28个问题。虽然相对于指出问题和担忧，我更倾向于寻找眼前的机遇和解决方法，但我仍旧觉得有必要列出我们需要解决的难题。一年之后，我添加了38个问题。在这之后的一年，我又添加了24个。而我担心的是，这个列表将会越来越长。

就算是沾了我姓氏的光 ，我也没办法永远保持乐观，毕竟我还得说真话。有时，爱之深责之切。况且，这些年来我可没少责备独立电影。我能怎么办呢？现如今，我们的文化中有太多问题，许多问题都会毁了我们的电影生意。

让我激动的是，这样的清单同样证明了，那些希望摆脱现状、采取行动的人拥有无穷的机会。事实上，与其把它们看作是问题，不如看作是机遇。我们只需要从这里开始共同努力去提升和完善这些机遇。就是这么简单。对于敢于创新的企业家来说，任何一次亏损都是一次机遇，不是吗？所以，以下是我们面对的141个机遇（排名不分先后）。也许，它们并不是无法逾越的障碍。

（1）人们在休闲时间可选择的活动太多，电影很难赢得人们的时间。

（2）上映的“偏门”影片（specialized films）数量过多，口碑宣传的缺失降低了观众对电影的关注度。

（3）上映的影片数量过多，导致电影在影院在映时间不长，很难积累观众口碑。

（4）除纽约和洛杉矶以外，观众往往无法在某部电影处于媒体上最活跃的时期看到这些电影（催生盗版，而且电影由于时效的降低减少了吸引力）。

（5）发行商没有采用（或未能成功采用）构建观众群的推广方式来宣传“偏门”影片（降低了观众对于“进电影院观看电影”这一群体行为的兴趣）。

（6）发行商没有把握住故事片点映的机会来构建观众群。

（7）由于依赖以大量宣发费用为基础的影院发行模式，影片的推广内容流于宽泛（降低了影片在市场上的独特性），降低了集中针对那些已被发掘的、已积累的小众观众群进行推广的能力。

（8）预付明星演员酬劳导致预算过大，使得投资无法正常收回。

（9）行会的养老、医疗保险和其他福利水平对于低成本项目来说太高，使得低成本项目只能无缘行会的技术和人才。

（10）媒体素养及其培育项目的缺失，使得观众仍以冲动而不是理性思考的方式选择电影。

（11）美国并购市场的崩盘导致电影工作者们的项目预算缩水，电影内容也因此受到限制。

（12）海外销售市场的崩盘导致电影工作者们的项目预算缩水，电影内容也因此受到限制。

（13）外国电影在外国市场上的营销推广，降低了外国市场发行商对美国电影的兴趣。

（14）外国拍摄的补贴额大于美国的退税额，使得外国电影可以有更大的制作预算，因此电影的价值更高、内容更丰富，导致美国独立电影越来越难与其竞争。

（15）经济衰退使得能用于电影投资的个人资本减少。

（16）信贷紧缩使得电影工作者们很难用贷款的方式为电影融资。

（17）盗版问题使得电影的资料价值变得不稳定，导致内容公司的投资减少以及购买价格降低。然后，这会导致电影预算减少，从而限制电影内容的选择。因此出现全盘皆输的局面。

（18）电影行业没有利用网络开发新的商业模式来保障合理的电影预算。

（19）电影行业中的创作者和经营者都没有采用新的剧本拓展模式来增强观众的聚集和参与（从而培养、构建和驾驭观众）。

（20）当前的文化比较强调产出单一故事的电影，而非与影迷建立长期持续的交流，这样做会忽略那些能帮助观众在电影之间相互联系、避免每部新电影都要重新建立观众群的电影内容。

(21) 虽然下载技术的历史不长，但15年来，在整个互联网上，下载都是件轻而易举的事。人们对下载忧心忡忡，害怕这一变化会让电影业务失去生机。

(22) 盗版制作者们已经开发出了可以让观众随时随地下载任意他们想要观看的电影的平台，而这正是电影行业还没有做到的。

(23) 以报纸为阵地的电影评论一职的消失，降低了舆论监督，削弱了电影口碑和观众的观看欲望。

(24) 剧情简介式的评论方式无法为电影提供丰富的文化语境，从而降低了观众的满意度。

(25) 电影工作者们缺乏市场和发行知识，限制了自主发行成功的机会。

(26) 好莱坞沉溺于反刍过去成功模式，独立电影工作者们纷纷效仿，反刍过去独立电影节的热门故事，或拿来纸上谈兵。电影已经一百岁了，但我们仍在以相同的方式讲述着相同的故事。观众因此感到无趣，于是转而投身电子游戏了。

(27) 美国独立电影工作者们直到最近才开始着眼于“非美国主题”的故事从而进军国际市场。

(28) 由于美国没有国家艺术类资金，美国电影工作者们只能根据既往市场情况，而不是远见卓识来开发素材。

(29) 美国与其他国家没有合作协定（除《波多黎各谅解书》[Puerto Rico's Letters of Understanding] 外）来让美国电影工作者们利用外国公司美国子公司的软资金。

(30) 专业发行商要求放映机构开展整周的推广活动，使得放映机构无法在休息日晚间集中开发当地观众群和举办小众项目的活动。

(31) 真正独立的放映机构在最近才形成合作联盟，使得真正的独立电影可以轻松地被全国范围内的影院预定。

(32) 没有独立的托收与支付代理机构来处理独立电影自主发行事宜。

(33) 电影工作者们仍然认为电影节是最佳市场，却忽略了媒体的推动作用。

(34) 相比通力合作的工作方式，过于自我的工作方式在拍电影时通常会降低电影质量，增长所有参与者的不满情绪。

(35) 我们缺乏真正具有良好的职业操守，并能专注于拍电影这门手艺的模范（来启发众人）。

(36) 公司等级和资源往往由个人背景（毕业院校、人脉、阶级）决定，限制了多样性和新内容、新方法的引入。

(37) 电影工作者们无法推动iTunes的编辑来推广他们的作品。

(38) 电影的高票价不合理。消费者有太多更好的低价选择。人们不会因为这部电影只在一个地方放映而花高价出门去看一部想看的电影。我们仍然认为电影是人们愿意消费的物品。我们应该把电影看成能够增强其他体验的工具。只有这样看待电影，电影的价值才能提高。电影作为组织群体的工具时，它的力量远比它作为推销爆米花的力量要大（而整个电影放映产业的基础却是这个古老的爆米花思维）。

(39) 业界从未试图建立一个可持续的投资者群体。其他任何一个行业都有这样一个融资部门，它通常是围绕投资者利益和标准结构发展而来的。而在电影经济中，每一笔投资都不同且来源各异，无法由此及彼。好莱坞的发展历史也从侧面表明，人们认为每天都有一个傻子诞生。那么除了资助人和从交易中拿回扣的人，还有谁是目前有限的融资选择的真正受益者呢？我们可以建立一套更为有效的、能带来更多机会的方法。

(40) 电影行业仍然是特权人群的专属地带。虽然行业做出了很多努力试图增加多样性，但数据不会说谎。电影行业被中产阶级或是社会经济背景更优越的白人统治着。这是一门昂贵的艺术形式，竞争相当激烈——但这并不意味着电影就应该把其他人拒之门外。面对现实吧：你们招来工作的人让你们想起了当初的自己。那时候，为了挤入电影行业，每个人都得去实习，但这种提供免费劳动力的工作对于大多数人来说成本太高。纽约和洛杉矶对大部分初入电影行业的人来说太过昂贵了。所以行业内的人越来越同质，看不到多样发展的趋势。而如今愈渐衰弱的经济更加限制了多样性的发展。

(41) 不管是通过明确的退出机制，或是二级资本市场，我们都没有相应的结构或机制来增加电影投资的流动性。电影投资的潜规则就是收益周期长，而且基本没有任何退出机制。由于没有退出的方式，越来越少人愿意进入。谁会愿意让自己的投资被锁定四年呢？投资人不会，只有赞助人才会。

(42) 独立电影工作者们（以及他们的行业顾问）在进行商业

规划时遵照的是2008年9月15日雷曼兄弟（Lehman Brothers）破产以及世界经济改变前的模式和概念。现如今，电影经济已经与当时大不相同了，因此我们不应该用同样的方式。人们对电影的预期大大改变了，或者说是完全改变了。买家和观众的行为也已经变得不同（至少那些仍与电影相关的人是这样的）。产品价值的评判标准也开始变化。我们生活在一个新的世界，我们的策略必须随之改变。

（43）电影产业仍然是个单一产品的产业。虽然产品可以在许多平台上获取，但归根到底还是同一产品。对于这样一个资金密集型产业来说，只销售一件产品是对时间和金钱的浪费。电影可以作为一个平台，来推动其他产品和产业的发展，而这样的发展反过来也能增强观影体验，建立观众群体。

（44）我们很少考虑如何利用电影衍生出其他形式的东西。在3D电影出现之后似乎就再无新事了。像《洛基恐怖秀》（*The Rocky Horror Picture Show*）这样的作品只有这一部，而它也已经十分久远。音乐产业之所以能够繁荣，是因为音乐现场表演的效果通常与录制的歌曲不太相同。电影经济也应该利用扩大不同平台的差异性来受益。

（45）我们忽略了电影最独特的属性。事实证明，人们上网时花在收看内容的时间少之又少（只有30%）。由此看来，人们最为渴望的是联结感和群体感。就像影评人喜欢把电影放在文化的大环境下来分析那样，我们应该重新将观影放置在社交的情境中。若是你不禁想问，为什么现在去看电影的人少了。那与其说是因为电影内容本身，不如说是因为群体感的缺失。要是没有了群体感，为什么我们不干脆待在家里看电影呢？电影最重要的属性就是它是一种组织群体的工具。电影迫使我们去感受、去思考、去参与。这是不容忽略的一点。

(46) 尽管所有的并购市场都在崩溃，而且各个市场的费用水平开始下降，但独立电影仍然依靠着陈旧的海外销售模式进行融资。这个旧模式的核心是明星的预期价值——这一因素现在已变得不那么可靠了。我们必须要找到一个比海外销售预测模式更好的方式，但没有多少人在探讨这个问题，甚至没有多少人认同新模式的必要性。受旧模式伤害最大的是那些投资者，他们听信了所谓的“专家”的建议，以为这就是正确的方法。这种方式在过去或许是可行的，但我们必须向前看，不然就会全盘皆输。

(47) 电影工作者还不能做到支配自己的观众（有些人甚至没有尝试这样去做）。电影工作者一旦拥有了上百万活跃粉丝，人们会踊跃预购他们的作品，积极推销并向亲朋好友推荐。在这样的前提下，经纪人在为他代理的电影工作者谈合约时会出现什么样的情况呢？权力的平衡将被打破，那些已经做好准备并积累了大量追随者的人将能占得先机。

(48) 我们没能开发出能体现人们对电影的热爱的物件。目前销售的唯一商品只有“给影迷的玩具”而已。我们需要设计一些商品来体现它们所有者的风格和品位。除了塔森[①]出版的奢华艺术书籍之外，还有什么呢？我们可以做得更好。诸如此类的产品能够创

① 塔森(Taschen)，德国著名艺术类书籍出版商，以产品设计精良著称。——编者注。

造观众的渴求度，增强他们对这一艺术形式的认同感。我们应当简化将人们的休闲时间转化成智力和社交资本（比如观影行为及其衍生品）的过程。我们该如何定位、奖赏、鼓励那些欣赏我们作品的人呢？

（49）创作者、发行商、营销人员都已经接受了那条横在艺术和商业、作品和营销之间的分界线。电影工作者们不知道如何在电影中运用营销手段，也不知道如何在市场推广中运用电影技巧。这么一来，每部电影挖掘和推进的潜力都因此缩小了。我们将电影这种艺术形式看作是90分钟的扁平产品，这大大限制了电影的维度。电影应该早早地出现在我们的生活中，引领我们进入新的世界，给我们带来无穷的体验、全新的热爱，让我们能够拥抱更广阔的电影、生活和自我。

（50）我们没有认识到，电影最大的优点之一就是它能产生数据。电影人和投资人应该坚持索要自己电影所产生的那些数据。这是一件价值非凡的商品。视频点播平台作为一种发行方式能够追踪用户的身份，以及观看的时间、地点。但这些数据仅仅掌握在收集者，而不是创作者手里。当你将影片授权给别人，换回成本的一小部分金额时，难道你不应该分享所有包括数据在内的产出吗？

（51）我们没有利用从立项到发行之间的两年时间来推广电影和累积观众。尽管在立项之初，许多重要的效益指标都已经到位(比如参演明星和电影概念)，但我们没有好好利用这两年的时间来寻找粉丝、积累粉丝，为他们接触我们的作品搭桥造路，并引领他们接触更多新的作品。

(52) 这个行业在大量造星方面并不太成功。业内确实存在天才的演员，但他们并没有被赋予太多“价值”。为什么我们没有更多更有经济价值的专业演员呢？难道不就是给他们机会去出演那些有助于他们积累观众的角色吗？为什么我们不鼓励演员去挑战那些塑造起来很有难度的角色呢？若是整个行业都开始推动人才的培养，观众、电影工作者、投资人都会因此受益。你可能会对老式的大制片厂体系颇有微词，但你不得不说他们真的十分擅长打造新的人才。

(53) 我们在构建商业模式和完善群体时应该拥有更多的创新和实验精神。我们立足现状，却执着于采用早已没有那么管用的方法行事。人们太害怕藏掖不住的失败了，于是连新方法都干脆摈弃。这不仅是观念以及公共关系的问题，同样还是个组织结构上的问题。电影工作者就应该敢于（实际的）失败和冒险。

(54) 在现行的发行系统下，虽然许多消费者已经接受了他们用来播放内容的硬件设备非常非常昂贵，但他们却认为内容本身应该是廉价的，甚至是免费的。所有娱乐产业都应允硬件制造商采取这样的策略来让人们这样认为。于是，硬件厂商越赚越多，而创作者却日益挣扎。人们只想购买设备，因为它可以用来播放许许多多优秀的作品。为什么财富的分配在这里变得如此不平衡呢？

(55) 不管是创作者、观众，还是他们的代理都没有抗议资源的整合者越来越富有，而内容的创作者只能靠着卑微的收入过活这件事。正因为有了创作者的辛劳，如今，他们的产品和服务才能繁荣发展。但我们却没有愤怒，我们欣然拥抱着那些整合者，而不是产出者。所以，我们还应该关注这里存在的不公平现象，重新评估何为公平。

（56）独立电影产业并不坚持认为艺术家还必须是一位企业家。很少有人会将电影直接推销给粉丝。也很少会有人专注于积累邮件通信列表。诸如此类的市场营销方式不仅应该成为大家认可的行之有效的做法，也应该成为每个艺术院校学生的课程之一。我们不应该只培养艺术家，而不教会他们如何在世界上生存下去。光有高昂的热情，没有详尽的计划会将其带入一个不利的境地。

（57）独立电影行业没能和那些潜在的盟友形成良性的互动，最突出的例子就是科技行业。为什么我们只有得克萨斯州的西南偏南大会暨音乐节（SXSW conferences and festivals）这个唯一的电影、音乐、科技交汇的舞台呢？我们不能做得更好吗？音乐行业还有音乐未来（The Future of Music）峰会，但电影行业再无任何类似活动了。各家代理公司的协调人几乎连网络和科技界的设计师的大名都叫不出来。

（58）整个行业没有向消费者提供简洁明了的网站，让他们能随时随地用各种方式获得他们想要的东西（盗版商倒是做到了这一点）。为什么我们可以任由窃贼在我们的地盘上占得先机呢？我们很快就会发现赢回人心为时已晚。现在确实存在一家功能相近的平台（iTunes），但它归根结底是为了促进电子设备的销售，而我们仍然无动于衷。这一现状也说明我们当前只见树木不见森林。

（59）行业缺乏新的策展人——那些在国内外都有号召力的人。为何我们不能集行业或是群体之力来欢迎那些早已离群的影评人呢？是因为我们害怕批评，就像因为担心负面新闻而害怕社交媒体的大制片厂和那些把电影当作期货交易的金融交易机构那样吗？我们只需要好好拍电影，好好对待每个人。这样一来就不会有什么负面消息值得传播了，不是吗？当然了，不论什么电影都会收到负面的评价。不管怎样，正因为现在涌现了越来越多的好电影，我们应该赋予观众更好的过滤方式来筛选电影。整个行业都没能推出奥普拉·温弗里（Oprah Winfrey）那样能将支持转化为实际行动的人。

(60) 电影行业中的大部分人从根本上来说都是反对自动化和高科技的。人们常常意识不到那些可以用来提高质量、节约开支、传播作品的工具。我们要如何才能让整个行业将已有的方式方法利用起来（然后精力集中在那些我们确实需要但还未出现的东西）呢？

(61) 我们没有鼓励（或要求）人们在电影开拍前就开始培养观众群。为什么我们不硬性规定电影工作者或是电影团队在电影启动前必须要积累5000名粉丝呢？

(62) 我们对于观众以及他们的行为几乎一无所知。我们为了拍电影大费周章，却几乎不了解我们的目标观众是谁，为什么他们会选择我们的作品，我们该如何接触到他们，他们的行为方式是怎样的，以及他们正在如何变化。其他行业也对其目标群体如此知之甚少以及知之甚晚吗？其他行业对其目标群体的研究也如此寥寥可数吗？我们难道不应该分享各自的信息吗？

(63) 电影行业没有任何为人所知的重要研究机构或孵化器能够站在高层次上、中立、开放地采用新的方法并且增强电影对观众的吸引力。除此之外，这样的研究机构还应该鼓励政府和私人投资，开发新办法来达到利润最大化和观众最大化，拓展审美方式，为国际创作交流搭桥铺路。IFP和FI做了应做的工作，像圣丹斯那样的电影节机构也同样做到了，但我们需要更多能够将目光放在美国独立电影以外的机构。

（64）制片人对于反盗版几乎一无所知。为什么没人写一篇《防止你的电影被盗版的最佳方法》呢？这难道不是每个制片人都应该懂的吗？我只知道我不懂，而且我说不出有哪个制片人懂得如何去做的。

（65）这个行业对制片人并不尊重。虽然这样说起来确实有些自私，但制片人的开支、收入、信誉和支持都受到了来自四面八方的侵蚀。但别忘了，制片人才是那个发掘、开发素材和人才，组建剧组团队，确保资金到位，定位观众群体，并将行业中所有不相关的元素结合起来的人。与我交谈过的所有制片人都在担忧他们该如何在这个行业中生存和立足。

（66）承认吧，我们可没有为电影工作者们提供很好的长期职业规划。不管是财务规划、职业拓展，还是简单的继续教育和培训，我们都没有真正做到，而这是在将艺术家们的未来置于危险的境地。作为一个行业，作为一个群体，创作者很容易落入千篇一律的俗套，很难再去学习新技巧了。

（67）现在，整个世界和我们的行业日新月异。电影工作者们亟须一个能够学习，或至少知晓新技术的场所。这样的场所应该同样欢迎那些古板的、不追求高科技的电影工作者们。但科技圈的人总是说着自己的行话，这会让外行感到些许望而生畏。

(68) 行业并未推动短期发行的改变。现在有了数字发行，难道我们就不能上映、下映，然后再重新上映一次吗？通常，一部电影在一家影院只有一周的上映时间，这限制了电影对大众市场的吸引力。这么一来，小众观众的需求并没有得到满足，片方的收益并没有最大化，许多优质的电影甚至在人们毫不察觉之中便下线了。

(69) 电影节需要加快脚步进行转变。它们应该审视一下它们为电影工作者和观众带来了什么价值。其中一两个电影节还可以从整个行业的角度审视一下这个问题。既然我们已经意识到了电影节并非一个市场，也意识到了如果电影工作者把电影节当作发布电影的媒介的话，他们需要提前做大量的工作，那么我们仍需思考这个问题：电影节是什么？它服务的对象是谁？万能百搭的选片风格已经不再适用。质量平平的评审阵容让人提不起精神。电影工作者参加电影节的开销甚至比他们在电影节上获得的收益还要多。电影节到了需要重建的时候了。至于如何重建，好主意很多，但真正付诸实践的并不多。

(70) 过去十年内的数字电影终会消失。我们不但要保存作品，还应该保存作品背后的过程和材料，但现在我们做得太少。数字形态不是一个稳定的媒介，在保证素材可用性方面存在转移和储存的问题。那些当前只以数字格式存在的电影是无法经受时间的考验的。我们要尽快采取行动，保护这几年的文化产物，不让它们消失。

(71) 我们没有鼓励宣传那些会对行业产生影响的因素。有多少电影行业专家能够脱口而出影响电影经济的十大政府政策呢？为什么我们各个支持机构、工会、行会及其领导者不把这些问题和解决办法挂在它们网站的显眼处呢？是因为我们的畏惧，还是漠视呢？

（72）从事这个行业的人通常自己不去看电影。好吧，这么说虽然有点和自己过不去，但在我看来，从事电影行业的人看电影的时间（我指的是去电影院看电影）比一般人要来得少。看电影应该被视作一种政治行为了。你应该用真金白银来支持你所期望的文化。

（73）行业本身支持盗版。大多数我遇到的盗版都来自行业内部。最近，我听说一位经理人让制片厂高层和他的脸书好友把他客户在圣丹斯电影节上的获奖电影的资源发给他，后来他一共收到了七十多份资源。但问题是，所有寄来的DVD都是电影的初剪版。我承认我从经纪人和经理人那里收到过很多免费的DVD，我也承认我还曾将DVD拷贝给导演，用来向他们介绍演员。但我开始参加电影众筹项目，以求弥补过失。我们应该有统一的行为规范，致力于解决业内盗版的问题。

（74）大多数人都不清楚自己热爱的究竟是什么，我指的不只是电影，而是生活的方方面面。我们越清楚自己的喜好，我们就能在自己品位的基础上做出更好的决定。我们越明白自己想要的东西，我们就能更有力地回击那些我们并不真正喜爱的东西。哪些导演能说出他们认为成就一部好电影的必要因素呢？如果越来越多的导演、发行人员、高管能公开讨论电影艺术和电影经济，那么整个行业的标准也将会被提高。

(75) 行业热衷于阅读、谈论、参与电影经济甚于电影艺术。这种不均衡的关注可能是因为关于电影经济的论坛要比电影艺术的要多，但要滔滔不绝地谈论电影创作确实要比谈钱难多了。我只是说说……

(76) 就算导演能够一直拍出成功的作品，他都不一定能以此谋生。多年来，电影预算持续缩水，导演的酬劳也因此越来越少。对于创作者来说，他们的电影产出通常为数不多，而且相隔甚久。要是没有费用协议或兼职授课的话，创作者很难保证一直专注在电影上，除非他很有钱。当然了，实现净利润已经日益成了一个笑话（虽然其实可以不这样的）。

(77) 美国国内版权的收购价基本徘徊在创作和完成电影总成本的10%左右——还没人抱怨。当前的情况和企业联盟[①]很像，所有买方联合起来表示："我们就往低出价。"只要没有人出来捣乱，除了少数情形以外，所有的买家都会因此受益。要扭转这种企业联盟局面就只能依靠某位买方高层出于对电影的热爱毫不吝啬地出价了。可在当下的电影市场上，这股热爱大概已经消失殆尽了。但我们不能眼睁睁地看着市场就这样坠入深渊。我们必须认识到，文化的健康发展需要依靠创作者和创新者，而他们和我们每个人一样，都需要有稳定的收入。

(78) 艺术电影已死。"糟糕，我放屁了"这种粗俗的字眼已经

① 企业联盟（cartel），又称卡特尔，指企业通过统一价格、避免竞争来增加共同利润。——编者注

成了美国最受欢迎的标题。艺术电影算是完蛋了。制片人迈克·瑞恩借这个有味道的（虚构的）标题简单地表达了他对大多数公司迎合观众、虚假夸大、借星造势的买片策略的看法。艺术电影已死。发行公司的引导同样在某种程度上决定了观众的品味，因为众所周知的是，人们通常喜欢他们能得到的东西（这就是所谓的“三月兔综合征”，即爱丽丝的三月兔曾说过，人们认为“我喜欢我得到的东西”和“我得到了我喜欢的东西”是一样的）。我们正在被引导向何处呢？

（79）2013年是赛璐珞的最终年。柯达公司在2013年年初申请了破产保护，还有比这更恰当的标志吗？人们纷纷撰写悼词和回忆文。如今，事物一旦消逝，怀念便接踵而至。

（80）即使纪录片女导演的数量和男导演相当，但在剧情片方面，女导演的数量完全无法与男导演相提并论。虽然2012年的圣丹斯主竞赛单元第一次按作者性别比例分配名额，但这种现象仍然存在。当然，我们努力了很久才达到现在的程度。而多少人会相信这一切将会很快倒退？为什么那些电影节不能在这方面有所进步呢？人们固然会认为，我们要选的是最佳的影片，我也并不是在强求特殊的配额。但我们需要认识到，当前的体系并没有给每个人提供平等的机会。而机会的不平等还远远比不上结果的不平等。我们应该深入讨论为什么娱乐业的高层中缺乏女性、青年和有色人种。毕竟，他们才是最大的消费群体，他们更了解人们真正需要的是什么。

（81）即使是出现在全球最具影响力的报纸上的精彩影评都已

没有任何影响力。曾几何时，独立电影和艺术电影的生意非常好做，因为两者完全是由口碑推动的。只要影评青睐你的电影，你甚至不用花太多工夫去宣传。2011年，我制片的两部电影《黑马》和《待绽蔷薇》在《纽约时报》上收获了极佳的口碑，但它们没有起到任何作用。《黑马》甚至获得了《纽约客》和《纽约》杂志（还有《时代周刊》和《洛杉矶时报》）的多重肯定，但众多好评仍没能给电影票房带来任何积极的影响。诚然，电影的文化影响力是由许多因素决定的，但话说回来，这样的评论曾经有着举足轻重的作用。而现在不同了。影评曾是观影者在茫茫文化海洋中的指向标，指点他们该选择哪些电影来观看。也许，现在是时候改变了。但就目前来说，我们还未找到能够替代专业影评的东西。影评整合网站让观众了解了电影的总体评价，但并没有做出差异化的分析。而失去了专业人士的声音后，电影工作者想要发行那些在过去认为是优质的电影就变得更难了。

(82)《纽约时报》和其他媒体开始质疑并批评电影电视的税收抵免政策。这些税收抵免政策创造了工作机会，扩大了财富分配，保证了美国第二大产业的顺利运转。电影是一个易迁移的产业，如果业内开始怀疑税收政策变得不稳定，那么人员就会流失。当媒体如此一边倒地追问这件事时，你会想是不是要发生什么事了。电影行业必须针对这种错误的判断采取行动。国家对独立电影产业的支出必须真正定量。

(83）人们不再看电影了——特别是年轻人。我十二岁儿子的段子（“虽然大多数我看的电影我都还挺喜欢的，但我不喜欢看电影”）被人们广为引用。当然，我需要更多数据来支撑这个说法，我希望大家能给我提供更多数据。但我们都应该认识到，年轻人的观影率正在下降。难道现在我们不应该停止做梦，去拍一些真正能吸引年轻人的电影吗？

（84）虚拟拷贝费模式（Virtual Print Fees, 简称VPFs）糟透了（这些费用是用来购买数字放映设备，并在后期收到回报的，但其高昂的价位很好地将独立电影关在了全国发行的门外）。因为虚拟拷贝费的问题，我和我的同事拒绝了《黑马》的很多发行机会。我们确实有数字母带（DCP格式，即数字电影包），但相比传统的片租模式，你需要向影院支付虚拟拷贝费。对于大多数独立电影来说，这么一来就基本不指望赚钱了。打个比方，你给影院的分成是60%，预期收益2000美元。这样一来，你只剩下800美元了。你猜虚拟拷贝费通常是多少钱？总之，到头来你会一无所有。而且，这个模式不仅在美国行不通，在英国也一样。

（85）视频点播（video-on-demand，简称VOD）数据缺乏透明度，但比这更糟的是鲜有人抗议这件事。我们要如何才能将所有数据公开呢？

（86）视频点播至今仍被当作二等公民对待，因为主流媒体不会对在视频点播网站首映的作品进行评价。我很庆幸我们有《点播周刊》（*On Demand Weekly*），但主流媒体刊物什么时候才能醒悟过来呢？为什么它们到现在还没有醒悟过来？是不是因为它们害怕因此失去电影的广告收入？难道它们不能开辟新的广告收入渠道吗？现在这个情况到底是怎么了？

（87）美国电影行业只报道票房收入，不报道上座率。如果我们不能知晓这些数据的话，我们该如何了解这个行业和文化的境况呢？我们什么时候才能清楚透明地了解全部呢？我认为信息应该是自由公开的，我们理应获得这些信息。

（88）我们还未真正开始努力来量化独立电影里的直接或间接投资。如果我们无法利用好我们的工作所产出的数据，那么我们就失去了本属于我们的权利。既然这个圈子里只谈钱，那我们就应该好好地来谈谈我们创造了多少工作机会和财富，给社会带来了多少利益。

（89）一场数字灾难一触即发。这件事有诸多方面，但只要一谈到数字格式作品的保存问题，我们就避而不谈。对数字数据保存最好的方法是每三个月把它从你的硬盘里转移一次。不这么做就无法保证你的数据能像馆藏数据那样保存下来。到了2008年，很少有导演在用胶片拍片了，而胶片是一种可以保存上百年的格式。这么说来，为了追求高科技，我们却用三个月的寿命来代替了一百多年的寿命。很可怕吧？

（90）A. O. 斯科特曾在《纽约时报》上这样写道："截止今年年底，《纽约时报》一共评价了800多部电影。单从这一方面来说，2012年已成了电影爆发的一个新的里程碑。"电影大爆发不是一件坏事，毕竟这给人们提供了众多选择的余地。我甚至还从文化的角度阐述过这种大爆发的裨益。但问题是，我们的文化和经济模式还没有适应这种变化。我们仍然沿用着电影稀缺和电影管控时代使用的推广、发掘、消费和参与方式。如果不围绕新的现实采用新的方式，人们无法看到更多电影，电影因此无法收回成本，而行业里也会因此弥漫着挫折感。本文中的许多问题都是这种电影大爆发的直接结果。

（91）行业逐渐将建立可持续的投资群体的可能性削减殆尽。我们都很清楚《哈利·波特》（*Harry Potter*）系列赚了多少钱。我不得不承认，虽然《大人物拿破仑》（*Napoleon Dynamite*）的成绩让我惊讶，但创作者为何只获得12.88%的收益？就算这合理的，这也是不对的。我们能为这个行业、文化和群体所做的最好的事就是保证创作者，以及支持这些创作者的人能够劳有所偿。虽然我们距离实现这件事还有很长一段距离，但我已经听到和看到人们在讨论这件事了。公平报酬应成为行业领导者眼中的重中之重。

（92）媒体素养的教育经费不足。我们用各种各样的内容向孩子们狂轰滥炸，却不教会他们如何解读，更别说是自我保护了。《猎杀本·拉登》（*Zero Dark Thirty*）引起的种种讨论都是有意义的，但这更强调我们应该给予孩子应有的支持。

（93）博客评论由盛到衰已成定局。评论是博客里面我最喜欢的东西。在之前"希望为电影"博客里，我常常能收到很多评论。而现在我们收到的东西成了"点赞"和推文。我开始写博客是因为我觉得博客就像是一个构建群体的工具。要是意见全部一边倒就不能称之为群体了。可能是我的原因，可能我现在的写作风格让人没有了评论的兴趣。也可能是群体本身出了问题，或是所有的评论现在都只出现在脸书页面上了。不管怎样，只有人们多多参与，博客才能生动起来。

(94) 现在的媒体报道读起来真实可信的屈指可数。当我看到2013年年底的《播放列表》(*The Playlist*) 杂志上那篇特里·兹维戈夫 (Terry Zwigoff) 的采访时，我觉得如沐春风。因为他用一种让人身临其境的方式进行讲述。这太难能可贵了。我因此觉得十分遗憾。试想一下，如果人们都意识到原来他们可以分享自己的感受，那该是个多么美好的世界啊。

(95) 我们的文化被我们所支持的东西限制了。我得以制作电影是因为有一些人意识到，虽然他们自己并不喜欢我的电影，但有人喜欢，而且我的电影能够推动文化的发展。各个支持编剧、虚构类故事导演、纪录片导演的实验室所获得的成功 (现在已成为一种必需) 是不可估量的，但它们同样是在对其设限。美国纪录片通常讲的是社会问题、个人成就和流行文化，因为这些是我们的支持体系所鼓励和推崇的。同样的，虚构类故事大多是逆境中成功的故事。这些电影类型我都喜欢，但仍有许多其他类型并未得到重视。我们甚至忽视了商业电影。恐怖片和惊悚片这样在市场上非常吃香的电影类型的实验室在哪儿呢？那些真正在试图推进文化交流的电影实验室又在哪儿呢？我们该如何拓宽实验室的电影类型呢？这一点听起来似乎的一个小问题，但我确实认为我们不重点支持观众所需要的电影类型是在伤害我们的文化和群体。这算不算是守门人自以为是的通病呢？我们怎样才能让群体在决定发展什么类型的电影这方面有更大的话语权呢？

(96) 富人与穷人的差距 (我指的是好莱坞的支柱们及其大片系列电影世界与独立电影界那些热情的爱好者之间的差距) 使得他

们拥有的机会不均等。独立电影曾是大制片厂的预备队。大卫·O.拉塞尔、李安、昆汀·塔伦蒂诺、斯派克·李、凯瑟琳·毕格罗（Kathryn Bigelow）以及许许多多现在活跃着的大导演都出身于独立电影。可下一代的新电影工作者将无法接触到所有的机会了。中等水平电影的缺失意味着一些我们对于未来最大的期许将不会实现，我们失去了探索最伟大的技术手段、最深刻广阔的故事构架的机会。由于我们不给新一代艺术家所有可能的实验工具，我们同样限制了未来的可能性。

(97) 虽然剧情片十分欢迎小成本制作，但分期融资（即并非在电影开拍前就全部融资到位，而是分阶段进行融资）却尚未推行开来。尽管我极力推崇某种类型的分期融资，但除了提前一次性融资到位之外，电影工作者并没有什么其他融资选择。许多人会认为，在全部资金到位之前就开始拍摄是不负责任的行为，但我们来看看纪录片界的做法，就不难发现分期融资的好处了。纪录片界有根据导演性别的比例代表制度。这是否能让我们联想到分期融资呢？既然独立电影这种艺术形式无法彻底独立执行，那么这样一个允许分期融资的结构不是很合理吗？

(98) 投资人无从得知非传统电影投资的有效信息。当投资人只能选择向经纪公司寻求“专业”建议时，他们得到的只是一面之词。是的，他们的确可以高价聘请那些掌握各类数据的顾问，但投资人往往是在哪里找到顾问的呢？怎么，当然是经纪公司了！正如顾问那样，经纪公司拥有大量真知灼见，但当所有的建议都来自同一源头时，想要有所变化就很难了。设想一下，如果我们有由外部人员或权威机构组织的真正的投资人峰会会如何呢？设想一下，如果我们有将投资人引入其可能擅长的特定领域的服务会如何呢？设想一下，如果我们有帮助同一批投资人在不同项目间相互合作的投资结构又会如何呢？

（99）独立电影界的领袖少之又少。乔纳·文森特（Joana Vicente）和克里·普特南（Keri Putnam）投身非营利事业的举动鼓舞了我。要不是他们这么做了，我很可能不会愿意放下我电影制片的魔杖，花了一段时间专注在电影基础设施的重建上。但坦白地说，我曾期待现在能有更多人能致力于慷慨回馈。有许多人将自己的一生都投入在非营利的事业中，这多少平衡了参与其中的人数太少的问题，但我仍期待有更多人能这么做。我开始写博客是因为我认为如果我发声，其他人也会这么做。博客确实发挥了一些作用，而且，确实，从某种程度上来说，新的领袖也在出现。但坦白地说，我曾期待能有更多制片人、导演、高管和编剧能振臂高呼，摆在我们面前的是数不胜数的机遇，若不加以利用，我们将永远错失这些机会。我仍然相信这句话：如果你不是方法的一分子，那么你就是问题的一分子。我们可能面对着99个问题，但你得确保自己不是其中之一。

（100）电影圈的人就像生活在“比扎罗世界”[①] 中那样，认为自己的工作都是出于热爱，而产出的作品却离自己热爱的东西相

① “比扎罗世界”（Bizarro World）是美国DC漫画（DC Comics）所出版的作品中的一个虚拟星球。这里的规则（和角色）都与地球上的设定相反。在流行文化中，“比扎罗”往往指某一事物的对立、荒诞版本。——编者注

去甚远，这样一来，我们就更难在创作过程中去做自己热爱的事情了。我们把自己优点变为了弱点。更糟糕的是，现在我们把这种固执的电影经济观念当作是正确的、理所应当的了。这不是，也不该是。但我们从没听过有什么人表示整个电影生态系统需要来一次彻底的重启（见第102条）。

（101）仅仅跳出常规思考是不够的。正如这句话隐含的那样，常规即圈套。但常规往往代表着真实世界的现状，在电影行业便代表了错误的现实。我们应当打破常规，甚至需要粉碎常规，而后共同建立一个更加完善的常规。选红色药丸还是蓝色药丸 ？我们做出了错误的选择，没能认识到文化因素对电影文化的重要性，没能根据社会文化构建电影文化。我们应当认清错误的概念，看透复杂的矩阵。（在2013年4月，我写过一篇关于“50个将会转变创作实践和业务方式的‘文化现实’”的博文——去搜搜吧！）而我们现在似乎准备被错误的概念永远奴役，放弃用上文我定义的那些真实的概念来建立并生活在一个更美好的世界了。

（102）大公司不做艺术电影的生意。现存的只有索尼公司发行外国电影和艺术电影的分公司——索尼经典电影公司了。其他公司都已放弃，因为他们认为大片才是最保险的赌注，即使这些大片的票房常常和《独行侠》（*The Lone Ranger*）一样。大制片厂的电影是面向全球的，而那些能自如地转换成其他语言的电影是缺乏艺术的美感的。等着瞧吧，更喧嚣、愚蠢的流水线电影还在后面呢。

（103）电影已经不是流行文化的终极艺术形式了。不管是从舆论还是商业来看，电子游戏、电视或社交媒体，流行文化新兴娱乐形式已经把电影打败了。当然了，现在有很多电视可看，有好玩的游戏可玩，我们也都沉浸在自己的手机世界中，但我们这样做是在将下一代导演拱手送入了其他领域，而他们连在曾经的狂热流行文化前哨站进行探索和发挥的机会都没有了。

（104）成功艺术家无法以自己的作品维持生活。长久以来，我们都知道，大多数人都无法做到。但我们竟还相信，一旦有人成功了，那他就万无一失了。这样的日子早已过去。我们中的代言人大卫·拜恩（David Byrne）曾这样说过："互联网将会把世界上全部的创作内容都吸干净。"现有的模式对我们每个人都行不通，受益的只有国际大公司。我们的文化岌岌可危。我们应该禁止这种全盘剥削创作阶级的行为了。全世界的相关人士都应该行动起来。

（105）艺术家的利益和销售作品的"商场"不再匹配。规模最大的那些发行商和"商场"并没有动力真的去销售优秀的作品，而保证艺术家能生存下去并稳定产出优秀作品的最好的方式就是通过作品的销售得到报酬。艺术创作和销售的不匹配在音乐界更为严重，但音乐界经历的所有问题都是电影界经历过的，只不过差了几年时间而已。而现在的音乐行业在做的要么是出售相关电子产品，要么积累歌迷基数，再借机大赚一笔。

（106）"过剩"一词不仅可以用来形容内容数量，也同样可以用来形容当前的平台数量。现如今，仅仅在欧盟国家就有500多家视频点播服务专门提供或主要提供故事片的播放。通常，有选择是一件好事，但选项过多同样可能导致人们干脆不做任何选择。归根结底，人们想要知道的只不过是究竟在哪里可以看到他们想看的电影。我们要做的则是营造并保证良好的观影体验，不为观众增添观看内容、观看地点、观看时间方面的困惑。

(107) 长尾——或者说大量小成本电影能够提高利润率的概念就算之前存在过，今后也将不再存在。或者说，即使之前存在过，那它也已被一波又一波大公司重金打造的明星攻势给击垮了。在这个一部主流大片的动静比其他所有小片的动静还要大的时代，小片想要被注意到只能自求多福了。艺术家们在这个大片绝对统治的时代苦苦挣扎着。

(108) 我们正在经受一场数字化带来的衰退。我们知道现在找工作很难，任何工作都是。而且我们知道导演这个工作已经成为一个很难维系的职业。但事实远不止于此。科技的进步进一步降低了拍电影所需要的基本功的价值。

(109) 独立电影越来越关心生意和成功，而不关心群体和文化了。这是让我最头疼（如果我还不够头疼的话）的事情了。电影生意圈里的人们通常忘了这个圈子首先应该是一个群体。我们本应共同扶持独立电影的，但我们没有。当圈子里的人知道了你的名字，但发觉你身上并无利可图时，人们一般会认为没必要认你作朋友。如果他们不中意你的电影或剧本，他们很少会与你有任何电话或邮件的交流。我曾见识过那些最著名的电影节如此对待一些最成功的导演。我也见识过经纪公司对前客户视而不见的。我很少看到圈子里有人不是因为看到了利益而去与他人联系沟通的。每个人都在索取，但很少有人付出。诸如此类的行为我亲眼见过，也从我的同事那里听说过。这是耻辱，奇耻大辱。

（110）我们不为电影的整个生命周期进行预算规划——更不用说根本没有训练人们去做预算，并因此丧失了自己作品绝大部分的价值，而且没有收到合理的报酬。电影学校的课程通常只涉及作品生命周期的一半，即到电影出现在电影节和市场上而已。我们应当学会计划、预测收益，从长远的角度来规划预算。若是没有得到这样的训练，我们将永远无法真正认识到自己作品的全部价值。而且，我们也无法获得作品收益，或将其最大化。若是我们不能改善当前草率的财务方法，创作者团体将无法生存下去。我在旧金山电影协会任职期间推动的“艺术家到企业家”（A2E）项目的初衷就是要解决这个问题，如果我能找到合适的主办方，我还会继续推动类似的项目。

（111）似乎电影行业希望所有的独立电影都失败。我们的行业领袖和机构可以（也应当）采取许许多多教育手段来帮助独立电影成功，但至今没有人迈出这样的一步。没有市场推广手册来指导电影发行。我们需要一张地图来完成这场赛跑。这件事说来简单，但却没有人付诸行动。我虽不是这个赛场的专家，但我正在着手绘制一张地图。这还只是这个行业以及我们的支持机构没能做到的许多事情的其中之一而已。

（112）电影上映日程仍然被同质的影片塞得满满当当，特别是暑期档（多为大片）和年末档（多为赶当年奥斯卡奖的影片）。为什么不能制定一个均衡、合理的发行计划呢？电影正在互相吞噬。在任何一个周末，纽约市都有超过25部电影首映。而在2013年，这里上映的电影总数达到了900多部。

(113) 纸媒继续消亡，随之消亡的是这个电影行业向大众推广以及让优秀作品得以发掘的重要渠道。《新闻周刊》(*Newsweek*) 已停止纸质发行 。在2010年，它的售价为1美元，从这一点就能看出行业形势了。2013年的年度杂志《纽约杂志》(*New York*) 将从周刊改为双周刊。就连获誉连连的纸媒都是如此。报纸的奇妙之处在于：人们通常只是买来看看星座运势，但在随手翻阅的时候发现了许多有意思的新闻，比如远方的革命，还有家门口在映的作者电影。

(114) 在线观看形式的数据无法被统一收集、处理以及公开，从而帮助行业和文化有所进步。这个问题已经存在一段时间了，我在我的博客“希望为电影”里也把这一点列在了年度问题清单里。不过，不管是英国还是美国，当前政府机构的积极呼吁给了信息透明化新的希望。欧盟甚至建立了一家致力于解决这个问题的电影相关机构：欧盟音像观察组 (The European Audiovisual Observatory，官网为www.obs.coe.int)。它的口号就是“信息透明化”(Transparency through information)。想象一下，要是美国也能有以此为口号的电影机构该有多好啊。兴许，这个方面也已经开始有了转机。

(115) 创作群体已经彻底被版权的利弊两面弄糊涂了。一方面，版权受到侵犯后，收益似乎并不会因此减少。另一方面，我们已经输不起了，只能绝望地抓住所有能够赚钱的方式。如果我们能有一个独立的媒体智囊团，那我们兴许能够在这个问题上出一份报告。虽然我并不喜欢专题讨论会，但我愿意为这个问题参加几次，只不过要是讨论会安排在被电影节期间的话就不那么酷了。

(116) 创作阶级自甘堕落，完成一部电影后便心满意足。拍电影成了一场不断妥协的游戏，最终损害的就是电影的质量。大家都在鼓励多拍电影，而不是拍好电影。大公司将“是否受大众欢迎”作为评判电影好坏与否的最重要标准。

(117) 创作群体不知道接下来该怎样才能不被互联网的大潮给彻底冲走。我们可以看看音乐产业，然后你就知道接下来就要轮到独立电影了。

(118) 好莱坞和MPAA开始审查舔阴口交镜头。埃文·蕾切尔·伍德（Evan Rachel Wood）还因此进行了抗议。当然，在世界上的其他地方显然还有更为严格的审查，但我们可以明确的是，一旦电影中出现这种做爱方式，那MPAA一定会给它在美国上映时打上R级的评级。将口交平常化是电影工作者要做的事。《卫报》（*The Guardian*）这样指出：“只要有越来越多的电影工作者将口交作为寻常的、无象征意义的方式呈现在电影中，MPAA对它的敌意就会越来越少，而它也将被更广泛的文化所接受。当然，肯定存在‘沉默的大多数’成年人想要看到两个角色相亲相爱，而不是吮吸阴茎的镜头。”

(119) 在美国，我们仍然在使用一套适得其反的分级制度。这再一次说明了这个电影圈就像是个“比扎罗世界”。当然了，MPAA的分级制度通常可以避免地方审查，但2013年年末，彼得·特拉弗斯（Peter Travers）这样指出：“分级制度不仅没有保护好儿童，还使得电影无法触及它们的目标观众群。”分级制度的目的应该是将相应的内容与目标观众匹配起来，而不是将观众赶走，或是给他们购票增添困难。

（120）叙事类电影经济中没有制度化的、分期的融资方式。我们被迫在前期一次性找齐资金。这样不仅限制了艺术家根据社会、经济、政治变化更改自己作品的可能性，哪怕是有了更好的点子也不行，而且让投资人很难预测未来的收益情况。更重要的是，这种预支全款的融资方式的受益者是那些最擅长对未来规划侃侃而谈的人，而不是真正优秀的电影工作者。我们在纪录片领域看到了分期融资的优点，而且这种融资结构已经开始生根发芽。而且，纪录片领域的性别比例较为平衡，相比之下，好莱坞叙事类电影只有6%是由女导演执导的。

（121）金钱决定一切，而且最重要的是，它决定了政治。因此，某些政治话题是禁止出现在电影中的。曾几何时，媒体决定了政治，但现在权利早已转移。显然，在当今美国，金钱控制政治，也控制了媒体。现如今，政界大亨可以不由分说砍掉与政治相关的项目。这种残酷的现状是民主社会的耻辱，也是自由的电影文化的疮疤。当CNN和NBC都放弃了关于希拉里·克林顿（Hillary Clinton）的电影项目时，那真是悲伤的一天。

（122）汉密尔顿·诺兰（Hamilton Nolan）恰当地描述了艺术完整性如何成为过去："出卖已不会受到惩罚，也不会受到公众的责难。当艺术亚文化圈中的一员全然屈从于美国大企业时，圈中已不会有一声疾呼。艺术家要葆有自己作品的尊严、不受商业的操纵，已不再是主流看法了。"（见汉密尔顿·诺兰，《"出卖者"是什么》[What “Sellouts” Were]，*Gawker*，2013年9月30日，gawker.com/what-sellouts-were-1426892512）

（123）两极分化——大制片厂的大制作电影和其他电影之间的差距与日俱增。就像《污泥》（*Mud*）和《弗鲁特韦尔车站》一样，大多数独立电影根本没有机会大规模上映。于是和音乐行业一样的，我们开始依靠少数明星招牌生存。与此同时，大批小人物永远都没有机会登上电影节的舞台，只能在纽约和洛杉矶以外默默无闻地努力着。

（124）艺术家无力在文化中心生活。这简直是现实版的“第二十二条军规”。正是艺术家创造出了文化中心，但这样的文化中心生活成本太高，以至于它的创造者都住不起了。如果你是中产阶级的话，你大概只付得起旧金山当前在售住房价格的14%。到了纽约市，这个数字便降到了2.5%。我很喜欢这两座城市，但我在那里看不到我的未来。不过，我也不想搬去俄亥俄州的阿克伦住（无意冒犯，阿克伦！）。

（125）剧本开发是制片人所做的最有价值的工作，但制片人却没有得到相应或名或利的回报。根据制片人和投资人所做的工作，他们通常是共用一个头衔的，这一点我理解。但首先要将所有人聚在一起的工作又该如何考虑呢？我们在美国需要设计一个头衔，来献给那些在电影人才和精明的投资人中间搭起桥梁，将剧本推进到第一个重要阶段的人。要不是所有工作都准备就绪的话，我们又怎么能全身心扑在剧本上呢？头衔是第一步，接下来还应该为制片人在常规制片费用以外规划一笔开发费用。

（126）制片人在做高成本内容时，制片厂通常不会提供费用协议。没有费用协议，即制片厂或财力雄厚的公司不支付你的经营成本，你就需要去考虑下一个项目如何赚钱。单单专注在做好当前的工作是远远不够的。你的精力只够把当前的工作完成而已。由于安全感的缺失，你在选择素材，以及完成工作所需要的时间上都受到了影响。所以说，没有费用协议，制片人是没办法追求电影的高质量的。于是，你被拖入了制作烂片，好吧，快片的行列中。你没法坚持，只能妥协。诚然，现在许多费用协议并不真的能帮到大忙，但它们至少能让制片人去追逐优秀的项目，从而完成优秀的电影。所有因素都是相互联系的，不是吗？

（127）在美国，音像店已经基本消失殆尽了。当然，现在仍有一些音像店存在，而且它们势必会一直开下去，但碟片差不多已经成了恋物癖的收藏品了。也许在将来，一家音像店会成为一片街区的活力所在，但我并不看好。诚然，百视达公司（Blockbuster）是所有音像店中我最不喜欢的了（而它现在也已成为过去），但这家音像业巨头确实代表了那种挑选电影的喜悦感。你可以在店内来回闲逛，更改主意，有如一趟惬意的电影发现之旅。那些最好的店里总会有一个对电影了如指掌的店员，知道的比你想象的还要多。马特·辛格（Matt Singer）曾为音像店写过一篇悼文："在我们生活的世界，经济的根本推动力是快捷与直接。便利也是重要因素，但专业同样应该占有一席之地。"（见马特·辛格，《为什么我们仍然需要音像店》[Why We Still Need Video Stores]，*The Dissolve*，2013年11月6日，http://tinyurl.com/pd33rp2）千真万确。

（128）我们越来越难接触到伟大的电影史了。网飞的创新模式，加上便捷的DVD自助售货机，挤垮了实体音像店。在线播放将实体商店永远埋葬了。实体DVD租售业已死，它不仅带走了中档影片，甚至还带走了电影史。在2007年美国电影学院评选出的十五部最佳美国电影中，没有一部是能在网飞上在线播放的。我们享受着那群被音像店熏陶的导演带来的电影繁荣，但我们的下一代只能接受“可在线播放”的电影环境了。面对现实吧，那句“你能随时随地观看任何你想观看的电影”的说法并不是真的。也许你愿意给25家不同的服务商掏钱来享受优越的待遇，但大多数人只是播什么就看什么而已，而且播放的并不见得总是优秀的电影。撇开这一点不说，难道你不怀念那个神神道道、满脸粉刺、对各类电影如数家珍滔滔不绝的店员吗？

（129）面对外国市场，我们把对审查让步和商业行为混淆了起来。对政府压力让步和对制片厂修改意见让步是两件不同的事情。通常，人们会把为了能在某个国家上映不得不做出删减这件事拿来举例。但这种形式的审查与默许投资人操控影片内容是不同的，因为西方电影工作者可以选择自己的资金来源。但在有的国家，独立电影工作者没有选择，就连一些地方电影节都被迫关停了。当西方电影工作者对于删减自己的作品显得并不十分在意时，这样做完全没有在帮助他们的一些东方同行。那些独立电影工作者有时甚至连放映自己作品的机会都没有。

（130）独立电影圈总是想让观众接近我们的作品，而不是让作品接近观众。我们把所有的资金和经历都用在了把观众吸引到现有作品上。我们试图让他们愿意去看电影，让他们愿意去看某些电影。其实，我们不应该引进来，而应该走出去。我们应该把电影带到那些人群已经聚集的地方，不管线上线下，然后我们只需要把他们感兴趣的内容提供给他们就行了。有时可以组织放映、捆绑销售、免费赠送，或只是做做推广。也许我们手中的电影会比他们感兴趣的内容更佳，我们的确应该更多地接近观众，而不是试图改变他们的做法，让他们向我们靠近。

（131）我们认识到了由财富和社会产生的不平等现象，但我们无动于衷。这种现象在电影行业十分普遍和明显，因为我们一直倚赖无薪实习制度来发展事业。大多数的电影工作机会集中在纽约和洛杉矶这两座生活成本极其高昂的城市。我们找来那些在教育阶段已经负债累累的实习生，让他们生活在这样的城市，还不支付任何酬劳，这样他们也可以感受那份在娱乐产业工作的“荣耀”。我们应该设法给实习生支付酬劳，不然的话，以后能在电影行业工作的人就只能是那些含着金汤匙出生的人了。

（132）赢者全拿的大片模式已彻底将所谓的长尾理论碾碎。即使我曾期待人们能够予以抵抗，用行动来实现一个能让多元化、高质量、有野心的作品崭露头角的世界，然而这样的世界并不存在。那些声响最大（因为有庞大的推广经费）的项目不仅赢走了全世界，还把那些轻声低语的项目都挡在门外了。

（133）大部分美国人更喜欢在家看电影。2013年年底的一项哈里斯（Harris）民意调查显示，去电影院看电影的人数不断减少。三分之二的人在2013年去电影院的次数比以前更少了。讨人厌的观众和高昂的票价似乎成了人们远离电影院的原因。

(134) 媒体整合势在必行。尽管我这么写，我仍完全不知道这件事会何去何从。康卡斯特公司（Comcast）和时代华纳的合并被看作是我们已经大错特错的标志。我们的价值观是什么？商业就应该优于民主吗？能不能划出明确的界限？有线电视行业可以说是垄断行业，而这样进一步的合并势必会让这个行业在创作上拥有了一定程度的控制权。

(135) 网络中立性尚未被认为是绝对必要的。鉴于有线电视行业全然不是一个自由的领域，公平竞争的平台就只剩下互联网了。然而，其公平性却莫名遗失了。但追求网络公平的努力从未停止，而且变得越来越复杂。起初，我们只关注在网络的最后一英里，也就是将你家接入互联网络服务器的设备（电线或光纤）。现如今，我们把目光转向了互联网的主心骨，也就是网络内容的传递。希望我们也能关注商业这座竖着围墙的花园，毕竟它提供了与观众和消费者的直接互动。说到这里，请看接下来的第136条。

(136) 互联网正在变得越来越不自由。由于移动设备的使用人数大大超过了电脑的使用人数，人们开始更多地依靠应用软件，而不是互联网站获取信息了。想要使用应用软件，首先要知道这些应用软件的存在。而那些应用软件下载平台控制着你找到这些应用的途径，以及这些应用出现在平台上的方式。从信息获取的开放、自由角度来说，不幸的是，应用软件被两大平台供应商统治着：谷歌和苹果。这两家公司的生态系统都是封闭的，有着绝对权威。（见吉姆·爱德华［Jim Edwards］，《移动应用正在葬送自由的互联网，将审查垄断权拱手交给谷歌和苹果》[Mobile Apps Are Killing the Free Web, Handing a Censored Duopoly to Google and Apple]，*Business Insider*，2014年4月7日，www.businessinsider.com/mobile-web-vs-app-usage-statistics-201404.）

（137）孤儿作品的问题仍然存在。孤儿作品指的是那些所有权和版权不明确的作品。不过，现如今，至少有两家电影支持机构（独立电影组织和国际纪录片协会［International Documentary Association］）正在致力于解决这个问题。要是没有法律的手段来保护这些孤儿作品，那它们最终会退出大众的视线，它们对于文化的贡献也将永远不为公众所知了。

（138）网飞和iTunes平台将不提供隐藏字幕（closed captions）的电影下架。的确，政府要求影片提供隐藏字幕的规定使得一度无法观看这些影片的群体拥有了观看的条件。然而，许多电影工作者眼睁睁地看着自己的作品被移出了平台，就是因为影片没有按规定提供隐藏字幕。出于这个原因，聪明的电影工作者已经开始出资制作隐藏字幕了。

（139）流行文化在其发展过程中将通才观众转变成了专才。正如弗兰克·布鲁尼（Frank Bruni）在《纽约时报》上写的那样，现如今摆在我们面前五花八门的供我们观看和参与的选择把我们从原来的对万事都知一二的通才变成了专注各自专门领域的专才了。在20世纪70年代中期，美国最佳剧集《全家福》（*All in the Family*）每集都能吸引5 000万观众观看。那时，美国全国人口是2.15亿。而2012—2013年排名第一的剧集《海军罪案调查处》（*NCIS*）即使算上首播一周内观看重播的观众，观看人数也只有2 200万人。现在的美国人口已经达到了3.18亿。流行文化已经不能将人们聚集在一起了，相反的，它将我们分隔得越来越遥远。

（140）虽然所有大型互联网平台都在制作“内容”，至少有一家注定会一败涂地。想想网飞、亚马逊、Hulu、微软、雅虎等。在追求产出《纸牌屋》（*House of Cards*）这样的优秀作品的过程中，会不会出现千里之堤毁于蚁穴的情形呢？为什么科技公司进军媒体产业会显得这般如履薄冰呢？这个问题值得去深究，不过当某个大公司出了大错时，其他公司都会谨慎行事。我写下这一点时，2014年还仅仅过了一个季度。不过若是到了年底，我们都未认真反思的话，我倒是会觉得十分惊讶。

（141）像这样的清单会让愚蠢的人绝望。

附录二　特德·霍普电影年表

双重希望电影（Double Hope Films）

《聚精会神》（*All Eyes And Ears*，2014）

《三个词汇里的中国》（*China in Three Words*，2013）

《待绽蔷薇》（*Starlet*，2012）

《黑马》（*Dark Horse*，2011）

这是那公司（This is That Corporation）

《流行病》（*Pandemic 41.410806, -75.654259*，2011）

《同流合污》（*Collaborator*，2011）

《双面玛莎》（*Martha Marcy May Marlene*，2011）

《超级英雄》（*Super*，2010）

《冒险乐园》（*Adventureland*，2009）

《萨维奇一家》（*The Savages*，2007）

《毛巾头》（*Towelhead*，2007）

《男人不养家》（*The Ex*，2006）

《国家密码》（*Fay Grim*，2006）

《雄鹰垂危》（*The Hawk Is Dying*，2006）

《老友有钱》（*Friends with Money*，2006）

《吮拇指的人》（*Thumbsucker*，2005）

《魔鬼诗篇》（*The Devil and Daniel Johnston*，2005）

《不知羞耻》（*A Dirty Shame*，2004）

《寡居的一年》（*Door in the Floor*，2004）

《21克》（*21 Grams*，2003）

好机器（Good Machine）

《美国荣耀》（*American Splendor*，2003）

《真相拼图》（*The Laramie Project*，2002）

《美丽与动人》（*Lovely and Amazing*，2001）

《人性》（*Human Nature*，2001）

《两个故事一个启示》（*Storytelling*，2001）

《意外边缘》（*In the Bedroom*，2001）

《史蒂夫的哲学》（*The Tao of Steve*，2000）

《与魔鬼共骑》（*Ride with the Devil*，1999）

《生活方式》（*The Lifestyle*，1999）

《发光的运动》（*Luminous Motion*，1998）

《爱我就让我快乐》（*Happiness*，1998）

《爱情临界点》（*No Looking Back*，1998）

《模糊逻辑》（*Fuzzy Logic*，1998）

《偷偷摸摸的日子》（*The Sticky Fingers of Time*，1997）

《神奇乐园》（*Wonderland*，1997）

《爱神》（*Love God*，1997）

《秘密风暴》（*The Myth of Fingerprints*，1997）

《深藏不露》（*Office Killer*，1997）

《冰风暴》（*The Ice Storm*，1997）

《逮捕吉娜》（*Arresting Gena*，1997）

《怪物》（*Monsters*，1997）

《爱是唯一》（*She's the One*，1996）

《来自非洲的问候》（*Greetings from Africa*，1996）

《良缘知己》（*Walking and Talking*，1996）

《那我呢？》（*What About Me?*，1996）

《招蜂引蝶》（*Flirt*，1995）

《安然无恙》（*Safe*，1995）

《麦克马伦兄弟》（*The Brothers McMullen*，1995）

《罗伊·科恩/杰克·史密斯》（*Roy Cohn/Jack Smith*，1994）

《业余爱好者》（*Amateur*，1994）

《饮食男女》（*Eat Drink Man Woman*，1994）

《再见美国》（*Auf Wiedersehen Amerika*，1994）

《事情原来是这样》（*What Happened Was...*，1994）

《生存欲望》(*Surviving Desire*，1993)

《喜宴》(*The Wedding Banquet*，1993)

《潘趣与朱迪离婚了》(*Punch and Judy Got Divorced*，1992)

《小人物狂想曲》(*Simple Men*，1992)

《我曾在火星》(*I Was on Mars*，1992)

《推手》(*Pushing Hands*，1992)

《制胜法门》(*Theory of Achievement*，1991)

《雄心》(*Ambition*，1991)

《愤怒》(*Angry*，1991)

《小妞的快乐》(*Chicken Delight*，1991)

《留给自己》(*Keep It for Yourself*，1991)

《生存欲望》(*Surviving Desire*，1991)

其他影片

《信任》(*Trust*，1990)

《金色黄昏》(*An Unremarkable Life*，1989)

《老虎华沙》(*Tiger Warsaw*，1988)

《末日庇护》(*Doom Asylum*，1987)

出版后记

“我可是姓‘希望’的。”

1990年12月的纽约，一个姓氏意为“希望”的年轻人——特德·霍普找到了志同道合的好友，创办了一家主张“导演为本、低预算制片”的电影公司。日后，这家名为“好机器”的公司制作了许多饱受赞誉的影片，也走出了众多才华横溢的导演。24年后，当年的“希望”已经成为美国独立电影圈的中坚力量。在记者安东尼·考夫曼的帮助下，他写下了自己从影以来的故事。故事的名字一语双关，就叫《希望为电影》。

对特德·霍普而言，这本书“既是（制片人的）回忆录，又是手册，还是宣言”。就像其书名有着多重的寓意一样，《希望为电影》的内容也可以从不同的角度被解读：

对美国独立电影文化感兴趣的读者，可以从中一窥20世纪

90年代初的纽约电影圈的喧嚣：在独立电影界的灯塔圣丹斯学院（Sundance Institute）的荫庇中，借助有线电视和录像带的兴起，美国独立电影已经从原属外语片的市场中抢得一大块蛋糕。一群朴素、自律、特立独行、为借款拍片甚至愿意抵押自己公寓的年轻影人，继承了前人的创新精神、责任感和商业头脑，在好莱坞之外的空白地带中蓬勃成长。

对影视制片流程、行业趋势感兴趣的读者，则能从中读到一个制片人的成长与思考。在职业生涯的前半段里，霍普是众多导演的协作伙伴、知心好友，甚至当上了司机、保姆、片场活跃气氛的小丑；又是电影项目的伯乐、筹资说客、人力资源主管、推销员，甚至是项目被投资人质疑时的保护人；还是公司的当家人、领航员。在职业生涯的后半段里，霍普致力于行业生态的良性化：一方面，着手打造项目产生、开发、执行、交付的规范流程，提高发行和宣传环节的透明度；另一方面，通过提供经济支持和项目开发渠道，为创作者和作品的多样化提供空间。

《希望为电影》的原书出版于2014年。随后，作者将《能让美国独立电影业变得更好的100个机遇》扩充、改写为《独立电影的141个问题与机遇》，并增补、修改了书中的个别细节。我们在翻译、编辑过程中参照的是2015年的新版。本书的叙事时间线复杂，涉及的人物众多。随着人事变迁，书中所提到的许多公司、机构也已改名或不复存在。编辑过程中，针对作者回忆中个别与目前的公开资料有偏差的地方，我们在尊重原文的前提下，对照多方资料进行了辨析、整理，通过注释做了一些简单的补充。这项工作可能仍然存在一些错漏之处，希望读者朋友们不吝指正，我们会在日后予以更正。

最后，我们要特别感谢特德·霍普先生，他特意为这一中文版撰写了前言，与我们分享他在加盟亚马逊影业后的独家心得。读者也可以通过他的网站（www.hopeforfilm.com），进一步了解他的工作与对电影界的新思考。

服务热线：133-6631-2326 188-1142-1266

读者服务：reader@hinabook.com

“电影学院”编辑部

拍电影网（www.pmovie.com）

后浪出版公司

2017年12月

图书在版编目（CIP）数据

希望为电影：从“纽约无成本制片之王”到产业革新先锋 /（美）特德·霍普著；（美）安东尼·考夫曼整理；沈旦译.—北京：文化发展出版社，2017.9

ISBN 978-7-5142-1954-8

Ⅰ.①希… Ⅱ.①特… ②安… ③沈… Ⅲ.①特德·霍普－回忆录 Ⅳ.①K837.125.78

中国版本图书馆CIP数据核字(2017)第243303号

希望为电影：从“纽约无成本制片之王”到产业革新先锋

[美] 特德·霍普 / 著　[美] 安东尼·考夫曼 / 整理　沈旦 / 译

选题策划：后浪
出版统筹：吴兴元　编辑统筹：梁　媛
责任编辑：孙　烨　特约编辑：江舟忆
营销推广：ONEBOOK　装帧制造：墨白空间·李渔

出　　版：文化发展出版社（北京市翠微路2号　邮编：100036）
网　　址：www.wenhuafazhan.com
经　　销：各地新华书店
印　　刷：北京中科印刷有限公司
开　　本：889mm × 1194mm　1/32
字　　数：205千字
印　　张：10.25
版　　次：2018年3月第1版　2018年3月第1次印刷
定　　价：42.00元
I S B N：978-7-5142-1954-8